Cidades Musicais (In)visíveis

Apoio:

FAPERJ
Fundação Carlos Chagas Filho de Amparo à Pesquisa do Estado do Rio de Janeiro
CNPq

Cidades Musicais (In)visíveis

Volume 2

(orgs.)
Micael Herschmann
Cíntia Sanmartin Fernandes
Jeder Janotti Junior
Jorge Cardoso Filho
Simone Luci Pereira

Editora Sulina

Capa: Humberto Nunes (elaborada a partir da obra "Série Terra Modelada", de 2010, de autoria da artista plástica Anna Maria Maiolino)
Projeto gráfico e editoração: Niura Fernanda
Revisão: Janaina Mello e Bruno Schroeder
Editor: Luis Antônio Paim Gomes

Dados Internacionais de Catalogação na Publicação (CIP)
Bibliotecária Responsável: Denise Mari de Andrade Souza – CRB 10/960

C568

Cidades musicais (in)visíveis / organizado por Micael Herschmann... [et al.]. – Porto Alegre: Sulina, 2024.
v.2.; 16x23cm.

ISBN: 978-65-5759-168-0

1.Jornalismo. 2. Comunidades. 3. Sociologia. 4. Cidades. 5. Comunicação Social. 6. Música. 7. Meios de Comunicação. 8. Jornalismo. I. Herschmnn, Micael.

CDU: 316.77
CDD: 302.23

Rua Leopoldo Bier, 644, 4º andar – Santana
Cep: 90620-100 – Porto Alegre/RS
Fone: (0xx51) 3110.9801
www.editorasulina.com.br
e-mail: sulina@editorasulina.com.br

Novembro/2024
IMPRESSO NO BRASIL/PRINTED IN BRAZIL

Sumário

Multicartografias dos arquipélagos e palimpsestos das territorialidades musicais urbanas

Micael Herschmann
Cíntia Sanmartin Fernandes
Jeder Janotti Junior
Jorge Cardoso Filho
Simone Luci Pereira

> As cidades, como os sonhos, são construídas por desejos e medos, ainda que o fio condutor de seu discurso seja secreto, que as suas regras sejam absurdas, as suas perspectivas enganosas, e que todas as coisas escondam uma outra coisa (Calvino, 1990, p. 44)

O escritor ameríndio Ailton Krenak, em seu seminal livro *A vida não é útil*, afirma que, mais do que projetar *desenvolvimento*, é necessário (de maneira urgente hoje) pensar em *envolvimento* (Krenak, 2020). Certamente o pensamento desse importante autor tem sido uma inspiração para nós: sem dúvida, o termo *envolvimento* sintetiza o nosso firme compromisso ético e acadêmico em trazer alguma contribuição, mesmo em um contexto atual tão complexo e adverso, caracterizado pela ampliação das polarizações políticas, das ambiências de medo e da crescente circulação de desinformação (Fernandes *et al.*, 2022).

Neste sentido, adentrar o universo das *cidades musicais* é encarar, logo de início, desafios situados além de reconhecimentos oficiais, dados públicos e estatísticos – ao oferecer aos atores visibilidade e valorizar iniciativas musicais informais, marginais e/ou mesmo clandestinas nos territórios –, abrindo-se possibilidades de que facetas "invisíveis" das cidades venham emergir de alguma maneira aos leitores. Se, por um lado, o público certificará que, evidentemente, há processos de submissão às inúmeras esferas de "biopoder" (Foucault, 2010) mais ou menos institucionalizadas em cada localidade; por outro, os interessados neste livro se darão conta de que há possibilidades da construção de dinâmicas de dissensos, práticas "artivistas", agenciamentos criativos e processos de ressignificação relevantes no cotidiano dessas urbes (Herschmann; Fernandes, 2023).

Assim, esta coletânea – distribuída em dois volumes – é resultado de uma extensa pesquisa interinstitucional e em rede intitulada "Identificando potencialidades nas cenas locais e subsidiando Políticas Culturais renovadas para as principais Cidades Musicais do país", que se iniciou em 2023, com apoio do CNPq (Edital Pró-Humanidades), e conta com a participação preciosa de mais de quatro dezenas de pesquisadores de Comunicação, Som & Música de importantes universidades do país e do exterior. Participaram direta e indiretamente desta iniciativa – que envolveu a elaboração de uma plataforma digital (*Multicartografias das Cidades Musicais*)[1], seminários, congressos e workshops acadêmicos, além dos dois volumes desta coletânea (*Cidades Musicais [In]visíveis*) – docentes, pesquisadores e especialistas da Universidade Federal do Rio de Janeiro, Universidade Federal Fluminense, Universidade do Estado do Rio de Janeiro, Universidade Federal de Pernambuco, Universidade Paulista, Universidade Federal do Recôncavo da Bahia, Universidade de Buenos Aires (Argentina), McGill University (Montreal, Canadá), Université Paul-Valéry Montpellier (França) e University of Virginia (EUA).

[1] De modo geral, o intento com a plataforma digital intitulada *Multicartografias das Cidades Musicais* (disponível em: https://multicartografias.com.br) foi oferecer um site – composto de farto material audiovisual – no qual o usuário poderá acessar as corporeidades, as "ambiências" (Thibaud, 2015) sonoro-musicais e os depoimentos dos atores, conhecendo, assim, as atividades e os eventos que são concretizados nas localidades de São Paulo, Recife, Rio de Janeiro e Salvador. Ao oferecer esse rico material, nossa aposta é a de que o público (ao acessar esses conteúdos variados) seja capaz de compreender melhor o potencial mobilizador das iniciativas musicais nos territórios, isto é, seja capaz de valorizar a contribuição dessas atividades (muitas delas opacas) na promoção de novos patamares de desenvolvimento local (Kronemberger, 2017).

Ao longo desse conjunto de iniciativas, buscou-se repensar a relevância e a riqueza das atividades musicais – de certos "ecotranssistemas musicais-midiáticos" (Lacombe; Herschmann, 2024) subterrâneos ou menos visíveis, organizados principalmente em circuitos e cenas –, que, em geral, envolvem iniciativas opacas, fora do radar do poder público e/ou que são consideradas "danosas ao corpo social" por setores conservadores da sociedade. Na investigação que alicerçou boa parte das análises aqui apresentadas, partimos do pressuposto de que, diferentemente do que se imagina e veicula em geral nas redes sociais e na grande mídia corporativa, essas atividades mais ou menos informais (que envolvem em sua maioria a população local) são vetores relevantes e podem contribuir para alavancar o desenvolvimento das principais metrópoles que possuem setores musicais de expressiva envergadura do país, as quais na nossa avaliação seriam as cidades de São Paulo, Recife, Rio de Janeiro e Salvador.

Os leitores poderiam indagar as motivações que nos levaram a repensar a importância dessas *riquezas urbanas* (quase subterrâneas ou até clandestinas), bem como as possíveis dinâmicas criativas menos conhecidas presentes nos territórios. Por que investir agora nesse tipo de estudo se essas urbes estão em crise e não seriam exatamente modelos de desenvolvimento local sustentável? Qual é o sentido de desenvolver este trabalho em um momento em que boa parte do país continua a desvalorizar o saber acadêmico, onde temos a sensação quase inconsolável de viver ainda em uma "terra arrasada" pelos desgovernos dos últimos anos? Poderíamos argumentar que, mais do que nunca, a construção de projetos coletivos – especialmente aqueles não exógenos e extrativistas (que não estejam voltados apenas ao agronegócio e à exploração de riquezas naturais locais) capazes de promover o crescimento sustentável das localidades e que, ao mesmo tempo, poderiam atender às demandas de segmentos da população precarizados – tornaram-se de grande urgência e fundamentais para reverter, ainda que de forma modesta, o difícil quadro atual.

É importante ressaltar, ainda, que as relações entre música e cidade não se solidificam somente nos grandes eventos ou nas certificações das entidades internacionais. Como já reiterado pela sociologia do cotidiano e pelas abordagens das micropolíticas, a partilha cotidiana em lugares em que se vive práticas culturais na urbe é uma força movente que inventa mundos e modos de habitar as cidades. A invisibilidade mencionada no título desta publicação refere-se a um espectro de músicos e atividades conexas que, na maioria dos casos, não são reconhecidos nos dados e cadastros dos censos urbanos. Apesar da importância dos eventos de grande porte que mobilizam diversos setores econômicos das grandes cidades, é nos circuitos ordinários, nas praças, nos becos e quebradas que as tramas musicais das cidades ganham relevo para aqueles que a experienciam em doses cotidianas. Diante desse cenário, salientamos a importância de refletir para além das iniciativas musicais urbanas canônicas: o uso comum de expressões como cena, circuito, ecossistema, paisagem para se referir a uma diversidade de expressões musicais que muitas vezes não fazem parte do que é frequentemente valorizado no ambiente midiático.[2]

Muito além do debate sobre Cidades Criativas

Evidentemente, todo o debate da implantação de *cidades criativas* no país desde o final dos anos 1990 (De Marchi, 2018; Herschmann; Fernandes, 2023) tangencia esse trabalho de pesquisa que foi realizado nos dois últimos anos e que está sendo apresentado e analisado criticamente

[2] Vale a pena sublinhar que, nas últimas décadas, com a redemocratização do país e o crescimento de diversos movimentos sociais minoritários muito atuantes, diversos atores oriundos das "cenas musicais pop-periféricas" (Pereira de Sá, 2021) – tais como tecnobrega, funk, brega, trap e hip hop – vêm conseguindo se articular com lideranças e políticos locais, conquistando assim mais apoio, legitimidade e visibilidade para seus circuitos de produção, circulação e consumo. Evidentemente, isso não equaciona de maneira alguma o grave problema do classismo e "racismo estrutural" (Ribeiro, 2019) vigente, que se traduz, de maneira geral, em narrativas de criminalização dos atores que são associados a certas culturas musicais que circulam em diversas mídias. Ao mesmo tempo, há que se reconhecer que as reivindicações dessas cenas pop-periféricas têm conduzido a concretização de inúmeros processos públicos, nos quais várias municipalidades do país não só vêm concedendo a condição de "patrimônio imaterial local" a essas expressões culturais, mas também têm investido especialmente na realização de editais públicos dirigidos a apoiar variadas iniciativas que gravitam em torno dessas cenas.

nos 25 artigos que compõem estes dois volumes. Nesse sentido, gostaríamos de resumidamente salientar que este conceito foi empregado aqui de forma um pouco distinta da noção de "cidades criativas" (Reis, 2012), tal como foi formulada pela UNESCO (Ferreira; Vaz, 2017) – há uma tendência em se considerar as cidades criativas como centros de excelência institucionalizados –, isto é, esta noção foi utilizada nesses volumes também para designar localidades que possuem territorialidades musicais de perfil mais informal que, pela ação ao longo do tempo, promovem expressivas mobilizações de diferentes públicos, podendo potencialmente representar também um capital para os territórios, que poderão ser melhor exploradas.

Ao mesmo tempo, é importante sublinhar que a construção de *cidades criativas* – gostemos ou não – é parte hoje de uma espécie de "ativismo municipal emergente", que busca acionar um conjunto de estratégias com o objetivo de tornar as localidades mais bem preparadas para enfrentar a competição interurbana em um mundo globalizado e mais comprometido, pelas forças das circunstâncias, com a questão ambiental e a necessidade de agenciamento de recursos menos esgotáveis, incorporando, portanto, uma lógica sustentável (Vivant, 2012).

O grande desafio hoje é como tirar as cidades de um quadro de marasmo ou de decadência industrial e torná-las territórios atraentes e dinâmicos. A questão fundamental e, lamentavelmente, muitas vezes negligenciada, é a seguinte: ao tornar as cidades mais competitivas, deveriam ter sido contempladas também outras medidas importantes que possibilitassem a construção de territórios mais equilibrados e democráticos (Seldin, 2016). De qualquer modo, o que se nota – a despeito das inúmeras críticas pertinentes colocadas aos projetos de construção de "distritos e cidades criativas", que se confundem com alguma frequência com as estratégias de marketing territorial (Reis, 2012) empregadas nas localidades – é que seria necessário (ao mesmo tempo) reconhecer que o debate sobre territórios criativos adquire relevância nas agendas de políticas públicas, pois seguem sendo adotadas, desde o final do século XX, em inúmeras regiões do globo.

Nesse sentido, salientamos também que, ao se apostar no desenvolvimento desta agenda coletiva (e interinstitucional) de pesquisa, temos procurado construir "cartografias das controvérsias" (Lemos, 2013) dessas urbes que levem em conta não só as principais polêmicas envolvendo investimentos públicos e privados que supostamente visam produzir sinergias entre os setores produtivos, mas também através do que Bruno Latour chamou de uma "Lento-ciologia" (Latour, 2012). Assim, temos procurado rastrear especialmente as reagregações e "astúcias urbanas" (De Certeau, 1994) dos atores humanos e não humanos nos territórios. Parte-se da convicção de que essa estratégia metodológica possibilitou não só administrarmos melhor a miopia de muitas avaliações territoriais mais esquemáticas, mas também identificar – evidentemente, de maneira ética (reconhecendo o "direito dos atores à opacidade" das suas atividades nos territórios) – práticas dos atores que, de certa maneira, estão mais ou menos "camufladas" por diferentes razões. Assim, a partir do debate apresentado ao longo dos dois volumes desta coletânea, pretendemos colocar em pauta parte da diversidade das discussões e experiências sobre certas riquezas locais menos detectáveis, possibilitando que se contribua assim para que algumas interpretações minoritárias – do que seria relevante coletivamente para essas cidades – sejam também contempladas na hora de se repensar projetos urbanos nessas localidades. Parte-se da convicção de que é possível estudar os vários palimpsestos das cidades, vivenciando a experiência sensível do corpo na trama urbana (corpograficamente e de maneira encarnada) e dando voz e visibilidade aos atores envolvidos em certas iniciativas musicais pouco conhecidas: desde que os pesquisadores resistam à "tentação de tomar atalhos", adotando categorias sociais que empacotam, engessam e reduzem as complexas tramas urbanas, permanecendo assim firmes nas suas atividades de rastreio, de forma lenta, rigorosa e árdua (Latour, 2012).

Sobre as "pontes" que gostaríamos de construir com esta iniciativa acadêmica (especialmente com os gestores públicos, produtores culturais e lideranças locais), é fundamental sublinhar alguns breves, mas importantes, comentários.

Primeiramente, estamos cientes de que não vamos gerar com esta pesquisa em curso propriamente estatísticas[3], as quais têm diversas aplicações e enorme relevância nas tomadas de decisão. Nosso intento, como sugere Donna Haraway, com este conjunto de investigações, foi o de tentar "seguir com o problema", promovendo a ampliação do *diálogo* e o *envolvimento* com os territórios. A contribuição que temos a oferecer nos debates que se colocam é a de tentar avançar de maneira desacelerada, esforçando-nos para ir além dos repertórios e interpretações mais usuais das cidades musicais, que em geral consideram essas urbes territórios caracterizados fundamentalmente pela funcionalidade, pelo medo, pela lógica neoliberal e pelos megaespetáculos globalizados.

É preciso reconhecer o papel das pesquisas de campo, de perfil qualitativo, as quais têm possibilitado o aprofundamento no conhecimento dos territórios. Vale sublinhar que, ainda que haja certa tensão entre as universidades e os "think tanks", parte-se do pressuposto de que com esta "aventura do conhecimento" esperamos que se possa construir uma relação mais cooperativa ou, pelo menos, mais cocompetitiva com os observatórios (Secchi; Ito, 2016). Assim, o nosso investimento concentra-se em apostar em densas derivas urbanas, corpografias e cartografias como forma de gerar conhecimentos transdisciplinares, para além dos dados mais públicos e informações disponíveis. Em outras palavras, enfatiza-se a dimensão complementar dos trabalhos dessa "rede de pesquisa", com a qual não se ambiciona construir ou trabalhar com totalidades: isto é, temos buscado trazer para a discussão os dados que não aparecem em geral nas análises estatísticas, buscando colocar luminosidade sobre um "arquipélago" de iniciativas que estão presentes também nessas localidades, amplificando a voz dos atores e incluindo de certa maneira reflexões que sugerem imaginários dissensuais ou dinâmicas

[3] Reconhece-se aqui a enorme importância dos dados e dos indicadores culturais do país gerados e sistematizados não só pelos observatórios culturais, mas especialmente pelo Instituto Brasileiro de Geografia e Estatística (IBGE, disponível em: <www.ibge.gov.br>), Instituto de Pesquisa Econômica Aplicada (IPEA, disponível em: <www.ipea.gov.br>), e Sistema Nacional de Informações e Indicadores Culturais (SNIIC, disponível em: <sniic.cultura.gov.br>).

urbanas consideradas inicialmente marginais e/ou sem grande importância (Fernandes *et al.*, 2024).

Evidentemente, no desenvolvimento desta extensa agenda de pesquisa, há implícita a aposta em uma perspectiva colaborativa, participativa e, ao mesmo tempo, transdisciplinar que está alinhada com diversos preceitos dos pensamentos elaborados no Sul Global (Quijano, 2019; Lugones, 2020): provendo assim, dentro do possível, uma descolonização epistêmica e um desaprendizado dos "métodos extrativistas e exógenos" (Sousa Leitão, 2023), que são geralmente aplicados nos municípios do país. Assim, ao nos aprofundarmos nas nossas pesquisas de campo, temos buscado problematizar de maneira rigorosa e crítica as políticas públicas existentes relacionadas aos possíveis agenciamentos das músicas nos territórios, sejam elas realizadas em espaços físicos ou em ambientes digitais.

Uma coletânea, dois volumes

Retomamos neste momento dessa apresentação as premissas que vêm alicerçando esta iniciativa acadêmica, de perfil mais aplicado. Tendo em vista que a música é um potente componente do élan social e um relevante vetor de incremento dos circuitos criativos – especialmente as do turismo, cultura, gastronomia e entretenimento – do país, procurou-se nesta investigação em rede elaborar uma análise comparativa e interdisciplinar centrada em alguns aspectos. Primeiramente, o nível de formalidade dessas atividades musicais: assim, tem-se estudado não só a cena mais mainstream e institucionalizada nessas cidades, mas também aquelas iniciativas off organizadas por coletivos musicais (inclusive as de rua ou que ocupam espaços híbridos ou semipúblicos), muitas delas organizadas em rede nos espaços urbanos (e na internet, especialmente empregando plataformas como YouTube, Facebook, Instagram e Tik Tok) por grupos minoritários de maneira mais informal e até clandestina.

E, em segundo lugar, salientamos também a necessidade de se reconhecer não só a enorme importância socioeconômica da *cultura e econo-*

mia da noite para a grande maioria dessas quatro cidades, mas também a necessidade de se reconhecer as especificidades do *regime noturno* (Reia, 2021) e de poder contar com a presença especialmente nas grandes metrópoles de gestores públicos e representantes (tais como subprefeitos ou embaixadores noturnos), os quais estejam empenhados em defender também os interesses dos atores e *players* da noite. Enquanto uma parte da cidade repousa, é importante que haja representantes e profissionais mobilizados e dedicados a desenvolver políticas específicas, capazes de subsidiar o incremento da vida cultural e da economia noturna, enfrentando tensões em torno de temáticas espinhosas, tais como: acessibilidade X transporte; inovação das iniciativas culturais X burocracia municipal (dificuldade por exemplo para obter alvarás e autorizações); inclusão social X segurança pública; construção de "cidades 24 horas" X interdições previstas nas legislações, como perturbações sonoras ou riscos à ordem pública (Straw, 2018; Reia, 2021; Fernandes; Herschmann, 2018). Portanto, ainda que seja possível identificar muitas atividades transgressoras e ilegais realizadas no período da madrugada, consideramos fundamental sublinhar que muitas lideranças e autoridades públicas seguem reféns de um imaginário povoado de preconceitos e estereótipos em relação às relevantes atividades noturnas. Assim, tende-se a questionar e estigmatizar as atividades dos atores que circulam na noite – boa parte deles oriundos dos segmentos juvenis – e muito dos gêneros musicais populares e periféricos que são geralmente por esses agenciados.

Vale destacar que a nossa proposta ao revisitar também essas diversas cenas e circuitos musicais bastante questionados por diferentes motivos nos enunciados jornalísticos e por segmentos conservadores do país não seria tanto percorrer caminhos inéditos, mas sim retomar alguns sendeiros já conhecidos, construindo reflexões em cima de temáticas, as quais já estariam aparentemente avaliadas e superadas. Em resumo, ainda que a proposta seja pesquisar algumas "territorialidades sônico-musicais" (Herschmann; Fernandes, 2014) dessas quatro cidades, vale destacar que o nosso intento não é exatamente mapeá-las, mas sim refletir a partir das questões relevantes indicadas pelos atores humanos e não humanos que atuam tendencialmente nessas localidades (Latour, 2012). Buscamos, assim, nessas multicartografias das controvérsias, através de práticas de derivas, corpografias e registros diversos – textuais, documentais, imagéticos e sonoros – identificar alguns "arquipélagos", colocando em debate um conjunto de tramas urbanas específicas estudadas e não necessariamente articuladas entre si (Fernandes et al., 2024).

Assim, o leitor encontrará uma coletânea distribuída em quatro partes e dois volumes. Abrindo a primeira parte, intitulada "Nos rastros das territorialidades musicais urbanas na Argentina, Brasil, Canadá, EUA e México" (no volume 1), está o artigo de Reia, no qual ela analisa alguns casos em que os atores se organizaram na cidade do Rio de Janeiro há alguns anos no Movimento Arte Pública (reunidos em coletivos artísticos) com o intuito de ampliar a sua visibilidade (inclusive oferecendo dados estatísticos ao poder público, para além dos tradicionalmente gerados através dos canais oficiais) e, assim, adquirir mais representatividade política junto aos agentes da municipalidade. Em seguida, Straw analisa algumas das maneiras diretas e indiretas pelas quais as políticas públicas vêm influenciando a forma e o caráter das cenas musicais em Montreal, no Canadá: não só afetando práticas associadas ao gênero musical popular conhecido como iê-iê-iê (bastante presente a partir dos anos de 1960), mas também, mais recentemente, limitando a música ao seu status econômico, enquadrando-a em diretrizes dedicadas a construir clusters criativos nesta metrópole. Na sequência, Luci Pereira, Bras e Avelar identificam no estudo de caso do Centro Cultural Afrika (localizado no bairro do Bixiga, na cidade de São Paulo) processos de construção de um conjunto de territorialidades diaspóricas potentes que gravitam em torno de músicas "Afroatlânticas" (Gilroy, 2000) as quais vêm esboçando uma "Amefricanidade" (Gonzalez, 1988) nas práticas musicais e artísticas no Bixiga que, juntamente com outras iniciativas e projetos em voga naquela territorialidade, tensionam a narrativa oficial de que aquele seria um "bairro de imigrantes italianos".

Na segunda metade da primeira parte (no volume 1) temos um conjunto de ensaios produzidos originalmente em língua espanhola cujas análises construídas têm referência no contexto do México, dos EUA, do Chile e da Argentina. Primeiramente, os leitores encontrarão o artigo de Bieletto-Bueno, que analisa algumas cenas musicais populares periféricas (Pereira de Sá, 2021) "opacas" (algumas delas proscritas), especialmente do México, EUA e Chile, problematizando como as condições de audibilidade – que determinam se determinada prática sonora ou musical será ouvida (ou, pelo contrário, permanecerá no domínio do inaudível e do invisível) – estão condicionadas pelas dinâmicas do regime de poder, que, por sua vez, condicionam as geografias socioafetivas de um espaço musicalmente construído. Em seguida, Rebolledo González analisa a errância dos *sonideros* (grupos de DJs, artistas e produtores que tocam principalmente cumbia, salsa, guaracha e outros subgêneros em festas e eventos) que circulam entre cidades do México e dos EUA (inclusive Nova York), buscando problematizar os complexos processos de reconstrução e hibridação de referenciais estéticos e identitários, especialmente quando os atores de localidades e países mais pobres se deslocam para cidades e países com alto poder aquisitivo. E, fechando esta primeira parte, Liska faz um balanço da popularização da dança twerk em Buenos Aires, chegando assim à conclusão de que, apesar de ser uma prática incômoda para a luta feminista, cada vez mais essas performances dissensuais que gravitam em torno de músicas e movimentos corporais erotizados vêm ganhando espaço especialmente junto a um público jovem, como práticas culturais que possuem também uma nítida faceta política (sintetizada em palavras de ordem muito presentes no cotidiano: "mi cuerpo es mío, yo decido",[4] muitas vezes enunciadas nas ruas desta metrópole pelos coletivos e suas redes).

Abrindo a 2ª parte, intitulada "Percursos Cartográficos e Corpográficos", Lacombe e Herschmann buscam contribuir para o debate teórico-conceitual que envolve a noção de *ecossistema* tão empregada de maneira

[4] Nos últimos anos no Brasil, essas palavras de ordem ficaram muito conhecidas na luta feminista e, de modo geral, na agenda dos movimentos minoritários (associados ao universo LBGTQIA+) e foram sintetizadas em uma expressão muito similar: "meu corpo, minhas regras".

difusa em inúmeros estudos na interface do campo da comunicação e da música: esses autores desenvolvem no artigo uma perspectiva não estruturalista, propondo um conceito composto e híbrido que poderia ser empregado sem sacrificar tanto a fluidez e a complexidade das dinâmicas presentes em diferentes situações. Na sequência, Fernandes, Belart e Barroso praticam corpografias e derivas urbanas no Rio de Janeiro ao seguir os rastros dos atores: não só analisam diversas experiências musicais coletivas – muitas delas subterrâneas –, as quais se (re)inventam nos interstícios da cidade programada e funcional, mas também propõem a noção de "cidade arquipélago" como forma de enfatizar que a cidade e a produção do conhecimento nesses espaços (urbanos) deveriam conduzir os pesquisadores ao encontro de "arquipélagos", sem centros adensados e periferias inteiramente integrados (não estariam apenas organizados funcionalmente como um sistema urbano), mas sim diante dos desafios de lidar com *rastros* e *fragmentos* (há uma clara percepção de que existem tramas urbanas e processos de reagregação dos atores a serem pesquisados, mas na maioria das vezes esses são fugidios, pontuais e fluidos, pois em geral tornam-se visíveis em polêmicas e controvérsias locais) e não com conclusões esquemáticas e totalizantes. Fechando esta seção do primeiro volume, Messeder, Ribeiro, Boaventura e Oliveira propõem a desconstrução da epistemologia vigente (valorizando uma "ciência blasfêmica"), e buscam colocar em evidência conhecimentos dos grupos subalternizados(as) – dentro de uma perspectiva mais colaborativa e principalmente decolonial –, os quais se originam nas experiências encarnadas de todos(as) sujeito(a)s envolvido(a)s nas investigações.

No início da 3ª parte, intitulada "Problematizando os desafios e as dinâmicas dos territórios criativos" (última seção do primeiro volume), os leitores vão se deparar com o artigo de Guarisa e Figueiredo que, a partir especialmente de entrevistas com lideranças e empreendedores locais, busca repensar como os gestores de palcos de pequeno e médio porte de música ao vivo da cidade do Rio de Janeiro percebem não só a geração de valor cultural desses equipamentos, mas também o papel que estes vêm desempenhando no setor musical da cidade. Em seguida,

De Marchi constrói uma cartografia das fintechs 3.0 dedicadas ao setor da música no Brasil, a qual sugere tendências e mudanças relevantes que certamente afetarão cada vez mais o mercado da música nos próximos anos. Na sequência, Sousa Leitão, por um lado, critica de maneira vigorosa a perspectiva exógena e de adoção de modelos replicáveis que atravessa em geral as dinâmicas de implementação de projetos de construção de *cidades criativas*; e, por outro, salienta o lugar estratégico que as comunidades-rede deveriam ocupar no desenvolvimento de renovadas políticas públicas para o país (postula que essas comunidades deveriam ocupar um lugar de maior protagonismo nas proposições para os territórios). E, concluindo o primeiro volume desta coletânea, Guilherme constrói um breve panorama sobre o debate envolvendo as cidades criativas e elabora um conjunto de reflexões que sugerem a proficuidade de um sistema de articulação política em rede e mais enraizado nos territórios, como estratégia de fortalecimento dessas urbes e de suas potências criativas.

Na abertura do volume 2, os leitores encontrarão a 4ª parte da coletânea, intitulada "Cenas e circuitos musicais urbanos", composta de doze capítulos. Logo no início, Luci Pereira, Barroso, Santiago e El Hage identificam na capital paulista, mais exatamente no bairro do Bixiga, uma cena off latina potente, menos visível, valendo-se de estéticas diaspóricas contemporâneas e potencializando um circuito musical composto de migrantes e brasileiros (instrumentistas, cantores, produtores, DJs, professoras de dança e público) que aciona sentidos expandidos de latinidades na cidade, os quais abrangem cumbia, salsa, reggaeton e estéticas, além dos sentidos de etnicidade do funk e do soul da década de 1970. Em seguida, Monteiro, Carneiro, Barreiro e Janotti Jr. apresentam uma cartografia musical detalhada do "circuito after" na cidade de Recife, localizado especialmente no Centro Histórico do município: o intento dos autores é oferecer mais visibilidade e repensar as potencialidades dessas "territorialidades sônico-musicais" (Herschmann; Fernandes, 2014) menos visíveis desta urbe e que ocupam principalmente o período da madrugada (elaborando assim uma renovada cartografia, para além da Recife do marketing territorial, tradicionalmente mais [re]conhecida pelos grandes eventos e festivais de música).

Abrindo uma pequena subseção dedicada à música pop, Pereira de Sá analisa as possibilidades de uso da noção de cartografia (empregada pela Teoria Ator-Rede) como ferramenta teórico-metodológica de análise desse relevante gênero musical no ambiente digital (Latour, 2012). Fechando este bloco, Soares complementa às recomendações de Pereira de Sá ao refletir sobre a canção pop como epicentro irradiador de controvérsias (ou "tretas") digitais (analisadas especialmente nos canais veiculados na plataforma YouTube): identifica também esse conteúdo musical como catalisador de dinâmicas especulativas. Nesse sentido, esse autor sugere que, ao criarem canções pop, os artistas passam a acumular frequentemente expressivo capital simbólico: em geral se constituem em ativos a partir dos quais esses ídolos se movem no mercado de música e do entretenimento, reorganizando sua imagem pública e acionando debates acalorados e "transpolíticos" (Susca, 2019).

Em seguida, temos outra subseção composta também de dois textos, centrados na análise do universo da música popular periférica eletrônica. No primeiro capítulo, por um lado, Gutierrez identifica uma expansão expressiva do que denominou de "circuito do rap" – com a aproximação e fusão entre gêneros musicais tais como funk, hip hop e trap – a qual é possível ser atestada no crescimento do consumo de eventos musicais e de playlists das plataformas digitais. Por outro lado, este autor nota também que este circuito é ainda pouco visível, segue sendo visto com muito preconceito e como uma atividade musical de uma juventude considerada "marginal e perigosa". E, no segundo capítulo, Nascimento e Trotta – a partir do estudo de caso do Baile da Selva realizado na Zona Norte do Rio de Janeiro – problematizam as territorialidades elaboradas em geral nos bailes funk como a construção de um "lugar" (Santos, 2023) pelos atores que articulam, entre astúcias e táticas (De Certeau, 1994), práticas marcadas pela excitação, erotismo, política, medo e entretenimento, em um contexto mais amplo de múltiplas violências presentes nos territórios.

Dando prosseguimento à 4ª parte (no segundo volume), Herschmann e Fernandes analisam as implicações do processo de popularização da cena Ballroom Carioca (até recentemente pouco conhecida e visível), cujo início se deu na segunda metade da década de 2010 e que ganha mais notabilidade atualmente em espaços públicos e híbridos da cidade (museus, centros culturais e universidades): é parte de um movimento queer emergente, o qual tem contribuído para a construção de uma cidade um pouco mais inclusiva e democrática, mesmo em um contexto mais adverso e polarizado. Em seguida, Pereira, Lucas, Menini e Furtado constroem uma cartografia dos "sons e músicas que incomodam" (Trotta, 2020) na cidade do Rio de Janeiro, especialmente em áreas caracterizadas pela presença constante de eventos musicais que ocupam os espaços públicos. Na sequência, Polivanov e Medeiros – tendo desenvolvido uma extensa investigação junto a mulheres que atuam no mercado da música carioca associado a segmentos como o rock e a música eletrônica (que desempenham funções menos valorizadas em geral nos concertos e eventos, tais como DJs, bateristas etc.) – problematizam a invisibilidade feminina e a dificuldade de conquistarem mais protagonismo na indústria musical.

Encerramos essa 4ª parte (e o segundo volume) com uma subseção de três capítulos dedicados ao contexto baiano. Abrindo este bloco, os leitores encontrarão o artigo de Lima, Souza e Silva, no qual os autores analisam os processos de ampliação da presença de territorialidades musicais (construídas pelos atores) que gravitam em torno da cena off de gêneros como techno e house, nas casas noturnas do bairro boêmio do Rio Vermelho (em Salvador). Na sequência, Gumes analisa a cena *underground* afrolatina e diaspórica soteropolitana, que vem emergindo nos últimos anos (ainda que não esteja completamente no radar do poder público) centrada em uma agenda progressista (LGBTQIA+) e direcionada às causas da negritude e da luta feminista. E, fechando esta coletânea, Jesus e Cardoso Filho – a partir do estudo de caso da Banda da Escola Pública – fazem uma espécie de balanço da cena roqueira e, de modo geral, musical *underground* da cidade de Cachoeira, destacando a relevância da trajetória dos atores que atuam neste grupo musical (articulados a alguns agentes culturais importantes), os quais têm buscado atender às frequentes demandas por experiências musicais mais regulares nesta urbe (reivindicadas especialmente pelos segmentos sociais locais menos favorecidos).

Agradecimentos

Não poderíamos findar esta introdução e apresentação sem agradecer àqueles que contribuíram direta e indiretamente na organização e concretização desse conjunto de atividades que foram realizadas entre 2023 e 2024 e que implicaram na organização: de uma agenda interinstitucional de investigação, de eventos acadêmicos, de uma plataforma digital e, finalmente, dos dois volumes aqui apresentados.

Portanto, registramos o nosso muito obrigado aos seguintes colaboradores: Adriana Amaral, Alison Brandão, Ana Carolina A. Amaral, Ana Julia S. de Souza, Ana Paula do Val, Carla Helal, Carlos H. Cavalcanti, Coral de Azevedo Souza, Cristiane Corrêa, Daniel Araújo, Danielle Franco da Rocha, Eduardo Bianchi, Erick Felinto, Fabio La Rocca, Fernanda Vargas, Hugo Oliveira, Indira Oliveira, Janaína Casanova, João Grand Jr., Larissa Moura, Larissa Pacheco, Leonardo de Marchi, Lia Calabre, Luana Rodrigues, Luiz Gomes, Marialva Barbosa, Marcelo Argôlo, Marineia L. Chiovatto, Mateus B. de Barros, Mauricio R. de Lima, Paola B. Jacques, Rafael de Jesus da Silva, Renata Dias Oliveira, Renato L. Taguchi, Richard G. da Silva, Silvia Borelli e Vincenzo Susca. Aproveitamos também essa oportunidade para agradecermos imensamente às agências de fomento à pesquisa do país – CAPES, CNPq e FAPERJ – pelos recursos e apoio fundamental que permitiram a realização dessas iniciativas.

Concluindo este texto inicial, gostaríamos de fazer uma advertência aos leitores: de que essa publicação é dirigida a um público mais amplo (isto é, não apenas acadêmico, de técnicos e/ou gestores públicos), interessado em compreender melhor os grandes desafios que se colocam nos processos de construção de projetos coletivos mais endógenos e na elaboração de políticas públicas mais inclusivas e democráticas no Brasil, especialmente nos contextos urbanos atuais. Em suma, buscou-se ao longo destes dois volumes – a partir do estudo de caso intrincado e fluido do setor da música (organizado em cenas e circuitos mais ou menos institucionalizados) – oferecer mais elementos para ampliar e adensar o debate sobre o papel da criatividade como possível vetor de desenvolvimento local e sustentável: que poderia ser certamente operacionalizado de maneira mais endógena e democrática em diferentes localidades do país.

Referências

CALVINO, Italo. *Cidades Invisíveis*. São Paulo: Cia. das Letras, 1990.

DE CERTEAU, Michel. *A invenção do cotidiano*. Petrópolis: Vozes, 1994.

DE MARCHI, Leonardo. Políticas Públicas para as Cidades Musicais do Brasil. *In*: FERNANDES, C. S.; HERSCHMANN, M. (org.). *Cidades Musicais*. Porto Alegre: Sulina, 2018.

FERNANDES, C. S.; HERSCHMANN, M. (org.). *Cidades Musicais*. Porto Alegre: Sulina, 2018.

FERNANDES, Cíntia S. *et al*. Cidades Arquipélagos. *In*: HERSCHMANN, Micael *et al*. (org.). *Cidades Musicais (In)visíveis*. Porto Alegre: Sulina, 2024. V. 1.

FERNANDES, Cíntia *et al*. (org.). *Artivismos Urbanos*. Porto Alegre: Sulina, 2022.

FERREIRA, Victor M. S.; VAZ, Adriana M. de. A rede de cidades criativas da Unesco: uma perspectiva das cidades brasileiras. *Actas do V Congresso Internacional Cidades Criativas*. Porto: Faculdade de Letras da Universidade do Porto, 2017.

FOUCAULT, Michel. *Nascimento da Biopolítica*. Lisboa: Edições 70, 2010.

GILROY, Paul. *O Atlântico Negro*. São Paulo: Editora 34, 2001.

GONZALEZ, Lélia. A categoria político-cultural de Amefricanidade. *Tempo Brasileiro.* Rio de Janeiro: BT Acadêmica, n. 92/93, 1988.

HARDT, Michael; NEGRI, Antonio. *Multidão.* Rio de Janeiro: Record, 2005.

HERSCHMANN, Micael; FERNANDES, Cíntia S. *A força movente da música.* Porto Alegre: Sulina, 2023.

HERSCHMANN, Micael; FERNANDES, Cíntia S. *Música nas ruas do Rio de Janeiro.* São Paulo: Editora Intercom, 2014.

KRENAK, Ailton. *A vida não é útil.* São Paulo: Cia. das Letras, 2020.

KRONEMBERGER, Denise. *Desenvolvimento Local e Sustentável.* São Paulo: SENAC, 2017.

LACOMBE, Fabiano; HERSCHMANN, Micael. Ecotranssistemas Musicais-Midiáticos pesquisados na cidade do Rio de Janeiro. *In*: HERSCHMANN, Micael *et al.* (org.). *Cidades Musicais (In)visíveis.* Porto Alegre: Sulina, 2024. V. 1.

LATOUR, Bruno. *Reagregando o social.* Salvador: EDUFBA, 2012.

LEMOS, André. *A Comunicação das Coisas.* São Paulo: Annablume, 2013.

LUGONES, María. Colonialidade e Gênero. *In*: HOLLANDA, H. B. (org.). *Pensamento feminista hoje*: perspectivas decoloniais. Rio de Janeiro: Bazar do Tempo, 2020.

PEREIRA DE SÁ, Simone. *Música Popular Periférica.* Rio de Janeiro: Appris, 2021.

QUIJANO, Aníbal. *Ensayos en torno a la colonialidad del poder.* Buenos Aires: Ediciones del Signo, 2019.

REIA, Jess. Coabitando a noite urbana. *In*: FERNANDES, C. S. *et. al.* (org.). *Arte, Comunicação e (Trans)política.* Belo Horizonte: PPGCOM da UFMG, 2021.

REIS, Ana Carla. *Cidades Criativas.* São Paulo: Editora SESI-SP, 2012.

RIBEIRO, Djamila. *Pequeno Manual Antirracista*. São Paulo: Cia. das Letras, 2019.

SANTOS, Milton. *A natureza do Espaço*. São Paulo: EDUSP, 2023.

SECCHI, Leonardo; ITO, Letícia Elena. Think Tanks e Universidades no Brasil. *Planejamento e Políticas Públicas*. Brasília: IPEA, n. 46, 2016.

SELDIN, Claudia. A cidade criativa como um novo paradigma nas políticas urbano-culturais. *In*: CALABRE, Lia *et al.* (org.). *Anais do VII Seminário Internacional de Políticas Culturais*. Rio de Janeiro: Fundação Casa de Rui Barbosa, 2016.

SOUSA LEITÃO, Cláudia (org.). *Criatividade e emancipação nas comunidades-rede*: contribuições para uma economia criativa. São Paulo: Itaú Cultural, 2023.

STRAW, Will. Urbanização da política musical: cidades e cultura da noite. *In*: FERNANDES, C. S.; HERSCHMANN, M. (org.). *Cidades Musicais*. Porto Alegre: Ed. Sulina, 2018.

SUSCA, Vincenzo. *As afinidades conectivas*. Porto Alegre: Sulinas, 2019.

THIBAUD, Jean Paul. *En quête d'ambiances*. Genebra: Metis Presses, 2015.

TROTTA, Felipe. *Annoying Music in Everyday Life*. Nova York: Bloomsbury Academic, 2020.

VIVANT, Elsa. *O que é uma Cidade Criativa*? São Paulo: SENAC, 2012.

4ª PARTE

Cenas e circuitos musicais urbanos

Uma cena latina no Bixiga? Aspectos de um circuito musical emergente

Simone Luci Pereira
Flavia Magalhães Barroso
Sabrina Brandão Santiago
Allen M. H. El Hage

Introdução

Os gêneros e estilos musicais mostram-se articulados às práticas musicais expressivas de diferentes modos de viver e experimentar a cidade. Na região do Bixiga (pertencente ao distrito da Bela Vista, região central de São Paulo), território que estamos pesquisando e analisando há quase uma década[5], várias delas marcam presença: o samba e expressões regionais tradicionais como forró e samba de coco; rock e música latina; estéticas diaspóricas contemporâneas que mesclam brasilidades, latinidades e africanidades; sonoridades do underground e do eletrônico; jazz e música instrumental.

Em torno desses estilos/gêneros musicais vão se construindo diversas dinâmicas de produção/consumo musical que muitas vezes se intercalam, dialogam e colaboram mutuamente, em maior ou menor intensidade em torno de cenas e/ou circuitos. Straw (2013) definiu cena musical como noção capaz de articular e analisar conjuntos mais ou menos organizados de atividades sociais e culturais que nos convidam a refletir sobre as culturas urbanas de novas maneiras. Essas atividades são constituídas em torno da música, dos sons, da dança, dos estilos, modas, estéticas, gostos e identidades, e podem ser organizadas de acordo com gêneros musicais, ajudando a construir lógicas de produção/consumo materiais

[5] Pesquisas realizadas pelo Grupo de Pesquisa (CNPq) URBESOM – Culturas Urbanas, Música e Comunicação, ligado ao PPGCOM da UNIP.

e culturais, bem como a própria vida na cidade. A noção de circuito musical de Herschmann (2013) ajuda a ampliar essa visão dos fenômenos abordados, pois, segundo o autor, o conceito de circuito sinaliza a sistematização, institucionalização e monetarização das atividades, além de certa segmentação da produção, da circulação e do consumo. A ideia de circuito parece contemplar uma maior heterogeneidade de práticas, sua realização em espaços não contíguos, e a participação de variadas instituições e atores. Nesse sentido, utilizaremos neste artigo as duas noções entendidas como complementares, nomeadas como cena/circuito.

Essas práticas evidenciam a música como vetor de comunicação urbana (Pereira *et al.*, 2021), conjugando ativismos, sentidos de identidade étnico-raciais, de gênero, de locais de origem e de pertencimento na cidade. Comunicação urbana é um operador conceitual e metodológico que temos utilizado para pensar as dimensões comunicacionais *da* e *na* cidade: seus nós, fluxos, redes de pessoas, imaginários, lógicas de produção/consumo, materialidades, musicalidades, identidades, entre outros aspectos.

Neste artigo, abordaremos uma emergente cena/circuito musical de música "latina" que vem se desenvolvendo na região do Bixiga. Esta cena/circuito engloba espaços nomeadamente "latinos", tais como Velho Pietro e Sol y Sombra. O primeiro, um espaço de dança e música gravada (selecionada pelo próprio proprietário) ligado à salsa, merengue, bachata, cumbia e reggaeton, e que na pista de dança do subsolo abriga também forró, piseiro e demais ritmos dançantes brasileiros contemporâneos. Já o segundo, Sol y Sombra, assume-se como espaço latino com comida, bebida, shows, festas, cineclube, ensaios de bandas e uma ênfase em ativismos e causas progressistas, abrindo espaço para artistas e grupos musicais – entre brasileiros e migrantes – e, nas palavras dos próprios agentes, fomentando de maneira marcante esta cena/circuito emergente na região do Bixiga.

Outros espaços que compõem esta cena/circuito são aqueles que têm uma programação variada, mas reservam noites dedicadas aos estilos/gêneros latinos, tais como Al Janiah, Centro Cultural Afrika, Redoma

Bixiga e Funilaria. Os dois primeiros são bares/restaurantes/centros culturais de migrantes que, além de comida e bebida, abrem espaço para uma programação musical oriunda de diferentes estilos e origens geográficas. Os dois últimos locais mostram-se como mais alternativos, podendo ser elencados como casas noturnas, possuindo noites específicas para expressões diversas de música latina.

Figura 1 – Mapa dos espaços com temáticas e eventos latinos no Bixiga

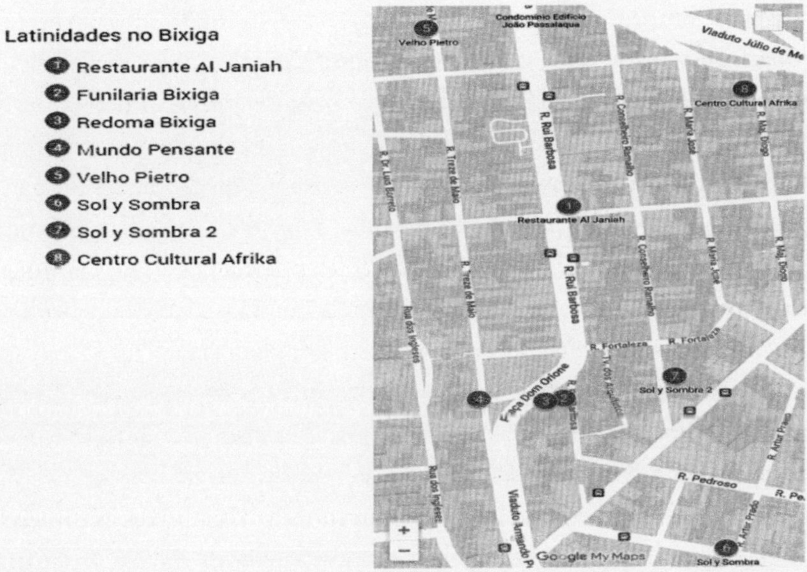

Fonte: Google Maps

Nesses locais mencionados, temos acompanhado eventos, shows e festas que abrangem agentes como DJs, professoras de dança, cantores, instrumentistas e bandas, numa gama de atores que engloba brasileiros, argentinos, chilenos, colombianos, cubanos e peruanos, destacando um circuito feito não apenas por migrantes, embora estes sejam a maioria. Os estilos e gêneros musicais executados abrangem reggaeton, salsa, pop latino (nas festas e nas músicas executadas por DJs), *son* cubano, ritmos folclóricos, batanga e cumbia de diferentes roupagens nas apresentações ou shows ao vivo. Essa diversidade de artistas, atividades, nacionalidades e estilos musicais possuem, como elemento comum, musicalidades advindas ou associadas aos países da América Latina hispânica, nomeadas como latinas.

Como já argumentamos em trabalhos anteriores (Pereira, 2015, 2021; Pereira; Herschmann, 2018; Santiago, 2016), a noção de latinidade é complexa, polissêmica e se mostra em disputa. Em São Paulo, o termo "latino" tem sido usado para se referir a grupos de pessoas, músicas, danças, culinária, cultura, entre outros elementos oriundos ou ligados a países da América Latina hispânica. Em torno dessa designação, há uma série de eventos, práticas culturais e comunicacionais, de entretenimento, de sociabilidade e construção de identidades. Vale destacar que não assumimos essas categorias de forma acrítica e sem tensioná-las, entendendo que o Brasil é também latino e que esta alteridade construída (do "latino" como "outro") possui camadas históricas e merece problematização, encarando suas conotações essencialistas, estereotípicas, hierárquicas e encobridoras das diferenças que existem debaixo desse grande guarda-chuva. Mas, ao mesmo tempo, a latinidade serve também para a afirmação e visibilização de sujeitos, grupos, sonoridades e identidades que se reúnem na cidade de maneira potente e com sentidos estéticos e políticos marcantes.

Neste artigo, nosso objetivo é compreender uma cena/circuito latina emergente no Bixiga, enfocando as questões que envolvem território/territorialidades da cidade e algumas especificidades da região; as formas de ativismo envolvidas e constituintes dessas práticas musicais latinas; e sentidos da latinidade acionados, construídos e performados nas expressões musicais ali elaboradas. Não nos restringimos à eleição de um ou outro espaço ou agente para a análise, mas buscamos construir um panorama mais amplo dos locais, sonoridades, artistas e demais atores para a compreensão dos eixos temáticos acima descritos.

Para a produção de dados, utilizamos uma metodologia de inspiração etnográfica e cartográfica, que privilegia a observação direta e inclui a participação nos eventos, a interação com os sujeitos de pesquisa –

deixando claro desde o início quem somos e a pesquisa que fazemos –, o registro de suas concepções obtidas por via de conversas informais no campo e de entrevistas formais (com roteiro semiestruturado de perguntas abertas) registradas em vídeo. Entendemos que tudo o que é visto, escutado e percebido na pesquisa de campo pode ser dado de análise e interpretado (Geertz, 2008), asseverando, assim, a importância dos pequenos fatos e seus sentidos naquele ambiente, e reiterando a relevância de estar presente nos locais e entre os sujeitos da pesquisa mais de uma vez e em diferentes dias da semana. Mais que geradora de instrumentos de pesquisa, entendemos essa inspiração etnográfica e cartográfica como postura epistêmica e ética, que valoriza: (1) a coconstrução do conhecimento junto aos sujeitos da pesquisa, considerando uma relação sujeitos-sujeitos e buscando afastar-nos de uma hierarquia entre pesquisador (sujeito) e pesquisados (objetos); (2) a constante reflexão sobre as escolhas, seleções e caminhos da pesquisa, numa forma de metarreflexão que enfatiza sua dimensão processual (Latour, 2012).

Territórios da latinidade – da Vila Madalena ao Bixiga

Em uma cidade cosmopolita como São Paulo, as questões territoriais são relevantes para compreender as dinâmicas sociais e culturais da metrópole. Os territórios, para além da sua relação com a espacialidade geográfica, podem ser lidos por perspectivas materiais e simbólicas, onde há lugar para análise de relações de poder, modos de apropriação e ocupação, construção de subjetividades e de identidades.

Santos (1996) aponta que os grupos se apropriam e (res)significam os espaços geográficos – tornando-os territórios – de acordo com suas demandas e identidades, em um jogo de conflitos e negociações que surgem dessas interações. Em outras palavras, o território é percebido não apenas como espaço físico, mas também como um conjunto de relações sociais, econômicas, culturais e políticas que se manifestam e se entrelaçam (Santos, 1978), tornando-se os processos de territorialização fundamentais para a compreensão das relações que ali se elaboram.

Em pesquisa realizada entre 2014 e 2016 (Pereira, 2015; Santiago, 2016), focalizamos o circuito (Herschmann, 2013) da latinidade na cidade de São Paulo, oportunidade em que foram identificados três principais eixos: o eixo sul (zona sul da capital paulista), com destaque para os bairros Vila Olímpia, Itaim Bibi e Moema; o eixo central (região central da cidade de São Paulo), que inclui Bixiga e seus arredores; e o eixo oeste, que teve como principais bairros para o estudo Lapa, Pinheiros e Vila Madalena.

Naquele momento, a mobilização organizada pelos atores nos eixos citados se mostrava vinculada à presença de migrantes, assim como ao consumo de culturas latinas pelos brasileiros frequentadores. O público formado por brasileiros destacou-se por seu importante papel no circuito, pois sua atuação e ampla participação não se limitava somente à adesão a preferências musicais, à dança, à localização ou à apresentação de grupos/bandas específicos, mas abrangia também as formas de envolvimento nos modos de produção e organização dos eventos (Herschmann, 2013), o que os tornava mais do que somente receptores passivos. Teciam-se relações de pertencimento e estranhamento, sendo explorados e vivenciados costumes diferentes, se utilizando da experiência cultural como uma alternativa à noite mainstream de São Paulo. A interação entre migrantes e brasileiros resultou em uma complexa rede de trocas que era influenciada pelas lógicas de consumo e pelos imaginários preexistentes na sociedade, em que reconhecemos nuances das negociações e conflitos ali presentes (Pereira, 2012).

O eixo oeste, especialmente o bairro da Vila Madalena, ganhou destaque pela presença da latinidade em casas temáticas e em eventos realizados no bairro e suas adjacências. Desde a década de 1960, a Vila era reconhecida como um território com características boêmias e cosmopolitas e que contava com significativa presença de público alternativo formado por universitários, jornalistas, artistas e intelectuais inclinados a posições ideológicas mais à esquerda ou progressista. O consumo da cultura latina no circuito da zona oeste era influenciado por lógicas de um imaginário da "latinidade" muito associado a Cuba; ao mesmo tempo, a região se configurava como um território para migrantes de diversos países da América Latina, onde os espaços eram utilizados para preservar memórias, afirmar e celebrar pertencimentos.

A presença cultural cubana era majoritária em relação às demais culturas latinas, evidenciadas pela atuação de agentes, músicos e produtores em iniciativas como as da difusora cultural Havana 6463. Fundada em 2008 pelo músico e produtor cultural cubano Pedro Bandera, seu objetivo principal é fomentar a cultura cubana e latino-americana no território brasileiro, sendo focada na promoção de artistas (principalmente cubanos, mas não apenas estes). Dentre os projetos da difusora, acompanhamos nos anos de 2015 e 2016 o evento Cuba Vem até Você, realizado no espaço Serralheria, na Lapa, zona oeste de São Paulo, o qual oferecia uma oportunidade de imersão na cultura cubana e contava com música, comida, fabricação de charutos, lançamento de livros e exposições de artistas da ilha.

Outro projeto observado foi o Vila Latina, que ocorria no Centro Cultural Rio Verde, na Vila Madalena, um evento no qual, ao longo da tarde/noite nos finais de semana, era oferecida culinária cubana e colombiana, aulas de dança de *rueda* de cassino cubana, artesanato andino e apresentações musicais com artistas de Cuba e de outras nacionalidades. Esses espaços promoveram não apenas a difusão da cultura cubana, mas também a interação entre diferentes comunidades latino americanas existentes na cidade de São Paulo.

O cenário musical "latino" se mostrava pulsante quando mudanças acarretadas pela pandemia da Covid-19, bem como questões político-econômicas e urbanas, levaram ao fechamento e/ou redefinição dos espaços que havíamos analisado havia quase uma década. Observou-se uma significativa transformação na região da Vila Madalena e de regiões da Lapa e de Pinheiros, onde os locais destinados à música e aos eventos de caráter mais alternativo foram (e ainda estão) gradativamente desaparecendo, cedendo lugar a estabelecimentos mais comerciais, o que está aliado a um intenso processo de gentrificação que se encontra em curso na região.

A cidade e suas cenas/circuitos musicais voltam a ser (re)inventadas, sendo possível perceber uma migração ou fluxo dessas experiências ligadas a noturnidade, boemia e lazer alternativos: primeiro localizadas na área do Baixo Augusta (na virada do século XXI), deslocam-se para o centro e Bixiga na última década (Pereira *et al.*, 2023a). Além disso, verifica-se um consumo cada vez maior de músicas latinas no Brasil mais ligadas ao reggaeton e ao pop latino, processo observado nas plataformas de streaming (Teixeira, 2023), mas que, de alguma maneira, também vem incrementando e reverberando nas dinâmicas de produção/consumo nas cenas locais e de pequena escala. Mais ainda, é possível perceber uma presença cada vez maior de migrantes oriundos da América Latina hispânica em São Paulo, num fluxo que aumentou no início dos anos 2010 e que nos últimos cinco anos (e principalmente depois da pandemia do Covid-19) teve expressivo crescimento, com distribuição ao longo de toda a capital (Pereira *et al.*, 2023b).

Neste novo contexto, atualmente é possível notar uma emergente cena/circuito de latinidade no eixo central da capital paulista, mais especificamente na região do Bixiga. Os fluxos da cidade ligados a certas musicalidades rumam para outras áreas urbanas, acompanhando a perspectiva de Haesbaert (2004) de que o ato de "territorializar-se" é algo inerente à vida e que essa tem um sentido múltiplo, relacional e inscrito nas dinâmicas temporais. O território do Bixiga, assim como outros locais de São Paulo, revela características também observadas em traços da história mais ampla da cidade: constituído por uma arquitetura de poder que sofre processos complexos e contínuos de (des)(re)territorialização, no local se redefinem formas, funções e estruturas da cidade (Lefebvre, 2008), de acordo com as necessidades sociais vinculadas aos grupos sociais que ali se estabelecem.

Figura 2 – Um dos espaços do Sol y Sombra

Figura 3 – Parede do Sol y Sombra

Fonte: Acervo das autoras

O Bixiga, inserido no bairro da Bela Vista, é área do centro da cidade de São Paulo que não existe nas delimitações oficiais. Sem bordas ou limites fixos, sua demarcação é carregada de simbolismos e questões identitárias, apropriações e disputas, já que seu contorno é dado pelas narrativas e práticas dos seus moradores e frequentadores. O local se apresenta sedimentado na memória social e midiática como um território onde predomina a presença de imigrantes italianos, ainda que possua uma constituição e ocupação múltipla, na qual a história marca a presença de indígenas, negros, migrantes do Nordeste brasileiro e, mais recentemente, de imigrantes e refugiados palestinos e do continente africano.

Figuras 4 e 5 – Divulgação de eventos realizados no espaço palestino Al Janiah

Fonte: Instagram @aljaniah_oficial

A interculturalidade (Canclini, 2007) constitutiva do Bixiga e articulada a um histórico da região ligado a boemia, cenas independentes, teatros, bares, restaurantes ao longo do século XX possibilitam ecoar músicas e sons como o samba, o rap, o jazz, o rock, a música eletrônica, o (pós)punk, a música instrumental, as cenas alternativas, a latinidade. Em meio a essa polifonia, o cenário/circuito latino desponta e ganha corpo em locais de destaque como o Sol y Sombra, Funilaria, Centro Cultural Afrika, Redoma Bixiga, Velho Pietro e Al Janiah.

Figuras 6 e 7 – Divulgação de eventos no Redoma Bixiga

Fonte: Instagram @redomabixiga

Bárbara Rodrigues, professora de dança em um dos eventos analisados, afirma-se como "brasileira latino-americana" – algo comum a outros integrantes deste circuito – num reconhecimento de que todos somos latinos, mas essas musicalidades dizem respeito a uma outra América Latina (tão próxima, mas tão distante), que fala espanhol e da qual estivemos (os brasileiros) muito tempo alijados.

> eu acho que de todas as festas latinas que têm em São Paulo, que agora tá numa crescente, né, aqui [Bixiga] é onde tem mais brasileiro. Isso aí é eu falando como uma brasileira... latino-americana brasileira, né. Porque a gente, como brasileiro, muitas vezes não se reconhece como latino-americana. Isso é muito lindo de ver, as pessoas brasileiras se relacionando com essa música. Então eu, pessoalmente, assim fico... fico superfeliz.[6]

Os territórios e territorialidades são ampliados no Bixiga, com marcantes ressignificações, reinterpretações e reapropriações dos espaços, atravessadas por sentidos, atores, imaginários e informações em um viés multidimensional que dialoga com uma lógica reticular ou em rede, onde se vê a intensificação das formas de mobilidade, de fluxos e, como consequência, das conexões, que ocorrem em um processo contínuo e cotidiano, elaborando multiterritorialidades (Haesbaert, 2018).

Músico e produtor musical, Daniel Baraúna narra sua percepção dos fluxos territoriais e sonoros vivenciados na cena/cenário musical latino da cidade de São Paulo e do Bixiga, pontuando a presença de uma articulação coletiva, uma construção comum deste fenômeno:

> Houve ondas, né, de interesse na música cubana e na música latina de uma forma geral. Mas acho que sim, acho que tá rolando sim esse movimento... a galera da dança, na verdade, nunca teve essa distinção, é uma galera que que abraça a bachata, abraça o reggaeton, abraça a salsa... a cumbia não muito, né (risos). Às vezes a gente toca cumbia nesses ambientes,

[6] Entrevista concedida por Bárbara Rodrigues, professora de danças latinas, no dia 20/03/2024.

> a galera não curte muito (o povo da dança de salão). Mas não necessariamente também, né, não vou generalizar.
> Mas as bandas, de uma forma geral – isso até a gente mesmo, né – talvez trouxessem mais essa coisa do *son* cubano e do bolero, e menos de vertentes como o reggaeton e os pops latinos. Apesar de que não há exatamente essa distinção. Mesmo em Cuba a galera ouve de tudo. Essas coisas [diferentes estilos musicais] convivem. Então é uma posição que não precisa existir... Mas acho também que, enquanto uma cena e um movimento estético formado por várias pessoas, existe uma coisa de uma formulação que também vai se fazendo coletivamente, né. E tem a ver também com o repertório que é vivo e com a galera... Então, à medida que vão surgindo coisas, isso reverbera... e acaba gerando também outras aberturas nas pessoas que já faziam.[7]

A partir da fala de Daniel, é possível refletir sobre as dinâmicas, apropriações e agenciamentos que se produzem nas diferentes localidades, com atores sociais que constroem territorialidades que afetam o ritmo e o cotidiano da cidade, sendo guiados pelos fluxos de interesse e por demandas negociadas que alteram e/ou dissolvem fronteiras.

Apropriamo-nos do termo *territorialidades sônico-musicais,* adotado por Herschmann (2019), para estudos que busquem compreender a dinâmica de agrupamentos sociais que ressignifiquem e reconfigurem espaços nas cidades de tempos em tempos, o que se aplica ao Bixiga. Sob essas perspectivas, o Bixiga é vislumbrado como um território festivo, uma (multi)territorialidade musical onde estilos/gêneros emergem, dominam ou se mostram em resquícios, em trajetos cíclicos que voltam a eclodir e dispersar, com reinvenções e reconexões que fluem conforme os rumos construídos pela vida urbana.

[7] Entrevista concedida por Daniel Baraúna, cantor e diretor musical da banda Quimbará, no dia 15/03/2024.

Territorialidades festivas e ativismos: o espaço como mediação

A noção de territorialidades privilegiada neste trabalho antevê com maior protagonismo os processos de "desterritorializações e reterritorializações" (Deleuze; Guattari, 1995) dos agrupamentos sociais que giram em torno da cadeia de produção festiva e as possíveis reconfigurações que envolvem os processos de "agregação e reagregação" dos atores (Latour, 2012). Essa noção realça a processualidade com que a experiência festiva (Barroso, 2022) arquiteta temporariamente multiterritorialidades num território.[8]

Retomamos esta questão por entender que festas, shows e espaços vinculados à música latina no Bixiga (1) não emergem no vazio, pois encontram-se costuradas, numa trama não pacífica, com as ambiências[9] festivas preexistentes; e (2) não se dão de forma aleatória, pois são acionadas por redes de produção cultural mais amplas que produzem zonas de contato, cooperação e, no limite, associações com atores sociais emergentes e hibridações (Canclini, 2007).

Ao afirmar que o processo de reterritorialização dos grupos, produtores e músicos de música latina no Bixiga não emerge no vazio, nos referimos ao formato dessas experiências festivas. Somente um dos espaços investigados (Velho Pietro) promove apenas ritmos identificados como latino-americanos; e apenas um deles (Sol y Sombra) protagoniza esses

---

[8] Haraway (2021) trabalha, assim como Latour, a relação e as práticas interativas como pontapé para a análise do "social". Consideram que a relação é a menor unidade de análise possível (num processo que abarca os actantes e tecnologias, seres vivos, humanos e não humanos). Com "menor unidade de análise" não significa dizer que a dimensão local significa "pequeno" ou "inapto a viajar". Dessa forma, ambos os autores trabalham com a ideia de sistemas, redes de relação que impõem a revisão ou o retrabalho em cima das categorias num movimento de torção e dobras – movimento vital para a Haraway em tempos de urgência.

[9] Com ambiência buscamos ressaltar a "ambientação da atualidade urbana, ver nas particularidades e nos elementos díspares sinais disseminados no espaço e que constituem uma ecologia visual para reconfigurar a cidade do presente. Localizar os sinais, já não na concepção corrente da representação, mas sim ao enfatizar as condições de possibilidade oferecidas pela vitalidade urbana, pela multiplicidade do real. Trata-se aqui de uma constituição epistêmica da cidade, de um conhecimento comum do mundo vivido e, por conseguinte, de uma "cidade-logia", e já não de uma simples sociologia da cidade (La Rocca, 2018, p. 164).

ritmos na programação musical, mas, ainda assim, promovem shows e festas com outras musicalidades. Nos demais espaços, as festas e shows de música latina ora acontecem em determinado dia da semana, ora estão costuradas com outras atrações dentro das festas.

> Num primeiro momento só produzíamos festas e shows de música latina não brasileira (no Sol y Sombra). Apenas ritmos como bachata, salsa e reggaeton. Hoje nós temos cineclube às terças. Às quartas temos bandas que misturam música latina com brasilidades. Às quintas temos o rap. Às sextas temos uma programação fixa de salsa. Nós entendemos que precisamos explorar as brasilidades ou misturar as referências brasileiras na programação. Afinal, o Brasil é latino.[10]

> No Mundo Pensante nós temos vários eventos por semana. A gente busca não repetir as pessoas e gêneros musicais na mesma semana. Então se no sábado nós realizamos uma festa do tema tropicalidades, na sexta nós teremos uma noite de música latina. E isso acontece, às vezes, na mesma noite. Ontem nós tivemos um show de uma banda portuguesa com um cantor angolano. Depois do show, começou o set do DJ Nuts com brasilidades e, ao final, outro set com as promessas da música pop internacional.[11]

A não aleatoriedade, por sua vez, refere-se à observação de que algumas bandas, músicos e produtores de música latina que acompanhamos no Bixiga estão presentes em redes de produção cultural mais amplas, isto é, não assentadas em determinado gênero musical. A entrada desses actantes em casas de shows e festas na região, portanto, sinaliza processos de agregação anteriores. Em entrevista, Bárbara Rodrigues, professora de salsa, explica sua atuação nas noites latinas na Funilaria:

---

[10] Entrevista concedida por Pedro Pereira, idealizador, sócio e produtor cultural do bar Sol y Sombra, no dia 10/04/2024.

[11] Entrevista concedida por Paulo Papaleo, idealizador, sócio e produtor cultural da casa de shows Mundo Pensante, no dia 02/04/2024.

> Nós frequentávamos a Funilaria para ouvir samba. Os produtores sabiam que éramos dançarinas e professoras de salsa e que frequentávamos espaços como esses. Quando as noites latinas começaram, eles nos convidaram para realizar as aulas de dança. Nesse espaço que não é específico de salsa eu aproveito para apresentar a dança para pessoas que são fora do meio e também para tentar trazer as pessoas da dança de salão, que é uma bolha, para um espaço mais alternativo. Começar a mesclar a questão do ensino e da performance com a festa.[12]

Ao afirmar que a música latina no Bixiga não emerge no vazio (ou seja, mantém uma relação dialogada com as dinâmicas musicais no território) e não é aleatória (pois é mediada por associações anteriores) buscamos construir a argumentação de que o movimento de aproximação de actantes da música latina no Bixiga é conduzido pelas redes de produção cultural independente e, em alguma medida, pela ambiência ativista gestada no território.

Nesta seção buscamos investigar de que forma a aproximaçao dos grupos de produção musical latina tanto compõe ativismos[13] políticos preexistentes no território quanto agenciam novos questionamentos políticos e de cidadania. Partimos da ideia latouriana de que as interações são codeterminantes, ou seja, acionam novas posições de mediação na rede. Isso significa dizer que, quando bandas de música latina começam a tocar no Bixiga, transformam-se tanto as bandas – no sentido do repertório, musicalidade e performance – quanto a própria territorialidade e seus actantes – na organização espacial e do público – como parte da codeterminância do ecossistema associativo.

> Nós procuramos ter repertórios diferentes para espaços diferentes. Nós tocamos em festas e baladas como no Mundo

[12] Entrevista concedida por Bárbara Rodrigues, professora de danças latinas, no dia 20/03/2024.

[13] A noção de ativismo remete às ações políticas ligadas a causas diversas e menos institucionalizadas, sob a forma de articulações em rede de coletivos, horizontais, plurais e de organização reticular que sugerem engajamentos dotados de politização que podem envolver a arte, a cultura, o sensível e o corporal, renovando os sentidos do fazer político (Di Giovanni, 2015).

Pensante e na Funilaria. Nesses espaços, a galera curte o reggaeton, a cumbia ou mesmo o pop latino. Fazemos também festas temáticas de baile de salsa e da música cubana. Então, são repertórios mais específicos para baile. Músicas mais rápidas, pouco espaço entre as músicas, pouco falatório entre as músicas. Ir direto ao ponto para a galera dançar. E nós tocamos também em espaços que privilegiam o show, como a Casa de Francisca, o Blue Note e o Bona, onde o público fica sentado à luz baixa. Nesses espaços nós mesclamos músicas com uma intensidade mais alta e uma intensidade mais baixa. Falamos sobre as músicas no intervalo etc. A banda tenta então dar conta dos diferentes espaços e diferentes públicos.[14]

Há 15 anos atrás percebia que não havia espaço físico e nem empírico para música cantada em espanhol. Ou talvez houvesse a questão da *Macarena*, uma música muito caricata que era o que chamavam de música latina. Nos últimos anos, vejo que tem pessoas mais disponíveis a ouvir música em espanhol, conhecer culturas. Vejo que as casas estão contratando mais músicos e bandas de música latina. Quando falo "latina" não estou pensando apenas em música centro-americana. O coco, o maracatu também são músicas latinas. O samba argentino, a cueca chilena, o candombe uruguaio. Temos muitas manifestações da música latina. Hoje você vai numa festa de música latina em espaços alternativos, por exemplo, e você vai escutar reggaeton, trap e algumas cumbias. Tocará mais isso do que apenas salsa, que é o que se conhece mais como música latina. O reggaeton que tem bombado nessas festas tem uma história e uma musicalidade muito aproximada com o funk. E aí tem as misturas: cumbia com reggaeton, reggaeton com funk ou reggaeton com arroxa.[15]

[14] Entrevista concedida por Paulo Papaleo, idealizador, sócio e produtor cultural da casa de shows Mundo Pensante, no dia 02/04/2024.

[15] Entrevista concedida por Renata Espoz, cantora e musicista chilena que integra diversos projetos de música latina, no dia 02/04/2024.

Para Latour (2012), no jogo de interações da rede – neste caso festiva e musical no Bixiga – há sempre uma indução[16], na medida em que alguns mediadores induzem outros a fazerem; e uma tradução/translação[17] que modifica os actantes envolvidos. Ao investigar a emergência da música latina no território, percebemos que os processos de indução e tradução que conduzem a aproximação dos actantes festivos (donos das casas, produtores, músicos e frequentadores) são mediados por uma arquitetura específica das territorialidades festivas no Bixiga. Sugerimos, portanto, que a espacialidade do Bixiga se articula como um actante que produz mediações na rede de produção cultural[18]. Trata-se de espacialidades que, pelo acúmulo de experiências musicais no território, compõem uma percepção/disposição mútua de que a fruição musical e festiva pode se articular na forma de ativismo, como espaços de visibilidade para grupos vulneráveis e de experimentação musical.

[16] A indução é uma característica da mediação que diz respeito a uma capacidade de um actante inserir em outro um poder de agência que ele até então não tinha, alterando seu funcionamento. Geralmente a entrada de um modo de agir em um actante é fruto de um trabalho de outro actante, que intencionalmente pretende recrutar os demais, tendo em vista objetivos de seu interesse. Essa característica coloca a mediação como uma ação complexa de inscrições de modos de agir, isto é, como uma ação de gerenciamento das agências dos outros.

[17] A ideia de tradução aparece muitas vezes como sinônimo de mediação na obra de Latour. Nota-se que a escolha da palavra "tradução" ou "translação", contudo, ressalta o efeito espraiado das associações na medida em que uma conexão "transporta transformações" (2012, p. 160) ou mesmo para qualificar com maior acuidade o fato de uma relação "que não transporta causalidade, mas ainda assim induz mediadores à coexistência" (2012, p. 160): "Para designar essa coisa que não é nem um ator entre muitos nem uma força por trás de todos os atores transportados por meio deles, mas uma conexão que transporta, por assim dizer, transformações, usamos a palavra *tradução*" (Latour, 2012 p. 159).

[18] Ressaltamos a relevância das espacialidades na contemporaneidade, a partir do terceiro mapa das mediações de Martín Barbero intitulado "Mutações Comunicativas e Culturais". Neste, o autor substitui as mediações básicas (lógicas de produção, recepção, matrizes culturais e formatos industriais) pelas temporalidades e espacialidades (na vertical) e mobilidades e fluxos (na horizontal) (Lopes, 2018).

Figuras 8 e 9 – Divulgação de shows e festas

redomabixiga No domingo, dia 21 de abril, a partir das 18h a Redoma recebe o El Caribefunk! 🌴
Uma explosão de música afro-caribenha com funk, diretamente de Cartagena-Colômbia para São Paulo.
Em 2020, foram indicados ao Grammy Latino na categoria melhor álbum de fusão tropical com 'Energía para Regal'.

E para garantir a vibe certa, o Coletivo El Espeluque - La Reina comanda a discotecagem!

Garanta já seu ingresso antecipado na bio e vem com a gente!

batangaicia 🔥 Havana feat. Sp Próxima Sexta Feira no @redomabixiga

🎇 Show de Batanga + @losseisdelsur e @djruero

💵 Ingressos já a venda, veja o link na BIO. Compre Antecipado que é mais Barato

🎸Batanga & Cia é uma agrupação multicultural e polirrítmica, recria num repertório autoral, os bailes Funk da Havana dos anos 70, apresenta uma nova proposta, musicalidade e definição a chamada Música Latina.

Fonte: Instagram @batangaicia e @redomabixiga

Argumentamos que essa indução se vincula às territorialidades festivas amadurecidas no território que mantêm vínculos transterritoriais na cidade. Trata-se de donos de espaços de música, coletivos culturais e movimentos sociais que atuam na região e fora dela e que, ao manter uma forma espraiada de atuação na cidade, transformam-se em indutores importantes nos processos de territorialização das cenas musicais no Bixiga.

Figuras 10 e 11 – Festas e Movimentos Sociais

Fonte: Instagram @solysombra

Com isso, não queremos inferir a produção de consensos na forma de atuação política ou mesmo a determinação de um modelo rígido de atuação cultural no território. Propor que as espacialidades ativistas são indutoras não significa, portanto, que não haja rachas e disputas entre os actantes da rede de produção cultural. Num caminho contrário, destacamos que há um "elã" ativista não pacífico – mediado pela territorialidade – que conduz as aproximações entre certos actantes. Ao estabelecer novas associações – neste caso com a entrada de artistas e produtores de música latina – as posições dos actantes se transformam. Na prática, o que observamos é que a entrada de músicos, bandas e bares latinos traduz os valores mediados pelas territorialidades, mas também, ao mesmo tempo, traduz o próprio ativismo da rede festiva no território. Ou seja, é transformada e, ao mesmo tempo, transforma a forma das territorialidades.

Organizamos a seguir aspectos que participam desse processo de codeterminância. São eles: a emergência da questão do trabalho migrante, a disputa no entorno da história dos fluxos migratórios no Bixiga e a promoção das identificações latino-americanas.

Em observação e entrevistas realizadas na casa de shows e festas Sol y Sombra, notamos que a produção cultural "latina" é realizada não apenas a partir da estética sonora, mas também no plano ético do trabalho. Pedro Pereira, idealizador do espaço, ressalta a relevância material da casa ao pontuar que ela gera renda direta para 30 famílias migrantes em São Paulo, a partir de trabalhos de cozinha, técnica de som, limpeza, decoração, bartender e atendimento.

> Quanto mais casas latinas ou noites de música latina, melhor. Porque vai gerar renda e emprego para os imigrantes, para o músico, para a cozinheira. Gera a questão do emprego e gera a questão da pessoa se sentir em casa. Às vezes, durante a abertura do bar, estamos todos nós enxugando os copos, varrendo o bar e estamos cantarolando uma música. Percebo que para as pessoas imigrantes a música tem o poder de você estar em um lugar que não é o seu de origem e te remeter a uma memória. Tem o poder de abraçar. Um abraço cultural talvez que não é visível, mas que mantém a pessoa acolhida. E aí a barreira linguística ultrapassa. E eu acho que a gente entrega isso com maestria.[19]

A questão do acolhimento das populações migrantes a partir da promoção de cenas musicais latina é identificada pelos actantes não apenas como forma de operacionalizar a cadeia produtiva dos eventos, mas aciona fissuras do imaginário do território. Ao indagar produtores e músicos sobre a possível sinergia entre a música latina e o Bixiga, é mencionada repetidas vezes a história do bairro com a população migrante.

> Tem todas as classes sociais morando no Bixiga. Desde os cortiços, onde várias famílias moram, até apartamentos de 400 m^2. Isso na mesma quadra. É inevitável trabalhar com cultura aqui e não ter consciência de classe [...]. A própria história do bairro, que é conhecido pela migração italiana, é na verdade

[19] Entrevista concedida por Pedro Pereira, idealizador, sócio e produtor cultural do bar Sol y Sombra, no dia 10/04/2024.

> uma mistura de migrações e de violações também. No Bixiga foi formado o primeiro quilombo da cidade, nós temos também nos anos 80 a migração nordestina. Então é algo inevitável não pensar nessas questões que estão lá no passado, mas que a gente percebe hoje.[20]

> O Bixiga não é ou nunca foi um bairro só dos italianos. O primeiro quilombo que houve em São Paulo foi no Bixiga. A Vai-Vai (escola de samba da região) dá muitas mostras disso. A população negra aqui é muito grande. Então, o Bixiga não é um bairro de italianos. É um bairro de migrantes de todos os lados. Do povo preto, do povo nordestino. Então acho que esse resgate que a gente faz latino-americano, a gente pode fazer também das migrações brasileiras.[21]

Interessante notar a relação promovida entre a ressignificação da história dos fluxos populacionais na região e a emergência de cenas musicais latinas. Entendemos que as festas são momentos do sentir-comum e podem estabelecer, em função de ser uma prática fortemente envolvida com o senso de comunidade, dissensualidades[22] que se diferem do que está posto nas partilhas "hegemônicas" (Rancière, 2009) do que é comum, podendo fissurar a construção do imaginário da região. Isso significa dizer que, em alguma medida, a emergência de um circuito de música latina aciona agenciamentos migrantes do passado, de modo a tensionar a identificação hegemônica da região como "italiana".

As dissensualidades podem ser notadas também na forma de nomeação do território latino-americano. É comum que os actantes dessas cenas

[20] Entrevista concedida por Paulo Papaleo, idealizador, sócio e produtor cultural da casa de shows Mundo Pensante, no dia 02/04/2024.

[21] Entrevista concedida por Pedro Pereira, idealizador, sócio e produtor cultural do bar Sol y Sombra, no dia 10/04/2024.

[22] A partir de Rancière (2009), entendemos que os dissensos emergem no momento em que sujeitos considerados invisíveis em determinada comunidade tornam-se visíveis ao se pronunciarem sobre temas comuns da vida social. O dissenso é um conflito capaz de mobilizar comunidades de partilhas éticas e estéticas que abalam as certezas partilhadas, explicitando, assim, fissuras e brechas do corpo social percebido como fixo e imutável.

mencionem o termo "Abya Yala" para se referir a América: "Eu me relaciono com muitas pessoas migrantes da América Latina. Sinto que a cumbia, que se espalhou quase que de forma completa na América, é uma forma de junção para todos nós que habitamos a Abya Yala".[23] "Abya Yala" é o termo que as organizações e instituições de povos indígenas adotaram para se referir ao continente americano, de acordo com o documento *Povos Indígenas nas Américas*, publicado em 2017 pela Comissão Econômica para a América Latina e o Caribe (Cepal). De acordo com o documento, "Abya Yala" é o nome dado ao continente pelo povo Kuna (também conhecido como Guna ou Cuna), originário do Panamá e da Colômbia, antes da chegada de Cristóvão Colombo e dos europeus no século XV.

Figura 12 – Festas Bayla Yala

Fonte: Instagram @solysombra

Os dissensos em relação aos imaginários dos territórios participam tanto das reflexões locais (no questionamento do apagamento dos fluxos

[23] Entrevista concedida por Renata Espoz, cantora e musicista chilena que integra diversos projetos de música latina, no dia 02/04/2024.

diaspóricos e migratórios no Bixiga) quanto em escala global local (a partir da integração latino-americana). As fissuras dos limites territoriais são identificadas de forma recorrente a partir das estéticas musicais. É comum que os entrevistados mencionem a música como experiência estética fundamental para a dissolução de aparentes limites:

> De certa forma eu me sinto um conduto que está levando algo que as pessoas já conhecem. Porque eu não acho que seja separado. Eu sei que existe a barreira da língua. Já existiu mais, na verdade. Eu sei que o Brasil é muito grande e que às vezes fica difícil olhar para fora, para a vizinhança. Mas, se você vai para o Norte do Brasil, você encontra ritmos muito parecidos com a cumbia. A forma que o brasileiro vivencia o forró, por exemplo, é bem parecida com a forma com que a cumbia é vivenciada em outros países da América Latina.[24]

> Me sinto como uma ponte entre uma cultura musical, por exemplo da música cubana, com algo que permite a criação. Essa é uma forma que faz com que eu não me aliene de ser um sujeito histórico. Existe algo das músicas feitas em lugares onde aconteceram diásporas, sobretudo africanas, onde o ritmo se entrelaça com os outros ritmos musicais, uma polirritmia. O que consegue deixar tudo junto é a percussividade, que é muito brasileira. Para quem não conhece nada do que estamos tocando isso surge quase que como uma provocação.[25] A percussividade do candomblé, por exemplo, tem ligação direta com o *son* cubano. A cuíca, o tantan, a capoeira estão presentes na rumba, na batanga. A rítmica do funk, do maracatu, é muito próxima do que escutei nos bailes cubanos nos anos 70. Viemos todos do mesmo barco e formamos um *palenque* (quilombo).[26]

[24] Entrevista concedida por Renata Espoz, cantora e musicista chilena que integra diversos projetos de música latina, no dia 02/04/2024.

[25] Entrevista concedida por Daniel Baraúna, cantor e diretor musical da banda Quimbará, no dia 15/03/2024.

[26] Entrevista concedida por Pedro Bandeira, músico cubano e idealizador da banda Batanga, no dia 02/04/2024.

O palimpsesto de territorialidades festivas com acento ativista no Bixiga, ao mesmo tempo em que é indutor relevante no processo de tradução da atuação dos músicos e bandas latinas – na inclusão de ritmos como a cumbia e o reggaeton, na ambiência festiva com DJs e público variado –, também transforma-se no ato da mediação, pois assimila as questões migrantes, fissura o imaginário do território e busca, a partir da experiência festivo-musical, o reconhecimento das identificações latino-americanas e a musicalidade brasileira que antes não participavam da fruição artivista.

A festa e música, assim, para além de seus aspectos estéticos, mostra-se como elemento importante nas diásporas da atualidade, coadunando questões de agência, mediação e trocas interculturais (Canclini, 2007). Entendemos, a partir de Appadurai (2004), que as dinâmicas migrantes, bem como a movimentação da cena latina na cidade, encaminham à produção de localidades, nas quais fluxos globais e locais negociam sentidos. As "esferas públicas de diáspora" (Appadurai, 2004), repletas de sentidos, conteúdos e disputas políticas, estão presentes na produção de novas realidades que fazem cruzar etnopaisagens e mediapaisagens diversas, disjuntivas e conflitantes (Appadurai, 2004), as quais exercem efeitos significativos na imaginação global e nas formas de interação com as territorialidades festivas já existentes.

As musicalidades latinas – uma noção de latinidade expandida

Dentro da miríade de culturas e sentidos da latinidade na cena/circuito analisada, é possível perceber práticas musicais mais eletrônicas, realizadas por DJs em festas específicas e mesmo antes e depois dos shows com música ao vivo. Entre esses ritmos dançantes e festivos eletrônicos, temos reggaeton, cumbia, chicha peruana, timba, dewbom e trap mesclados com afrobeats, em algumas festas. Uma rede de DJs, produtores e dançarinas/nos tem impulsionado e visibilizado/audibilizado a cena latina[27] ligada ao eletrônico na cidade em locais mais alternativos ou underground, ressaltando as liberdades do corpo e da pluralidade de gêneros e sexualidades como instigante forma de resistência.[28] Ressalte-se o Espaço Cria, também no Bixiga, aberto em setembro de 2023, e que reúne em suas noites diversos estilos musicais, desde rap e trap, passando pelo dewbom e dancehall jamaicanos, até carimbó e demais ritmos paraenses e amazônicos.[29]

Nos deteremos aqui na musicalidade latina expressa nas apresentações de música ao vivo. Chama-nos a atenção a presença da cumbia nesse circuito emergente analisado. Vale destacar que este, como qualquer outro gênero musical, é uma construção social que abarca estéticas, identidades, interesses mercadológicos e discursos (Ochoa, 2016; Silba, 2018; Fernández L'Oeste; Vila, 2013). Já é consenso afirmar que o estilo/ritmo/dança tem origem no Caribe colombiano e panamenho, baseado nos elementos negros e indígenas. A partir dos anos 1940, já em formato discográfico/comercial, se expandiu e foi apropriado em todos os países da América Latina hispânica, sendo um dos mais populares do subcontinente. Mas ganhou roupagens locais em cada país, sendo mais ligado ao rock, psicodelia e huayno no Peru, com a cumbia-chicha; trazendo outros instrumentos como protagonistas em lugar do tradicional güiro; incluindo elementos eletrônicos, como na cumbia argentina contemporânca; ou ainda a tecnocumbia e a cumbia sonidera, mais lenta e articulada aos sonideros no norte do México. Assim, mais do que uma busca por definição de origens ou de características essenciais, encaramos a cumbia exatamente pelas suas mobilidades, adaptações e recriações nos tempos e nos espaços.

---

[27] Uma reflexão sobre esta rede ligada aos DJs e festas dentro da cena/circuito latino merecerá análise em outro artigo.

[28] Algumas dessas festas são: Calefação Tropicaos, Subete!, Bayla Yala, Macumbia, Viva La Pachanga, Bogotá, Bailinho Ay Amor!, Chingona la Fiesta, Baile da Sudaca, Nighty do Norte, Maniva, Blaze, Criatura, entre outras.

[29] Disponível em: https://www.instagram.com/cria_011/. Acesso em: 30 abr. 2024.

No Bixiga, a cumbia é presença marcante em locais como Sol y Sombra, Redoma e também nas duas edições do Cumbia Fest (festival de cumbia) ocorridas no Centro Cultural Afrika. Bandas como Bazuros, La Guacamaya e El Cartel Cumbia se apresentaram nessas edições com estilos variados do gênero: mesclas de elementos circenses ou de fanfarras com forte presença de metais; roupagens da cumbia argentina; e ainda elementos de africanidade nos tambores ligados à cumbia colombiana. Também no Sol y Sombra, ocorreu em 2023 uma semana dedicada a ensaios abertos de bandas latino-americanas, na qual apresentou-se o grupo Sensación Latina, cujos integrantes são peruanos e performaram um estilo de cumbia marcado e protagonizado pelas guitarras elétricas, como na cumbia-chicha, própria do Peru. Já o grupo La Guacamaya, que se apresenta em vários eventos e locais deste circuito/cena – como também na rede SESC (Serviço Social do Comercio) e em casas de shows como Casa de Francisca –, traz uma sonoridade elaborada a partir de uma mescla de elementos da cumbia argentina, percussão e do *güiro* (tocado pela vocalista chilena Renata Espoz), como também sublinha a presença dos metais, em performances bastante teatrais. Muitos dos integrantes da banda pertencem também à Cumbia Calavera[30] (que se intitula como "grupo latinoamericanista de cumbia"), que faz releituras instrumentais de clássicos do gênero, reunindo migrantes e brasileiros em performances festivas que trazem elementos de fanfarras (sopro e percussão), circo, carnaval das ruas e iconografia da Fiesta de los Muertos do México.

[30] Disponível em: https://www.facebook.com/cumbiacalavera/?_rdr. Acesso em: 30 abr. 2024.

Figura 13 – Grupo La Guacamaya

Fonte: Acervo das autoras

Figura 14 – Cumbia Calavera

Fonte: Facebook Cumbia Calavera

Como gênero que se transforma e interpela diferentes identidades e subjetividades nas muitas localidades latino-americanas (Blanco Arboleda, 2008), as diversas cumbias performadas na região do Bixiga também constroem sentidos variados. Aqui, ela é acionada como musicalidade "latina" e, portanto, como um "outro"; porém, suas práticas evidenciam uma busca para que seja mesclada com ritmos brasileiros reconhecíveis para o público não familiarizado. Alguns dos artistas com os quais conversamos entendem e salientam a música que fazem como sendo próxima de muitos estilos populares do Brasil, permitindo perceber traços de ativismos ao construírem uma espécie de gramática ativista comum deste circuito/cena, revelada no trabalho de aproximação e reconhecimento do Brasil como latino, salientando menos a diferença e mais as identidades e confluências. Isso se mostra, ao menos em parte, distinto do que se via na cena/circuito latina há dez anos na região da Vila Madalena, em que esses sentidos de aproximação apenas eram esboçados (Pereira; Herschmann, 2018), predominando a afirmação da diferença e da alteridade.

Outras sonoridades que nos chamam a atenção nessa emergente cena/circuito latina são aquelas oriundas ou associadas a Cuba. Há bandas como Quimbará (liderada por um brasileiro e contando com cubanos e colombianos em sua formação), que se apresenta na casa de shows Blue Note, como também às quartas-feiras na Funilaria do Bixiga; eles trazem um repertório que inclui canções do álbum *Buena Vista Social Club*, *son* cubano e salsas e cumbias mais clássicas. Já o grupo A lo Cubano, integrado por migrantes da ilha, se apresenta no circuito salseiro de dança da cidade, executando primordialmente esse estilo musical. E há grupos como o Batanga e Cia, integrado por cubanos, colombiano e brasileira sob a liderança de Pedro Bandera, um experiente artista cubano que vive no Brasil há 20 anos; ele é também o responsável pela difusora cultural Havana 6463, sobre a qual já fizemos menção.

Vale refletir sobre aspectos da música dançante cubana para melhor compreender as práticas musicais do grupo Batanga. Robin Moore (2006) aponta que o período pós-revolucionário em Cuba foi marcado por um desinvestimento do Estado na música dançante e de entretenimento, principalmente a partir do final dos anos 1960. Em meio a isso, músicos em contato com notícias e acontecimentos de fora da ilha, seja por viagens, seja por sintonizarem as ondas curtas das rádios da Florida e de Miami, acabaram absorvendo e incorporando outras estilos e ritmos (como jazz, rock, funk, bossa nova e outros) ao seu trabalho, algo que começou a se mostrar no início da década de 1970 em grupos como Los Van Van e Irakere. Ainda que não se apresentassem nos mais prestigiosos e legitimados espaços de música de Cuba, circulavam em locais mais alternativos da pulsante noite havanera, mesclando rock com percussão e pontos de santeria, jazz, rumba e *son* cubano, e criando ritmos novos como o songo. Como afirma Pedro Bandera, artistas de Nova York como os integrantes da Fania All Stars (entre outros estrangeiros) iam a Cuba nos anos 1970 e imaginavam que encontrariam – numa ilha comunista – "caras que só estavam tocando música russa".

> os principais artistas saíram da ilha e eles [da Fania All Stars] se impressionaram com o caldeirão de ritmos, tipo songo, salsa, son, que estava bombando; tinha uma noite alternativa que não se conhece... O turista quando vai a Cuba, ele não tem esse acesso; ou ele vai aos grandes shows de sala de concertos

> ou ele fica na zona mais turística. Mas essa mais alternativa... Sempre me chamou muito a atenção que, com toda a situação do socialismo, de censura de entrada de informação, os músicos e os artistas em Cuba de forma geral sempre foram muito informados... você sabia o que estava acontecendo no mundo e Cuba tinha uma noite de afro-funk, de coisas que estavam acontecendo [nos anos 1970]. Então aí a gente tem um [grupo] Iraquere, que começa a experimentar com elementos da música eletrônica, com teclado com guitarra e com os tambores batá. E a gente tem o início dos Van Van, que vem de Juan Formell, um roqueiro fanático nos Beatles... e que dizia: "como que eu posso levar essa guitarra com esse rock para o cubano?" foi tudo pro funk, foi tudo funkeado.

O que se percebe é que havia uma rica e diversa musicalidade em Cuba nos anos 1970, na qual incorporar influências estrangeiras representava uma forma de elaborar composições com sentidos modernos, cosmopolitas, dançantes e subversivos, valendo-se também das tradicionais rítmicas da percussão cubana. A tendência à experimentação parece ser a marca desse período dentro da música dançante cubana pós-revolucionária, evidenciando o corpo e a dança como lugar das insubordinações possíveis (Rodríguez, 2005; Moore, 2006).

O grupo Batanga e Cia. surgiu em 2014 com artistas cubanos e brasileiros buscando construir uma sonoridade ligada ao ritmo batanga (criado pelo músico cubano Bebo Valdéz), surgido em Cuba nos anos 1940/50, mas que acabou obscurecido pelo mambo, predominante na época, executado pelas grandes orquestras. Nas performances do grupo, estavam presentes "batangas, danzón, tcha-tcha-tchá, um pouco mais careta", como sugere Pedro. Tudo isso na procura – segundo eles próprios – de não serem um grupo que toca salsa – considerado um "lugar-comum" nas expressões latinas na cidade e no mundo[31] – ou ainda que usa a canção

[31] De acordo com Quintero-Rivera (1998), a salsa não é propriamente um gênero musical, mas um movimento que agrega características e estilos de executar música, sendo na atualidade comum para designar muitas das musicalidades afrolatinas no mundo inteiro sob essa rubrica.

"Chan Chan" e demais músicas associadas ao *Buena Vista Social Club* em seu repertório. O Batanga seguiu até 2019 realizando muitas apresentações e gravando álbuns; com a pandemia, interrompeu suas atividades, retornando em 2023 com nova formação (Pedro Bandera e Alexis Armas continuam) e uma proposta também diversa, definindo-se como um conjunto de "Afro Cuban Funk Jazz":

> Batanga & Cia é uma agrupação multicultural e polirrítmica, formada por músicos de Cuba, Colômbia e Brasil, recria, num repertório autoral, os bailes Funk da Havana dos anos 70, interpretando congas, danzones, e boleros, se valem do uso de instrumentos da percussão afro-cubana como os Tambores Bata, que misturados com pandeiro, e toques de songo, apresenta uma nova proposta, musicalidade e definição à chamada Música Latina no Brasil.[32]

> a gente tá hoje entrando e num momento em que a Banda cresceu. Então a gente tem uma outra instrumentação [que] já não é mais tão convencional como antigamente, que era só a flauta... então a gente fazia danzon, tcha tcha tchá, um pouco careta né? Hoje a gente tem uma flautista que toca violoncelo, e a gente tem um saxofonista que toca teclado. Então o grupo consegue ir para outros elementos, de experimentar timbres, de experimentar uma rítmica mais afro-pop-latina, que sempre existiu, mas foi pouco explorada. E o Iraquere é uma grande escola, Los Van Van são uma grande escola.[33]

Pedro Bandera afirma que a atmosfera da noite alternativa e subversiva de Havana nos anos 1970 é inspiração para o que fazem na atualidade, asseverando que a "música cubana tem muitas camadas". Ao que parece, a camada ou faceta escolhida pelo Batanga é aquela, sem dúvida, ligada a uma musicalidade polirrítmica e diversa, como também mais underground, subalterna e negra. As mudanças expressas hoje se devem

[32] Disponível em: https://www.facebook.com/BatangaCia/. Acesso em: 1 maio 2024.
[33] Entrevista concedida por Pedro Bandera, integrante do Batanga e Cia, em 18/04/2024.

à presença de novos instrumentistas e à possibilidade de criação de novos timbres, como ele conta, mas nos chama a atenção a busca por uma sonoridade que se mostra também mais ligada ao afro e ao pop, para além do "latino", o que parece esboçar novos e ampliados sentidos de latinidade, articulados ao dançante, não hegemônico e rebelde, expandido esta noção para além dos já reiterados estereótipos ligados ao "tropical" ou à nostalgia.

Mais ainda, essas escolhas estéticas parecem também mais conectadas com as novas territorialidades da cidade em que atuam, como já aludimos na seção anterior. Perguntado sobre as relações dessa musicalidade com o território do Bixiga, Pedro salienta que o Bixiga se parece muito com Havana: as casas antigas, as portinhas, certa deterioração, os varais com roupas, as crianças na rua e a forte presença negra. Afirma que o Batanga está apresentando seu repertório com novos arranjos e tentando "trazer e recriar essa noite desses bailes funk cubanos; porque eles não são diferentes do Brasil, enquanto ritmo e enquanto [espaço da] população preta", salientando as dimensões étnico-raciais destas práticas musicais.

> estamos trazendo esse afro-funk cubano que as pessoas acham que é salsa [...] quando o show termina as pessoas falam assim: "eu não conhecia isso". Porque o que as pessoas conhecem é um recorte; e no início a gente tinha aquela cobrança: "vocês não tocam tal coisa". Então a gente tem tido esse processo de formação de público.

Este último excerto da entrevista de Pedro sublinha o papel desses artistas e agentes culturais em selecionarem, dentro das "muitas camadas" da musicalidade cubana e latina, os elementos que querem ressaltar e os que não querem reiterar, colocando-se como agentes ativos de suas próprias (auto)representações, e ainda trabalhando e contribuindo na formação de público para a cena/circuito que elaboram, na qual uma latinidade mais dilatada ou expandida parece estar se edificando.

Considerações finais

Buscamos compreender aspectos da emergente cena/circuito latina no Bixiga, analisando alguns aspectos que se destacam. Para isso, foi importante perceber as confluências, rupturas, continuidades e diferenças entre o que foi observado dez anos atrás, entre as quais destacam-se: a (des)(re) territorialização da cena/circuito, que passou primordialmente da zona oeste para o Bixiga (área central da cidade); os sentidos políticos e ativistas envolvidos neste momento emergente; e a ampliação e diversidade de atores envolvidos. É possível perceber mais claramente um processo no qual os grupos e os sujeitos se valem de designações ou estereótipos, utilizando-os como forma de autorrepresentação e até subversão, tensionando binarismos e desestabilizando categorias identitárias fixas (Aparicio, 1997).

O processo de reterritorialização das cenas musicais latinas no Bixiga encaminham o estudo das associações, entendendo estas como as menores unidades de análise (Latour, 2012; Haraway, 2021). Com "menor unidade de análise", contudo, não inferimos que esta seja "pequena" ou "inapta a viajar" (Haraway, 2021, p. 22). A emergência de shows e festas latinas no território demonstra que, neste processo de "viagem", apresentam-se transformações mútuas (no imaginário do espaço, nas musicalidades, nas performances e na comunicação). A presença do questionamento sobre o processo migratório do bairro, a revisão da participação migrante na cadeia produtiva e as hibridações musicais são pistas por onde seguimos atentamente as dinâmicas de mediação comunicacional desta cena/circuito musical por onde são acionados sentidos políticos da experiência urbana. Para nós, a ideia do "fim dos territórios" (Badie, 1995) ou, de forma mais genérica, o enfraquecimento da dimensão espacial na vida social exige, em contraponto, a investigação de novas formas de (re)territorialização e as mediações comunicacionais inerentes a esses processos. Insistir, portanto, em acompanhar as menores unidades associativas, conforme sugere Haraway, e sua aptidão em "viajar".

No que diz respeito às musicalidades desta cena/circuito emergente no Bixiga, o que se pode auscultar é uma noção de latinidade dilatada ou expandida em comparação ao que se percebia há alguns anos. Se nos anos 2010 havia uma predominância de salsa no eixo sul (em locais como Rey Castro e Azucar), um reggaeton mais comercial no eixo central e a preponderância cubana no eixo oeste, no Bixiga se nota hoje uma significativa presença da cumbia de diferentes estilos e da mesclas, com instrumentação e repertório diverso. Também é notável a presença das festas que se multiplicam e apresentam gêneros e estilos eletrônicos dançantes, tais como variações do reggaeton, dancehall, dewbom, chicha, bachata, bem como estilos amazônicos (brasileiros ou não), também entendidos e assumidos como latinos. Mais ainda, uma postura ativista ou artivista também se coloca com mais evidência nesta cena/circuito, visibilizando nacionalidades diversas, presenças negras e indígenas, gêneros/estilos/ritmos menos canônicos e gêneros e sexualidades diversas elaborando práticas musicais-midiáticas urbanas que se afirmam em seus sentidos políticos.

Referências

APARICIO, Frances. On sub-versive signifiers: tropicalizing language in the USA. *In*: APARICIO, Francis; CHÁVEZ-SILVERMAN, Susana (ed.). *Tropicalizations: transcultural representations of latinidad*. Hanover/EUA: University Press of New England, 1997. p. 194-212.

APPADURAI, Arjun. *Dimensoes culturais da globalização*. Lisboa. Teorema, 2004.

BADIE, Bertrand. *O fim dos territórios*: Ensaio sobre a desordem internacional e sobre a utilidade social do respeito. Lisboa: Editora Piaget, 1995.

BARROSO, Flavia Magalhães. *O que falam as festas*: Éticas e estéticas das coabitações noturnas no Centro do Rio de Janeiro. Tese (Doutorado em Comunicação) – Programa de Pós-Graduação em Comunicação, Universidade do Estado do Rio de Janeiro, Rio de Janeiro, 2022.

BLANCO ARBOLEDA, Darío. *La cumbia como matriz sonora de Latinoamérica*. Tese (Doutorado em Ciencia Social – Sociologia) – El Colegio de México, Ciudad de México, 2008.

CANCLINI, Néstor García. *A Globalização imaginada*. Rio de Janeiro: Iluminuras, 2007.

DELEUZE, Gilles; GUATTARI, Félix. *Mil platôs. Capitalismo e Esquizofrenia*. Rio de Janeiro, 1995.

DI GIOVANNI, Julia Ruiz. Artes de abrir espaço. Apontamentos para a análise de práticas em trânsito entre arte e ativismo. *Cadernos de Arte e Antropologia*, v. 4, n. 2. p. 13-27, 2015.

FERNÁNDEZ L'OESTE, Héctor; VILA, Pablo (ed.). *Cumbia! Scenes of a Migrant Latin American Music Genre*. Durhan: Duke University Press, 2013.

GEERTZ, Clifford. *A interpretação das culturas*. Rio de Janeiro: LTC, 2008.

HAESBAERT, Rogerio. *O mito da desterritorialização*: Do "fim dos territórios" à multiterritorialidade. Rio de Janeiro: Bertrand Brasil, 2004.

HAESBAERT, Rogerio. *Viver no limite*: território e multi/transterritorialidade em tempos de in-segurança e contenção. Rio de Janeiro: Bertrand Brasil, 2018.

HARAWAY, Donna J. *Seguir con el problema*: Generar parentesco en el Chthuluceno. Bilbao: Consonni, 2021.

HERSCHMANN, Michael. Cenas, Circuitos e Territorialidades Sônico-Musicais. *In*: JANOTTI JR., Jeder; PEREIRA DE SÁ, Simone (org.). *Cenas Musicais*. Guararema: Anadarco. 2013. p. 41-56.

HERSCHMANN, Micael. Das Cenas e Circuitos às Territorialidades (Sônico-Musicais). *Logos*, [S. l.], v. 25, n. 1, 2019.

A ROCCA, Fabio. *A cidade em todas as suas formas*. Porto Alegre: Sulina, 2018.

LATOUR, Bruno. *Reagregando o social*: uma introdução à teoria do ator-rede. Edufba, 2012.

LEFEBVRE, Henri. *O direito à cidade*. São Paulo: Centauro, 2001.

LOPES, Maria Immacolata Vassallo de. A teoria barberiana da comunicação. *MATRIZes*, v. 12, n. 1, p. 39-63, 2018.

MOORE, Robin. *Music and revolution*. Berkeley: University of California Press, 2006.

OCHOA, Juan Sebastián. La cumbia em Colombia: invención de uma tradición. *Revista Musical Chilena*, v. 70, n. 226, p. 31-52, 2016.

PEREIRA, Simone Luci. Que latino? Juventudes, música e dinâmicas históricas Brasil/ América Latina Hispânica. *In*: BORELLI, Silvia; VALENZUELA ARCE, Jose Manuel (ed.). *Jovens latino-americanos*: necropolíticas, culturas políticas e urbanidades. Buenos Aires: CLACSO, 2021. p. 291-319.

PEREIRA, Simone Luci. Circuito de festas de música "alternativa" na área central de São Paulo: cidade, corporalidades, juventude. *FAMECOS* (PUC/RS), v. 24, n. 2, p. 1-18, 2017.

PEREIRA, Simone Luci. Consumo e escuta musical, identidades, alteridades. Reflexões em torno do circuito musical "latino" em São Paulo/ Brasil. *Chasqui*, n. 128, p. 237-251, 2015.

PEREIRA, Simone Luci. Sobre a possibilidade de escutar o outro: voz, world music e interculturalidade. *E-COMPOS* – Dossiê Som, música e comunicação, Brasília, n. 15, p. 1-15. 2012.

PEREIRA, Simone Luci *et al*. Apropriaçoes da cidade em práticas musicais juvenis em São Paulo: experiências de uma pesquisa coletiva. *In*: ALVARADO, Sarah; JARAMILLO, Oscar (comp.). *Violencias, contra-hegemonías y re(ex)istencias en clave de niñeces y juventudes latino-americanas*. Manizales/ Colômbia: CINDE/CLACSO, 2023a. p. 223-276.

PEREIRA, Simone Luci *et al*. "Um Sarau para chamar de nuestro": juventudes migrantes, artivismos e formas de re-existência em São Paulo". *Intexto*, Porto Alegre, n. 55, v.1, p. 1-26, 2023b.

PEREIRA, Simone Luci *et al*. Músicas e sons que ecoam pelas ruas da cidade: o evento Paulista Aberta. *E-Compós*, Brasília, v. 24. p.1-22, 2021.

PEREIRA, Simone Luci; HERSCHMANN, Micael. Circuitos latinos em SP e RJ: sentidos dos ativismos musicais migrantes. *Fronteiras*, v. 20, n. 2, p. 168-180, 2018.

QUINTERO RIVERA, Angel. *Salsa, sabor y control – sociología de la música "tropical"*. México: Siglo Veinteuno, 1998.

RANCIÈRE, Jacques. *Partilha do sensível*. Rio de Janeiro: Editora UFRJ, 2009.

RODRÍGUEZ, Victoria Eli. La música bailable de Cuba: del son a la timba ¿ruptura o continuidad? *Trans – Revista Transcultural de Música*, n. 9, p. 1-23, 2005.

SANTOS, Milton. *A Natureza do Espaço. Técnica e tempo, razão e emoção*. São Paulo: Editora Hucitec, 1996.

SANTOS, Milton. *Por uma Geografia nova*. São Paulo: Hucitec- Edusp, 1978.

SANTIAGO, Sabrina B. *Consumo cultural entre fluxos locais e globais*: a cultura "latina" na cidade de São Paulo – 2014-2016. Dissertação (Mestrado em Comunicação) – Programa de Pós-graduação em Comunicação da Universidade Paulista – UNIP, São Paulo, 2016.

SILBA, Malvina. *Juventudes y producción cultural en los márgenes. Trayectorias y experiencias de jóvenes cumbieros*. Buenos Aires: Grupo Editor Universitario, 2018.

STRAW, Will. Cenas culturais e as consequências imprevistas das políticas públicas. *In*: JANOTTI JR., Jeder; PEREIRA DE SÁ, Simone (org.). *Cenas Musicais*. Guararema: Anadarco, 2013. p. 9-23.

TEIXEIRA, Mari. Música latina ocupa o topo dos rankings: 'Não é mais emergente, é dominante', diz representante de streaming. *O Globo*, Rio de Janeiro, 9 jun. 2023. Disponível em: https://oglobo.globo.com/cultura/musica/noticia/2023/06/musica-latina-ocupa-o-topo-dos-rankings-nao-e-mais-emergente-e-dominante-diz-representante-de-streaming.ghtml. Acesso em: 29 abr. 2024.

Inimigos do fim: apontamentos sobre o circuito de *afters* no Recife

Gabriel Monteiro
Giovanna Carneiro
Heloise Barreiro
Jeder Janotti Jr.

Introdução

Imaginar a música a partir dos aglomerados urbanos é um fazer que permite pensar as cercanias da cidade, a transformação de espaços em lugares significativos e a coexistência, nem sempre apaziguadora, de diferentes cidades em uma só. Essa perspectiva pressupõe tessituras que articulam corporeidades, trajetos, espacialidades e artefatos tecnológicos em práticas musicais que materializam as cidades através de ambiências comunicacionais.

Deste modo, as corporeidades musicais que atravessam as cidades são agenciamentos culturais que formam imaginários musicais e citadinos. Aqui, nos valemos da categoria *corporeidade* como forma de alargar os limites da ideia de invólucro que normalmente está associada à ideia de corpo em sentido estrito. Assim, a articulação entre música e cidade, materializada em trajetos, pressupõe corporeidades que surgem dos acoplamentos entre corpos humanos e não humanos, trânsitos, lugares, dispositivos técnicos e possibilidades que vivências musicais associadas ao imaginário de cidade viabilizam para os corpos que habitam o universo dos trajetos das cidades ditas musicais. Como bem sabemos, há todo um imaginário audiovisual ligado a corpos e ambientações que tocam, dançam e encenam diferentes categorizações, gêneros musicais e as cidades dentro da cidade.

Em nossa perspectiva, não estamos tratando somente da existência de locais onde se partilha e se vive a música, como também da ideia de trajeto como possibilidades de deslocamento, de partida e de chegadas a certos lugares, assim como de impedimentos e confinamentos, apontando para questões que articulam, configuram e barram os entrelaçamentos entre tecido urbano e música. Somando-se a isso, pensamos que as maneiras como as cidades moldam a música, envolvendo políticas públicas de fomento cultural, transporte, lazer e micropolíticas, criam possibilidades de fazer vibrar musicalmente essas mesmas cidades. Neste ponto, reconhecemos que trajeto, como deslocamento espaço-temporal através de percursos que fazem cidades, também é parte do fazer da pesquisa aqui apresentada, na qual os caminhos de pesquisa acabam por se entrelaçar às tessituras dos trajetos enredados no centro do Recife abordados neste artigo.

As encenações da música na cidade são constituídas a partir de interações que envolvem uma diversidade de plataformas, artefatos tecnológicos, atos de escutar/dançar música nesses espaços, demarcações e trânsitos a partir de agenciamentos comunicacionais. Por isso, propomos pensar a ecologia da música nas cidades através de ambientações, em que ambientando e ambientado são dimensões congruentes, interatuantes na formação de ecossistemas comunicacionais, ou seja, música e pista interatuam conjurando ideias de lugar que articulam transitoriedades e imaginários de cidade. Essas ambientações, forjadas nas argamassas entre corpos e calçadas, carne e baile, conexões digitais e vias urbanas, gêneros musicais e pistas, deslocamentos e permanência, estão no cerne das ambientações comunicacionais abordadas neste texto.

A partir destas reflexões consideramos importante reconhecer que as interações entre cidade e música também são compostas de vias interditadas que devem ser levadas em conta nestas articulações, pois possibilitam percepções de outras conformações comunicacionais destas ambientações, tais como quais corporeidades podem fluir livremente pela urbe, corpos que são barrados, músicas que são tocadas e/ou proibidas, gêneros musicais/sonoridades associadas ou descartadas em certos trajetos e tessituras urbano-sonoras que ganham destaque ou não, a partir das lentes das políticas públicas. Esses enlaçamentos apontam para múltiplas ambientações comunicacionais que se sobrepõem, se articulam e se anulam através de deslocamentos, derivas, invisibilidades, proibições e pertenças a uma miríade de territorialidade ou multiterritorialidades (Haesbaert, 2010) musicais, possibilitando a análise das dinâmicas polissêmicas que envolvem os agrupamentos e suas interações sociais em torno de experiências de cidade através de vivências musicais em tessituras urbanas (Herschmann, 2019, p. 130).

Preparando nossa bagagem com as ferramentas de reflexão listadas aqui, propomos um passeio pelo circuito dos *afters* e seus arredores nas noites do Recife – ou Hellcife, alcunha utilizada por parte das/os habitantes noturnos da cidade. Partimos do trajeto dos esquentas aos *afters* situados no centro da cidade – iniciando pelo Pagode do Didi, atravessando o Armazém do Campo, aportando na Casa Bacurau, IRAQ e Provinha.

O que é, afinal, um *after*?

After é um aposto de *after hours*, cujos significados principais podem ser pensados a partir do que ficou conhecido como *happy hour*, congraçamento após o horário do trabalho em bares que foi notabilizado no Brasil por estabelecimentos que oferecem descontos, principalmente nos preços das bebidas, e que também remete a locais, em geral clandestinos, que em alguns países da Europa e da América do Norte fazem referência a lugares abertos após a hora legal/oficial de permissão de venda de bebidas alcóolicas. Assim, *after* é uma festa após um evento, e no Recife – a cidade conhecida como "inimiga do fim" – essa cultura está tão disseminada que se criou um verdadeiro circuito de várias possibilidades – o *after* depois do *after*, e depois outro. Para quem tem disposição, é possível passar até 24h transitando entre bares, pagodes e pistas de dança.

Assim como na maioria das grandes cidades brasileiras, em Recife não há horário delimitado para o consumo noturno de bebidas alcóolicas e horário de fechamento de casas noturnas. Por isso, o *after* passou a ser uma nomeação para estabelecimentos informais e festas que permitem a extensão da noite, em que é possível ficar "até de manhã", onde geralmente há espaços para dançar/flertar, tentar a "última cartada da noite" ou continuar a consumir álcool e substâncias ditas ilegais. De certo que isso não é uma característica singular do Recife, mas ao mesmo tempo é uma das saliências, às vezes obliterada, do reconhecimento informal da capital pernambucana como Cidade da Música.

A ausência de legislação em torno de horários ou permissão de consumo não significa que os chamados *afters* sejam lugares que estejam fora das dinâmicas territoriais dos centros da cidade. Além da diferenciação entre quem pode estar no centro da cidade após o encerramento das atividades das linhas de transporte público, estes lugares também estão sujeitos a disputas em torno das leis de regulação do som, ausência de alvarás de funcionamento, batidas policiais, poder aquisitivo que delimita quem pode pagar pela entrada ou pode, de fato, estender o consumo de bebidas alcóolicas durante a madrugada, comer (caso necessário) e dispor de transporte via aplicativo.

A ideia de *after* tem como pressuposto um antes, mesmo que algumas pessoas já se preparem para irem direto para o *after*, evitando assim o famoso "queimar a largada". Mas, como tudo é dinâmico, e a própria ocupação do centro também perpassa por interesses de marketing privado e público, hoje nem toda festa de dança do Recife segue à risca o imaginário de que um *after* vai até "altas horas".

Essa dinâmica, assim como o carnaval, parece demandar preparo físico e mental para operar em níveis de exaustão extremos, sem contar a sujeição a situações de desconforto e insalubridade. Contudo, parte dos habitantes de Recife e de seus arredores tece, por meio dos *afters*, uma relação expansiva de espaço-tempo com a cidade. Assim como um evento dá origem a uma sequência de *afters*, um cartão-postal aponta para outras paisagens que se encontram frequentemente fora do radar.

Por conseguinte, nosso intuito é construir, por meio de uma caligrafia coletiva de pesquisa, um roteiro de configurações de territorialidades sônico-musicais recifenses que por vezes são tidas como "invisíveis", e aqui são apreendidas como ambiências comunicacionais que assumem importância para a concepção de Recife como Cidade da Música, para além dos grandes festivais e dos eventos musicais situados nas agendas oficiais.

Cidades Musicais/Cidades da Música

Notar as relações entre limites e cercanias a partir da articulação entre música e cidade não é tarefa simples, pois cabe entender que a própria emergência das cidades musicais nos puxa para caminhos habituais, que acabam por se tornar sinônimos de acolhimento/pertencimento, afinal

> [...] há que se reconhecer também que a nomenclatura 'cidades musicais' ganhou efetivamente mais notoriedade internacional (de fato vem se popularizando) a partir de 2004, quando foi criado esse tipo de selo pela Unesco, para designar as cidades que apresentam uma produção musical muito potente em seu território (para localidades que teriam supostamente uma 'vocação regional' para a música (Fernandes; Herschmann, 2023a, p. 31).

Esse reconhecimento não diz só sobre frequentar espaços e temporalidades badaladas pelas agendas culturais, como o Carnaval e grandes festivais de música, reiterando cartões-postais e gêneros musicais reconhecidos de forma institucional, apresentando-se no próprio modo como vivenciamos a ideia de cidade, forjada inicialmente na conjunção de pessoas que buscavam partilhar recursos, segurança e proteção. Mesmo quando pensamos a cidade moderna a partir dos deslocamentos de grandes contingentes de pessoas do campo para a urbe, a constituição dos cruzamentos que irão tramar esses lugares é parte de possibilidades inscritas em existências do trivial, exclusões, oportunidades, subjugo e pertencimento.

Se para as pessoas que aportam nas cidades, como turistas e/ou passantes, ou para aquelas que se encontram nos grandes eventos, há uma conexão com a cidade ao estilo de um cartão-postal, para quem vive o calendário dos trajetos comuns dos prazeres citadinos, a cidade musical é arquitetada, principalmente nos finais de semana, pela vivência reiterada da música em pequenos espaços que acalentam, agenciando encontros e prazeres que servem de combustível para o existir. Não queremos afirmar que isso sempre ocorre, nem que esses são elementos exclusivos nas articulações entre música e cidade, mas, sim, que estas são buscas que pautam uma parcela importante das vivências de trajetos que também configuram cidades musicais.

> Uma cidade são várias cidades, várias musicalidades e sonoridades enformando espaços múltiplos, movimentos que parecem distantes das ideias de "afinação" que parecem estar presentes na ideia de cidades musicais. Mas, antes de achar uma ideia de pouca utilidade ou excessivamente institucionalizada, acredita-se que sua potência está em possibilitar às pesquisadoras e aos pesquisadores que trabalham com cidade e música a chance de notar como esses conceitos fazem parte de um emaranhado de vivências fundamentais para se perceber os aspectos inclusivos, exclusivos, excludentes e desestabilizadores daquilo que reconhecemos como música e como cidade (Janotti Jr.; Pires, 2018, p. 161).

Recife, como Cidade da Música reconhecida pela UNESCO, também é composta de arrecifes em que coexistem dinâmicas desestabilizadoras de inclusão e de exclusão, que dizem respeito a uma pluralidade vetorial de sons, encenações, cenários, corporeidade, afetos e narrativas. Como observam Janotti Jr. e Pires (2018, p. 142): "pensar cidades musicais traz como subentendido a suposta existência de cidades 'não musicais'. [...] Toda urbe, independentemente de qualquer reconhecimento institucional, é uma cidade musical".

Nessa perspectiva, procuramos evitar certos acomodamentos que perpassam as articulações entre cidade e música, a exemplo da impressão de que mapa e território se confundem quando nos encontramos confinados aos fluxos usuais que unem certas deambulações urbanas a ambientações comunicacionais com as quais estamos acostumados a perceber a cidade. Para evitar as facilidades desse acomodamento, propomos como método uma escritura que une corpus, escrita, trajeto, escuta e corporeidades que coreografam o desenrolar de nossa abordagem sobre as articulações entre cidade e música, que denominamos caligrafias de pesquisa.

Não achamos que seja demérito reconhecer que muitas vezes confundimos cartografias pessoais com os mapas das cidades em que vivemos, pois, ao habitar a urbe, buscamos lugares de acolhimento, que nos constituem tanto como pesquisadores/as quanto como fruidores/as e divulgadores/as dos prazeres que vivemos a partir das ambientações e percursos urbanos que nos são afins. Porém, como pesquisadoras/es, não queremos perder de vista justamente que o mapa não se confunde com território. Assim, o destaque dado a esses cartões-postais, como a Recife do Frevo e do Manguebeat, muitas vezes invisibiliza práticas musicais como a vivência regular, ao longo do ano, de bailes, rodas e pistas que passam a ser considerados fenômenos descentrados e não dimensionados, apesar de sua importância para o dia a dia musical da cidade que habitamos. Nesta direção, partilhamos com Cíntia Sanmartin Fernandes e Micael Herschmann a perspectiva de que é preciso observar,

> [...] os ecossistemas musicais locais invisíveis presentes no cotidiano; e/ou as práticas minoritárias transgressivas, que incomodam e que são até proibidas, as quais desafiam as práticas regulatórias da urbe que em geral estão 'fora do radar' do poder público, mas podem se constituir em significativas riquezas locais (Fernandes; Herschmann, 2023b, p. 32).

É a partir dessa perspectiva que propomos acrescentar outras tessituras para a compreensão do Recife como Cidade da Música para além do calendário oficial, dos eventos de grande porte, pois uma cidade musical também se constitui no ordinário, nos constructos que alimentam os prazeres, encontros e desencontros de quem vive a cidade cotidianamente, nas dinâmicas musicais que ocorrem de forma rotineira.

Disputas e compartilhamentos no "fervo" do centro de Recife

Somando-se à diversidade de pontos históricos, turísticos e políticos, o centro da capital pernambucana também oferece uma miríade de opções de festas e de *afters*. Algumas contam com financiamento público ou privado, sendo reconhecidas institucionalmente, enquanto outras acontecem na informalidade, colocando em cena aqueles que, cotidianamente, por distintos motivos, procuram opções alternativas de vivências sônico-musicais no Recife. Vive-se, assim, uma pluralidade de arrecifes noturnos – dos mais "subterrâneos" aos mais populares, dos mais acessíveis aos mais elitizados – na região central da cidade, especialmente em bairros como Boa Vista, Santo Amaro e Recife Antigo.

Temos em mente que a noção de um centro tem como contraponto a existência de pontos descentrados, periferizados, na capital pernambucana e na região metropolitana. Assim como acontece durante o Carnaval, os polos centrais são os mais visitados, com circulação intensa de pessoas, mas este fervo acaba por irradiar para os polos descentralizados, apesar da ausência dos raios que ligam o centro ao universo que chamamos de cidade. Deste modo, o centro é o lugar de irradiação, confluência de pessoas de diversas partes da cidade, mesmo porque é o lugar onde é possível deslocar-se através do transporte público para quase todas as regiões do Recife.

Se até a emergência dos shopping centers e da transformação dos arredores das cidades modernas o centro era o nódulo de encontro do grande número de habitantes da cidade, a perda de certa hegemonia não significou necessariamente que o centro da cidade deixou de ter linhas de transporte público, vias e práticas de comércio que ainda perpassam por diferentes corporeidades que transitam por quase toda a cidade. É preciso lembrar que, após um período de decadência, centros esquecidos pelo poder público, em cidades como Recife, Rio de Janeiro e Salvador, voltaram a receber atenção a partir de processos de gentrificação, requalificação urbana, emergência de polos de cultura, ocupações e lazer, que acabaram por realocar esta região como ponto significativo de vivências de cidade que possui rotinas, percursos, agenciamento de lugares e experiências que acabam por espraiar ideias a respeito da própria cidade.

O esquenta que antecede o *after*?

Um *after* traz a marca do esquenta, lugares anteriores às possibilidades de cair na noite e adiar o fim. No centro do Recife, pulula uma série de becos, botecos, bares, pés-sujos, cabeças de porco e portos musicais que servem para dar a largada no final de semana. Entre as inúmeras possibilidades de *start* de uma sexta-feira alongada a partir do centro, existem diversos lugares, como a Rua Mamede Simões e o Pátio Santa Cruz, locais conhecidos pela concentração de bares. No entanto, devido ao foco nos trajetos configurados na cidade musical, optamos por iniciar nosso percurso no Pagode do Didi, um ponto tradicional de uma roda de samba no Centro do Recife, que de lugar de encontro de amantes da roda às sextas, após o trabalho, passou a ser um local disputado por diferentes corporeidades, tornando-se o início dos rolês de final de semana para o público jovem universitário que começou a frequentar o local.

Situado em um beco sem saída próximo à Avenida Guararapes e entre as pontes que cruzam o Centro do Recife, o Pagode do Didi está inserido em um circuito cultural que tem pouca ou nenhuma atenção do poder público. Nessas mesmas imediações, além da roda de samba, estão o Armazém do Campo, a Casa Bacurau, o IRAQ e o Provinha, espaços responsáveis por manter uma circulação de pessoas na noite recifense, circuito representado no mapa abaixo (Figura 1).

Figura 1 – Mapa de circuitos de *afters* do Recife

Fonte: Google Maps

Poucos metros ou quilômetros separam esses lugares, motivo pelo qual é possível que o público possa traçar o roteiro de uma noite na qual venha a transitar por esses diferentes espaços. É comum que a noite comece pelo Pagode do Didi e em seguida vá para IRAQ, Provinha e/ou Casa Bacurau, este último conhecido por ser o *after* oficial de todas as festas, uma vez que tem o horário de funcionamento estendido após o clarão da manhã se firmar.

A presença de Vlademir de Souza Ferreira – dono do bar, conhecido como Seu Didi – na operação do caixa durante todos os anos de sua existência, os músicos recifenses que integram a roda, a localização e a estrutura de bar às antigas resistem ao tempo, mas, nos últimos anos, sobretudo no contexto pós-pandemia da Covid-19, a roda de samba mais famosa da cidade passou por mudanças de público e acabou por se adaptar aos novos tempos. Inicialmente ponto de lazer de trabalhadores e trabalhadoras que saíam do serviço, o pagode ocorre toda sexta-feira, a partir das 18h, um horário que leva em consideração não só o final do expediente como também o funcionamento do transporte público. Como começava cedo, a roda de samba costumava encerrar por volta das

22h, porém, com a mudança do público, o samba passou a se estender até 1 hora da manhã, o que aponta que horários não são só agências de donos de estabelecimento e do poder público, mas também de diferentes constructos entre disponibilidade, poder aquisitivo, acesso à transporte e possibilidades de "estar na cidade".

Por volta das 20h, nota-se o início da transição entre diferentes públicos. No primeiro momento, é possível encontrar grupos de pessoas sentadas nas mesas espalhadas ao ar livre na rua, algumas das quais conversam, tomam cerveja, consomem os petiscos do bar, enquanto outras se levantam para sambar. Porém, por volta das 21 horas, a primeira leva do público, formado por pessoas que aparentam ter entre 40 e 60 anos, começa a se dispersar, e um grupo mais jovem toma conta da rua do bar. Os jovens não costumam sentar nas mesas, que geralmente servem de apoio para as bebidas, preferindo ficar em pé para circular com mais desenvoltura pelo local.

Nesse momento, as cervejas disputam espaço com a caipirinha e também com o famoso Axé, bebida alcoólica preparada com especiarias, conhecida pelos recifenses. Se antes o bar era o centro do consumo de álcool enquanto acontecia a roda, hoje Seu Didi divide espaço com uma série de vendedoras/es ambulantes que acabam por complementar as necessidades de consumo do público, já que o antigo bar dificilmente daria conta do volume de participantes que frequentam atualmente o pagode. Por volta das 22h30, o público do local já mudou completamente, estamos em meio a uma multidão composta de jovens que aparentam ter entre 20 e 35 anos, entre homens e mulheres cis e trans, negros e brancos, de diversas sexualidades, o que aponta para uma transformação do público tradicional da roda, que, além de mais velho, era em sua maioria, heteronormativo. Nesse momento, as poucas pessoas do público mais velho que permanecem no pagode estão sentadas em mesas próximas do bar e da roda de samba, e parecem mais interessados em ouvir o repertório dos sambistas do que os mais jovens, que permanecem transitando, cumprimentando amigos, interessados nos flertes que o ambiente movimentado pode proporcionar.

Neste contexto, a chegada de um público jovem, branco e de classe média alta resultou em uma superlotação do espaço, que apresenta uma estrutura limitada. Com isso, ficar próximo da roda de samba é uma tarefa difícil e muitas vezes requer disputa. Diante desse cenário, é comum ouvir relatos de pessoas que dizem querer deixar de frequentar o Pagode do Didi, mas que não conseguem encontrar outro local onde é possível curtir um samba na rua, de graça, com bebidas a um preço acessível e em um ponto central da cidade. Assim, o público segue lotando a roda de samba para ouvir canções de um repertório que homenageia sambistas como Jorge Aragão, Zeca Pagodinho, Arlindo Cruz, Alcione e Beth Carvalho. Depois da meia-noite, pois a turma acabou por esticar um pouco no Pagode do Didi, é possível observar uma grande movimentação em direção ao Armazém do Campo, um lugar eclético, marcado pelo posicionamento político dos participantes, que funciona como esquenta e quase *after*, ao mesmo tempo.

Armazém do Campo como marco da geografia cultural do Recife

Fruto de uma política de marketing e ocupação dos espaços centrais em diversas cidades, a marca Armazém do Campo conjuga uma série de atividades cujo eixo motivacional é o funcionamento de seus espaços a partir da venda de artefatos da agricultura familiar e da realização de atividades culturais, boa parte das quais é de apresentações musicais.

O estabelecimento foi inaugurado em 2019 na Avenida Martins de Barros, no bairro de Santo Antônio, quase em frente à Ponte Maurício de Nassau (a mais antiga da cidade), responsável por ligar o bairro à região denominada Recife Antigo, que concentra várias ocupações culturais e é onde ficam os principais polos carnavalescos, isto é, o Marco Zero, a Praça do Arsenal e o Cais da Alfândega. Ao longo de 2023, às sextas-feiras, acontecia no estabelecimento o evento Armazém Cultural e, aos sábados, o Samba da Classe Trabalhadora.

Desde a sua inauguração, o espaço se consolidou como um ponto de apoio à "cultura popular" e resistência, sendo onde se reúnem ativistas da cidade – essa observação não é exatamente novidade, visto que existem 36 unidades do Armazém do Campo espalhadas pelo Brasil e todas com proposta semelhante. Contudo, no Recife, o espaço parece modular uma relação singular com a cidade, seus habitantes e principalmente com as festas e eventos, como será tratado a seguir.

O Armazém fica em um ponto estratégico no centro da cidade, fazendo parte do percurso dos principais protestos de esquerda, inclusive bem próximo ao Pátio do Carmo e da Praça do Diário, pontos onde geralmente as manifestações se encerram. Com isso, o local começou a virar referência geográfica social no Recife a partir dos protestos políticos contra o governo do ex-presidente Jair Bolsonaro. O entorno do Armazém era o lugar onde os manifestantes se dissipavam, de modo que muitos escolhiam "esticar" e ir direto para o Armazém do Campo, configurando uma espécie de "*after* festivo" das manifestações de protesto, regado a música ao vivo e consumo de bebidas alcóolicas.

Assim, o Armazém do Campo do Recife se tornou um importante aparelho cultural do centro da cidade. Ainda em 2019, a prefeitura montou um dos polos de shows do Carnaval em frente ao casarão do Armazém, denominado Polo Resistência. Em 2023 e 2024, o espaço voltou a receber um palco da prefeitura no período carnavalesco, desta vez nomeado Polo Novo Cais, com atrações da sexta à terça-feira de Carnaval, fato que demonstra como o Armazém do Campo acabou virando um dos marcos da geografia cultural da cidade.

Para além da ponte com o braço cultural do poder público, a partir de janeiro de 2024, o Armazém do Campo firmou parceria com a Casa Bacurau, atualmente conhecida como principal *after* da cidade; também passa a fazer eventos em conjunto com a Brota Produtora, que está à frente de festas afrocentradas como Baile do Brota e Brota na Rua.

Ao ocupar um prédio histórico em frente a uma estação de BRT, que separa a Avenida Martins de Barros do Rio Capibaribe, o Armazém do Campo forma um cenário privilegiado para receber as festas a céu aberto e converter o asfalto em pista de dança. Durante o dia, é comum ver mesas de plástico espalhadas enquanto as pessoas aproveitam almoço e música ao vivo, geralmente samba. Já à noite, o volume de pessoas costuma ser maior, nos moldes de uma pista ao ar livre, com muita dança e suor.

No Carnaval de 2024, o trecho da Avenida Martins de Barros em frente ao casarão do MST foi um dos mais agitados. O palco oficial da prefeitura ficou por conta da programação gratuita na área externa das 15h até por volta da meia-noite, quando começou o "afterzinho do Carnaval" na área interna, um evento pago, com entrada a R$ 15, que aconteceu todos os dias do festejo de momo em parceria com a Casa Bacurau.

A partir disso, vale ressaltar o quanto o Armazém do Campo e seus entornos mudaram nos últimos cinco anos e, com isso, o quanto os corpos que habitam esse espaço e a corporeidade musical também se alteraram. O estabelecimento abriu tendo como principal objetivo comercializar os frutos da agricultura familiar e promover eventos ligados à chamada "cultura popular". Diante disso (mesmo com o histórico do Movimento Sem Terra – MST), parte do público era composto de pessoas brancas e de classe média. Hoje em dia, embora a venda dos produtos ainda aconteça, a área interna que antes abrigava um mercado virou uma boate (pelo menos até o período de produção deste texto), enquanto a atuação da casa está muito mais ligada à cultura de festas, bailes e shows. Ritmos como bregafunk e pop chegam através dos DJs, democratizando a sonoridade local e agenciando sonoridades negras e periferizadas, algo que torna mais expansiva a noção de "cultura popular" que agrega valor ao espaço. Dessa forma, percebemos que "a demonstração pública de escuta, sua performance, é um mecanismo de formação de identidades sociais" (Bieletto-Bueno, 2019, p. 116).

Os trajetos iniciais por estes esquentas do centro do Recife acabaram por nos fazer refletir sobre a possibilidade de pensar com Massey (2000) sobre uma outra ideia de lugar. A geógrafa contesta a concepção de que "lugares têm identidades singulares e essenciais" (Massey, 2000, p. 182), ao passo que também desestabiliza a noção de que um lugar está ligado apenas a um grupo ou comunidade. É construída, então, a noção do espaço em relação às pessoas que transitam e inventam formas de habitar os arrecifes, que se manifesta em "um lugar-encontro, o local de intersecções de um conjunto particular de atividades espaciais, de conexões e interrelações, de influências e movimentos" (Massey, 2000, p. 184). Por fim, frisamos o quanto essas manifestações festivas "se exercitam na exposição de tensões, contradições e possibilidades de construção de outras cidades visíveis" (Belart, 2021, p. 86).

Qual é o *after* hoje?

Na Boa Vista, reconhecida como um dos bairros recifenses de maior articulação da comunidade e das culturas LGBTQIAPN+, encontra-se a Rua das Ninfas, que, no cruzamento com a Avenida Manoel Borba, forma um dos principais pontos de festas frequentadas pela comunidade, em seu amplo espectro de gêneros, raças, sexualidades, corporeidades e faixas etárias – embora a presença majoritária seja de homens cis, gays, de diferentes raças e classes sociais. Para além de boates pop como o Club Metrópole (a boate gay mais conhecida desta região da cidade), o Bar do Céu e o Pajubar, há espaços como o Conchitas (onde as caixas de som vibram ao som do bregafunk e forró), Pop House (ponto de karaokê) e o The Bears, um pub (bar + boate) direcionado aos "ursos", uma subcategoria de homens gays que são gordos ou "parrudos". Somando-se às boates, há o fervo que acontece na Avenida Manoel Borba, o que faz com que alguns frequentadores nem sequer cheguem a entrar em algum espaço privado de festas, já que é possível consumir, socializar e ouvir diversos tipos de música na própria rua.

Partindo da Rua das Ninfas, o mais antigo dos *afters* situados no centro da cidade é o IRAQ Club, também conhecido no Instagram como @ casadeevandro, o qual é gerenciado por Evandro Sena, músico e produtor recifense. Situado na Rua do Sossego, o IRAQ foi conquistando, desde o início da década de 2010, seu próprio território na região mais fora do radar na Boa Vista. Incialmente, e em menores proporções até hoje, o IRAQ é a materialização de um trajeto assentado na configuração de um *after hour*. Ligado de modo visceral à Rua Mamede Simões, tradicional ponto de encontro boêmio no centro da cidade, o horário de ferveção do IRAQ, por volta de 2h da manhã, está conectado ao horário em que a maioria dos bares da Mamede começava a fechar suas portas. Nos anos 2010, era comum, a partir de certo momento, observar vários grupos que iam a pé em direção ao IRAQ, nomenclatura que remete tanto à resistência como aos escombros – neste caso noturnos – da guerra entre EUA e o país situado no Oriente Médio. Hoje, o horário em que a casa enche continua sendo o mesmo, mas muitas vezes relacionado a pós-shows, pós-prévias e, claro, horário de fechamento de bares por todo o Recife.

O IRAQ é conhecido em diversos ambientes culturais da cidade como underground, um "inferninho" composto de grafites na parede, jogos de luz e sombra, um calor que se intensifica de acordo com a concentração do público, uma modesta (porém, acolhedora) pista de dança e um amplo quintal com mesas e cadeiras de bar, onde rolam muitas conversas e amassos. O espaço é bastante frequentado, disputado e compartilhado pelo público boêmio, universitário, artistas recifenses, enfim, por pessoas que procuram por territorialidades sônico-musicais alternativas. Embora haja uma relativa heterogeneidade na composição das corporeidades do local (frequentado por homens e mulheres cis e trans, por pessoas negras e brancas, além de gays, lésbicas e bissexuais), tal construção também envolve disputas, disparidades e exclusões. Devido a uma expressiva presença do público cis-hétero, há relatos de casos de assédio, machismo e discriminações por parte do público que frequenta o local.

Desde sua abertura, o IRAQ funciona de modo informal. No início, a casa fazia a divulgação dos eventos de forma mais sutil, restrita, na surdina, o que lhe dava ares de exclusividade, de lugar de pessoas descoladas. A casa abriu a partir do espraiamento de um pedido do público do extinto Garagem 27 (que também funcionava na região central do Recife, sob o comando de Evandro), através da criação de uma comunidade na rede social *Orkut* nomeada "Evandro, abra um bar".

> O IRAQ não frequenta as páginas de cultura dos jornais. Seus eventos são divulgados apenas através de postagens no Facebook, num grupo específico, que hoje conta com cerca de 500 amigos de Evandro. Assim como qualquer casa, o dono só permite a entrada de quem ele quer. Em dia de bom público, o lugar chega a comportar 200 pessoas, como acontece no já tradicional Natal do IRAQ ("Traga a ceia, mas não a família"). Antes, para poder controlar a entrada, toda sexta-feira era divulgada uma senha diferente para o acesso à festa N.A.d.A. Agora, o sistema foi abolido (Nascimento, 2014).

Atualmente, o estabelecimento possui páginas no Instagram e no Facebook, vende ingressos pelas plataformas online e passou a ser totalmente aberto ao público geral. Os ingressos variam entre R$ 10 e R$ 30, a casa abre às sextas e aos sábados, eventualmente aos domingos para alguma exposição ou show. Como nos outros *afters* do centro, o repertório é bastante dinâmico e varia de acordo com o dia, com quem toca e com a proposta do evento. Os gêneros musicais mais ouvidos no IRAQ são reggae, punk, post-punk, indie rock, krautrock, psicodelia, afrobeat, noise, indie pop, electroclash. Em postagem no Instagram sobre uma das edições da Lesbian Bar, uma das festas recorrentes no espaço (comandada por DJs que tocavam no extinto bar homônimo do evento), lê-se na legenda: "Primeira pessoa disk-jockey confirmada. [...] Quem mais quiser tocar, basta avisar e chegar" (IRAQ Club, 2024). Ao longo de sua história, o IRAQ já recebeu centenas de DJs e musicistas underground que se apresentaram no espaço, sendo conhecida pela presença marcante, mas não única, de pessoas um pouco mais velhas, brancas, oriundas das cenas culturais que marcaram Recife nos anos 2000. De todo modo, hoje nota-se uma variação de público de acordo com os diferentes DJs que transitam pelo espaço.

O IRAQ é bastante emblemático da cultura underground recifense e da disputa de territórios que a existência um tanto longeva e seu público hegemônico acaba por acionar. Na comunidade "Recife" no fórum *Reddit*, é possível encontrar uma postagem de fevereiro de 2023 intitulada "o que tem de errado com o Iraq?". Enquanto um dos membros anônimos comenta que se trata de um "lugar esquisito, com gente esquisita, com músicas esquisitas", outro defende o espaço ao apontar que

> Não tem absolutamente nada de errado com o Iraq. O som é massa e a galera é de boa, agregadora em geral. Como é um inferninho (e se você desconhece esse termo, melhor nem ir mesmo), as pessoas têm essa rejeição. Não é um lugar tradicional, com mesinha e garçom lhe servindo, e ninguém está lá em busca de ficar ouvindo música que tá em topo de *chart* do *Spotify*, mas só isso. Um quintal massa onde amigos se reúnem para escutar música boa, ficar bêbado e usar suas substâncias em paz (Buchecha, 2023 *apud* Reddit, 2023).

No mesmo logradouro do IRAQ, a Rua do Sossego, emergiu o Provinha Bar & Pista, espaço inaugurado em 2022, que segue uma proposta underground parecida com a do IRAQ, porém, com entrada gratuita. Na verdade, como em todo circuito cultural, os dois espaços acabaram por adequar suas dinâmicas de forma mútua, já que, durante um período de 2023, as sextas no Provinha eram pagas e as do IRAQ gratuitas, com o passar do tempo essas práticas foram invertidas. Mas a entrada gratuita não é franca, pois o Provinha e o IRAQ possuem seguranças na porta que, mesmo em dias de gratuidade, controlam o fluxo do público, evitando principalmente a entrada dos inúmeros andarilhos em situação de vulnerabilidade que circulam pela região central da cidade.

O Provinha também é conhecido como um "inferninho", com iluminação de penumbra, mas com uma pista maior, uma pequena sala de estar e amplo espaço na calçada. Os gêneros musicais aqui também variam de acordo com a festa e com o DJ que comanda a pista: eletrônica, disco, soul, R&B, pop, funk, afrobeat, ritmos latinos, hip hop, glam rock, punk, bregafunk, future funk, reggae, salsa, rumba.

Até a abertura do Provinha, a Rua do Sossego, às sextas feiras, era mais conhecida pelo movimento dos táxis e automóveis de transporte por aplicativo, pois o IRAQ mantinha certa aura de mistério, onde só se sabia se o local estava fervendo quando se entrava. Como era de se esperar, com a proximidade do Provinha e a entrada gratuita, as pessoas passaram a se deslocar de inferninho em inferninho, atraindo vendedores ambulantes de bebidas e comidas. Hoje, a Rua do Sossego, após 23 horas, às sextas-feiras, transforma-se em rua da ferveção, com a calçada do Provinha completamente tomada. O que provavelmente deve ser incômodo aos vizinhos desses *afters*, acabou por gerar segurança para quem se aventura a deambular entre os *afters*.

Em uma de nossas visitas ao Provinha, em maio de 2023, a festa da noite foi a primeira edição da Quebra Janela, organizada pelos DJs ÓuL, Djêga, Thai e Thomas Henry. A proposta era contemplar os ouvintes do rock e do pop mais alternativo, com sets que misturavam new wave, indie, synth-pop, dance e eletrônica, com uma última meia hora de bregafunk. Assim como no IRAQ, foi possível observar uma relativa diversidade de corpos, estéticas, sexualidades e classes sociais; contudo, a composição do público ainda era majoritariamente cis e branca. Como a entrada no Provinha era gratuita, algumas pessoas passavam pelo local, davam uma circulada e julgavam se continuariam na festa ou se sairiam em direção ao IRAQ, arquitetando a Rua do Sossego como uma ponte entre inferninhos.

Em contraponto à diversidade um tanto limitada do público que frequenta o IRAQ e o Provinha, está a Casa Bacurau, um dos *afters* mais populares da região central do Recife. Com um amplo espaço, o estabelecimento oferece dois ambientes que se complementam, mas não se confundem. Há uma pista (que varia diariamente de gêneros musicais de acordo com o DJ) e uma área externa, com muitas mesas de bar. As entradas do estabelecimento variam entre R$ 5 e R$ 20. Por ser um lugar amplo e acessível, atualmente, a Bacurau tem se configurado como um dos principais "fervos" dos *afters* de Recife, recebendo pessoas de diversos lugares, classes, raças, gêneros e sexualidades.

Embora seja mais frequentado por uma faixa etária mais jovem, aparentemente entre 20 e 35 anos, dependendo do dia e de quem toca, o público vai formando sua composição; em algumas noites, a presença de pessoas negras é bem maior do que no IRAQ ou no Provinha; em outras, o público é majoritariamente branco. Por contar com um funcionamento mais estendido nos dias da semana, o local realiza diversas festas com uma variedade temática e de DJs. Com isso, o público da Casa Bacurau varia de acordo com as propostas de cada fervo, mas é notável que há uma maior aderência do público negro, se comparado com as demais casas de shows com entradas pagas no centro do Recife. Para muitos, a Casa Bacurau se configura como uma extensão do Pagode do Didi, uma oportunidade de dar continuidade aos flertes e à curtição que começaram na roda de samba. É também na Casa Bacurau onde o ritmo periférico mais popular do Recife, o bregafunk, ganha um lugar de maior protagonismo.

O nome Casa Bacurau remete à ideia de resistência e persistência agenciada pelo filme pernambucano *Bacurau*. O espaço começou a funcionar de forma irregular ainda durante a pandemia no bairro da Encruzilhada e logo se tornou buchicho nas redes sociais, em uma época em que a abertura de lugares de convívio grupal, como os inferninhos, estava proibida. Com o sucesso da casa, marcado principalmente pela presença de um público jovem que parecia não se sentir acolhido no IRAQ, a Casa Bacurau mudou-se para o Centro, no bairro de Santo Amaro, apostando em uma semiprofissionalização dos *afters*, com DJs conhecidos nas redes sociais, seguranças, staff numeroso, espaço amplo com muitas mesas e cadeiras, e um DJ set formado por gêneros musicais que são um pouco marginais nos outros *afters*, como bregafunk, funk e afrobeat.

A Casa Bacurau funciona de quarta (o dia do karaokê) a domingo. Dependendo do dia, a pista pode estar embalada por uma festa pop, por um baile funk, por ritmos mais nacionais, pelo *afrobeat*, pela eletrônica, pelo brega, entre vários outros gêneros que por vezes se misturam. Foi também na Casa Bacurau que a drag queen e DJ Safira Blue comandou o *Drag Race* Recife, uma exibição de *Drag Race* Brasil às quartas-feiras (substituindo o karaokê da casa), com a participação de comentaristas para cada episódio e sets que iam até às 2h ou 3h da manhã.

Por sua atuação expressiva no circuito de *afters* recifenses, a Casa Bacurau reflete muitas das dinâmicas das territorialidades sônico-musicais da cidade, em que a cada dia se cria uma territorialidade singular no mesmo local, conectada com a/o DJ da noite.

Algo que muitos dos que chegam ao Recife percebem sobre os *afters* da cidade é que, ao contrário de outras capitais (como Fortaleza e São Paulo), que divulgam suas festas com base no que vai tocar (chegando às vezes a postar prévias das *playlists* das festas), a capital pernambucana foca em quem vai tocar ou no lugar que o *after* ocupa no imaginário de Hellcife. Não à toa, os espaços de *afters* recifenses não são conhecidos por tocar um ou outro gênero musical, pois esse muda de acordo com os DJs e os eventos elencados para aquela noite; é a curadoria escolhida pelo(a) DJ que vai dar o tom da noite, e consequentemente agenciar as corporeidades que formarão a festa – corpos estes que dançam, cantam, conversam, beijam, transam, brigam, choram, gritam, comem, bebem, fumam, cheiram, chupam... É evidente, portanto, que nos *afters* do centro de Recife essa diversidade estética e identitária é responsável por dinâmicas das mais afetuosas às mais perversas. Assim como há alteridades que compartilham a pista em busca de encontros, há outras que atuam pelo assédio, racismo, misoginia, LGBTfobia e outras práticas de discriminação que operam pela exclusão de grupos sociais.

Considerações finais

Diante das trilhas escolhidas para compor este capítulo, é possível notar a importância dos percursos rotineiros, porém, não engessados, de trajetos que compõem a rota dos *afters* na cidade do Recife. As diversas ambientações, corporeidades, escutas e trânsitos que integram este circuito apresentam variáveis presentes em uma localidade que permeia o imaginário coletivo de moradores e turistas da cidade. Seja na escolha de qual inferninho será o quente da noite, qual horário chegar ao evento ou onde começar a noite, tudo perpassa por escolhas que ganham sentido em vivências coletivas assentadas em ambiências comunicacionais em torno dos *afters* e seus complementos, os esquentas. Estas modulações de cidades articuladas ao consumo musical, materializadas em trajetos e territorialidades sônico-musicais que fazem vibrar, também acentuam espaços fronteiriços e corporeidades musicais em torno dos imaginários de Recife como uma cidade "inimiga do fim!".

Não queremos com isso dizer que Recife se diferencia de outras capitais brasileiras de grande porte por ser, "inimiga do fim!". Mas, parece-nos importante enfatizar o quanto os imaginários de vivências em torno da música erguem cidades dentro da cidade e como essas vivências são modos de configurar possibilidades de existência cotidiana em inferninhos que não estão, necessariamente, geolocalizados nos mapas dos grandes eventos e festivais musicais.

Como trajeto de pesquisa, parece-nos importante acentuar o quanto é significativo descentrar a compreensão das cidades musicais dos circuitos atrelados aos calendários oficiais e aos grandes eventos musicais. Afinal, habitar cidades, viver suas sonoridades, são práticas cotidianas que perpassam possibilidades de atravessar e enredar as próprias ideias de cidade, de territorialidades sônicas e os trajetos que fomentam o existir nesses espaços urbanos.

Com isso, os processos de inclusão e exclusão, reconhecimento ou estranhamento dos esquentas e *afters* são capazes de fornecer as dimensões de como os aspectos sônico-musicais são responsáveis pela socialização e pela ocupação dos espaços públicos e privados da cidade, mesmo quando não há o aporte de políticas públicas para esse tipo de invenção de cidade. "O modo como a música é tocada, as formas de experimentar o festejo, as intervenções externas, as imagens presentes, as performances, os desafios e controvérsias da produção cultural revelam as condições de sua expressão – uma forma da urbanidade" (Fernandes *et al.*, 2023, p. 495).

Sendo assim, é possível inferir que, quando observamos os trajetos que fomentam as cidades musicais, precisamos considerar também os marcadores sociais, de classe, raça, gênero e sexualidade a fim de atestar que uma miríade de cidades é vivida de diferentes formas por diferentes agentes em uma mesma geolocalização.

Por isso, para este artigo, não nos furtamos ao risco de pulverizar o debate ao não centralizar a análise em um só lugar ou evento, mas preferimos esta deambulação pelo trajeto dos *afters* do Recife ao invés de uma centralização que não possibilitasse visualizar disputas e exclusões que só ganharam escopo dentro deste trabalho quando pensadas em percursos entre inferninhos responsáveis por forjar modos de habitar o centro de Hellcife ao longo do ano, independentemente dos festejos momescos, juninos e dos grandes festivais de música.

Além disso, é importante notar que os trajetos musicais cotidianos da cidade muitas vezes não dependem do poder público para existir, mas, sim, de empreendedores, produtores e ambulantes que atuam de forma independente, o que possibilita a existência de ambientações festivas diversificadas, subterrâneas e sem grandes constrições. Assim, o trajeto dos *afters* do centro Recife facilitou a compreensão de suas ambientações comunicacionais como práticas que possibilitam outros entendimentos de cidades musicais para além das chancelas patrimonialistas usuais presentes no selo da UNESCO Cidade da Música.

Tudo isso nos faz pensar que categorizações como cidade e música, bem como a qualificação Cidade da Música, apresentam muitas dimensões do vivido que muitas vezes são invisibilizadas por cartões-postais e agendas oficiais, que transformam algumas articulações entre música e cidade em clichês culturais incapazes de abarcar a ferveção que faz de parte do imaginário de viver o Recife como uma cidade inimiga do fim!

Referências

BELART, Victor. *Cidade Pirata*. Belo Horizonte: Letramento Temporada, 2021.

BIELETTO-BUENO, Natalia. Regímenes aurales a través de la escucha musical: ideologías e instituciones en el siglo XXI. *El oído pensante*, Buenos Aires, v. 7, n. 2, p. 111-134, 2019.

FERNANDES, Cíntia Sanmartin; BARROSO, Flávia Magalhães; SILVA, Lawrenberg Advíncula da; BELART, Victor. Pós-festa. *In:* FERNANDES, Cíntia Sanmartin; BARROSO, Flávia Magalhães; SILVA, Lawrenberg Advíncula da; BELART, Victor (org.). *Cidades em festa*: comunicação, territorialidades, imaginários e ativismos políticos. Cáceres: Editora UNEMAT, 2023. p. 493-498.

FERNANDES, Cíntia Sanmartin; HERSCHMANN, Micael. *A força movente da música*: cartografias sensíveis das cidades musicais do Rio de Janeiro. Porto Alegre: Sulinas, 2023a.

FERNANDES, Cíntia Sanmartin; HERSCHMANN, Micael. CarnaLula – Levante Carnavalesco na Cidade do Rio de Janeiro. *In:* FERNANDES, Cíntia Sanmartin; BARROSO, Flávia Magalhães; SILVA, Lawrenberg Advíncula da; BELART, Victor (org.). *Cidades em festa*: Comunicação, territorialidades, imaginários e ativismos políticos. Cáceres: Editora UNEMAT, 2023b. p. 101-126.

HAESBAERT, Rogério. *O mito da desterritorialização*: do fim dos territórios à multiterritorialidade. Rio de Janeiro: Bertrand Brasil, 2010.

HERSCHMANN, Micael. Das cenas e circuitos às territorialidades (sônico-Musicais). **Logos,** Rio de Janeiro, v. 25, n. 1, p. 124-137, 2019.

IRAQ CLUB. Deu a louca no gerente (do ir4k)! lexbi4h b4h no ir4k, s4bado! *In*: IRAQ CLUB. *Instagram*, 2024. Disponível em: https://www.instagram.com/p/Cz8XucMItlB/?img_index=1. Acesso em: 15 fev. 2024

JANOTTI JR., Jeder Silveira; PIRES, Victor de Almeida Nobre. Limites das Cidades Musicais: problematizando cidade, território e música. *In:* FERNANDES, Cíntia Sanmartin; HERSCHMANN, Micael (org.). *Cidades musicais*: comunicação, territorialidade e política. Porto Alegre: Sulina, 2018. p. 141-162.

MASSEY, Doreen. Um sentido global de lugar. *In:* ARANTES, Antonio Augusto (org.). *O espaço da diferença*. Campinas: Papirus, 2000. p. 176-185.

NASCIMENTO, Débora. Evandro Sena: o inquieto da Rua do Sossego. *In*: COMPANHIA EDITORA DE PERNAMBUCO. *Revista Continente*, Recife, 1 abr. 2014. Disponível em: https://revistacontinente.com.br/edicoes/160/evandro-sena--o-inquieto-da-rua-do-sossego. Acesso em: 15 fev. 2024.

REDDIT. r/Recife – O que tem de errado com o Iraq? *In:* REDDIT. *Reddit*, 2023. r/Recife. Disponível em: https://www.reddit.com/r/Recife/comments/11dog8c/o_que_tem_de_errado_com_o_iraq/?rdt=32831. Acesso em: 15 fev. 2024.

Cartografia das tretas na música pop brasileira: modos de usar

Simone Pereira de Sá

Introdução

Quarta-feira, 20 de setembro de 2023. Enquanto participo de uma reunião de trabalho, vejo de esguelha que o grupo de WhatsApp do LabCult está repleto de mensagens. Intrigada, penso que é meio cedo para o grupo estar tão animado. E ao final da reunião me inteiro da discussão: a cantora e compositora Luísa Sonza estava no programa de Ana Maria Braga (na Rede Globo) naquela manhã. Aos prantos, ao vivo, revelava a traição pelo namorado e lia uma carta manifesto "em nome de todas as mulheres traídas – mãe, avó e tias". Ana Maria, solidária, também chorava. Na sequência, fãs da artista passam a atacar as redes de Chico Moedas – o influencer que ela namorava havia dois meses e que recebeu uma declaração de amor na forma canção bossa-nova, tocada para ele no Festival The Town, em São Paulo, diante de alguns milhares de pessoas.

A canção faz parte do seu novo álbum, *Escândalo íntimo*, lançado pela gravadora Sony Music em 2023, que trata de amor e traição. É o álbum que Luísa já vinha divulgando e que estreou numa excelente posição no Spotify. Assim, algumas semanas antes, Chico, a canção, já vinha chamando a atenção e dividindo opiniões. Para alguns, uma corajosa canção de amor, para outros, uma canção que reforça o papel submisso da mulher. Também suscitou o debate sobre o "retorno" da bossa nova em cadernos culturais – tal como a matéria do dia anterior a este acontecimento no Caderno de Cultura do *Globo*. Caetano Veloso e Nelson Motta opinaram sobre Chico – a canção. Mas, nesta manhã de setembro, o que interessa é a traição de Chico, o namorado. Foram os fãs que denunciaram Chico nas redes enquanto os haters da artista acham justo que Luísa seja traída, já que também traiu o ex., Whindersson Nunes. E enquanto posts feministas defendem Luísa, outras mensagens lembram que ela acaba de receber o veredito de uma ação movida por uma mulher negra. Ação em que Luísa, acusada de racismo, perdeu a causa e por isso estaria tentando desviar o foco de atenção.

Às 16h06, o assunto da traição ocupa várias posições dos Trending Topics da rede X (exemplo do Twitter, em "Tendências Brasil"). Tem #Chico em primeiro; #AnaMaria em terceiro; #Whindersson em quinto; #Penhasco3 – uma das músicas do álbum de Sonza – em oitavo; #MaisVocê, o nome do programa de Ana Maria Braga, em décimo quarto lugar; #Casimiro – o influencer e "amigo" de Chico, em décimo nono lugar; e fechando a lista, #LouroJosé – o papagaio do programa de Ana Maria Braga; e #Vitão, o parceiro com quem Luísa teria traído Whindersson tempos atrás. O assunto permanece no topo das conversas nas redes sociais pelo dia inteiro e, à noite, a hashtag #Chico chega a meio milhão de posts. Memes de humor ocuparam as redes. O onipresente influencer Felipe Neto reclamou que não pôde escrever nenhuma frase naquele dia sem ser associada ao casal. E o banheiro do Galeto Sats, no Rio – onde ocorreu a traição – lota com as visitas dos curiosos.

O acontecimento insiste em desviar meu foco dia afora. E peço desculpas a Jorge Luiz Borges por trocar o seu conto que abriria este ensaio sobre as possibilidades da cartografia como olhar e método, pelo affair Luísa-Chico, esse exemplo bastardo – nos dizeres de Omar Rincon (2016) – da vida pop. É o que temos pra hoje e é com eles que seguiremos nesta conversa.

Proponho então, a partir de Luísa e Chico, o seguinte percurso para este artigo: no primeiro momento, revisito brevemente alguns argumentos da Teoria Ator-Rede – minha base para explorar a ferramenta da cartografia. Em uma segunda etapa, amplio a conversa para incluir a noção de controvérsia, que chamo de treta, palavra mais fiel à vibe da pesquisa em cultura pop. E, no terceiro momento, retomo o affair Luísa e Chico para pensar no que a ferramenta da cartografia nos deixa ver desse acontecimento, sintetizando argumentos sobre seus limites e sua potência para a construção de um pensamento de perspectiva decolonial.

Primeiro movimento – Quem age no social?

A Teoria Ator-Rede trata, como é óbvio no seu nome, de Atores e Redes. Nome, segundo Bruno Latour, "tão deselegante, tão sem sentido, tão confuso que merece ser conservado", em especial depois que percebeu que ANT – o acrônimo de Ator-Network Theory – significa formiga – referência adequada para um viajante "cego, míope, viciado em trabalho, farejador e gregário" (Latour, 2012, p. 28).

Numa das primeiras páginas da obra *Reagregando o social*, lançada em português em 2012, o mesmo autor se interroga sobre o papel e o lugar da sociologia. E critica os rumos que essa disciplina tomou. Indaga ele: "Que vem a ser uma sociedade? Que significa a palavra 'social'? Por que se diz que determinadas atividades apresentam uma 'dimensão social'? Como alguém pode demonstrar a presença de 'fatores sociais' operando?" (Latour, 2012, p. 19).

Com essas perguntas, ele pretende colocar em suspeição a suposição da sociologia tradicional – aquela que tem em Durkheim seu pai fundador – de que "forças sociais" atuam para explicar certos fenômenos e que a sociologia trataria deste domínio específico. Contrariamente, sugere tratarmos o social "não como um domínio especial, uma esfera exclusiva ou um objeto particular, mas apenas como um movimento peculiar de reassociação e reagregação" (Latour, 2012, p. 21). Ou seja: ser social não é uma propriedade estável, mas um processo ou um movimento de construção de um coletivo.

Assim, o primeiro alerta da TAR é para suspeitarmos de explicações sociológicas que lançam mão de grandes enunciados tais como ideologia, cultura, sociedade ou forças do capital, por exemplo. Ao contrário, cabe ao/a pesquisador/a buscar entender como essas sólidas entidades *se tornaram o que são*. E, nesta direção, ele defende que, para a sustentação de cada uma destas instituições ou ideias, um conjunto de atores se associa e trabalha incansavelmente a fim de colocá-las e mantê-las de pé.

Mas que atores são esses? Aqui, temos um segundo ponto de interesse na Teoria Ator-Rede, pois os atores não se restringem somente aos humanos, mas sim a todos os agentes que contribuem ou produzem alguma diferença na coletividade – chamada por isso de rede sociotécnica. E o desafio é de identificarmos e levarmos em conta todos os "materiais heterogêneos" que atuam na construção de uma rede – sejam esses materiais humanos ou não humanos.

Dentro dessa perspectiva, Latour propõe que o que chamamos de cultura, por exemplo, é sempre o resultado de uma atividade coletiva e distribuída entre atores humanos e não humanos dentro de uma rede, problematizando a posição antropocêntrica que defende uma ontologia do humano para além – ou aquém – da técnica. Contrariamente a essa posição, a TAR argumenta que, por mais paradoxal que pareça, é através da relação com os objetos que nos tornamos humanos; e as tecnologias cristalizam processo sociais. Ou, conforme dito mais poeticamente por Latour (1991): "a tecnologia é a sociedade tornada durável". Cabe, assim, abrirmos a "caixa-preta" que chamamos de Cultura, Nação ou qualquer outra entidade com status "social" – indagando, mapeando e rastreando as condições de possibilidade das associações e quais os vínculos que se estabeleceram entre os atores na construção e permanência dessa tal entidade.

Temos aqui, portanto, conforme observa André Lemos – em artigo em que discute as contribuições das perspectivas neomaterialistas, dentre as quais a TAR –, um empiricismo radical[34], no qual as coisas não "são" mas "fazem" outras coisas dentro da rede:

> Devemos nos perguntar como a rede é montada e como ela age, como elementos materiais entram em mediação e como o resultado se faz na produção desse entrelaçamento, identificando afetações imanentes, focando localmente o problema, sem apelo a noções transcendentes, pagando o preço das conexões, reconhecendo poderes e relações de força no interior da experiência (Lemos, 2018 *apud* Lemos, 2020).

[34] A noção de empiricismo radical remete a uma discussão central da filosofia pragmática, sobretudo a William James (1912). E conforme assinala D'Andrea (2018), é retomada por autores tais como Marres (2015) e Latour (2004).

Utilizando essa perspectiva no campo da música, Hennion traz para a conversa uma série de questões em torno dos afetos que envolvem a relação do amante da música com seus objetos. Logo, a questão principal do autor é a de avançar em relação a uma visão da sociologia da arte – que tem em Bourdieu sua referência – a partir da qual a obra de arte e os gostos são reflexos da posição dos sujeitos dentro de uma ordem social convencional e hierarquizada, ocupando lugares definidos dentro da lógica da distinção. Deslocando o argumento, Hennion propõe uma posição que reconheça a dimensão experiencial dos afetos em jogo na apreciação estética.

Neste contexto, sua proposta é a de pensar na obra de arte não como algo "pronto", mas sim como o resultado de um conjunto heterogêneo de mediações, buscando identificar os "gestos, corpos, hábitos, materiais, espaços, linguagens e instituições que ela habita". E ainda: os "estilos, gramática, sistema de gostos, salas de concerto, escolas, produtores" que tornam a experiência estética possível. Assim, os mediadores não são meros ajudantes nem substitutos da "verdadeira" experiência estética. Eles são a própria arte e isso fica bem claro no caso da música, uma vez que, quando um músico toca uma partitura musical, ele toca "música" (Hennion, 2002, 2007).

Contudo, para que essa experiência aconteça, um conjunto de mediadores precisa trabalhar incessantemente para garantir o seu êxito – dos mais humildes, tais como o sofá e a porta que me permitem isolar o ambiente e sentar para ouvir uma música em silêncio; até outros mais glamourosos, tais como o ingresso VIP para ver o show da banda preferida, passando pela própria performance da banda, pela forma como ela dialoga criativamente com os valores e convenções do gênero musical ao qual pertence etc.

Conforme assinalei anteriormente, a partir de autores que enfatizam a dimensão performativa da valoração baseada no gosto, tanto quanto o caráter coletivo, compartilhado e mediado deste processo, entendemos que o gosto não é nem uma expressão intrínseca ao sujeito nem à obra, no sentido de um conjunto de valores fixos, estáveis e adquiridos/percebidos de uma vez e para sempre a partir da classe social, e "imposta" aos indivíduos, conforme propôs Bourdieu, nem um jogo que se joga entre identidades preexistentes, mas sim um gesto relacional e performático entre pessoas e coisas, uma conquista sempre evanescente e instável (Pereira de Sá, 2014). Ressalto, assim, em diálogo com esta perspectiva, que a *dimensão performática*, material e empírica da noção de gosto e o papel dos diversos mediadores envolvidos no processo performativo é central para a discussão, em um processo que Grusin vai chamar de "mediação radical" (2015). Comentando a proposta de Grusin no artigo já mencionado, André Lemos sugere que o adjetivo radical permite falar de mediação envolvendo humanos e não humanos colocando, portanto, a dimensão híbrida e materialista no seu entendimento. Todo processo comunicacional é resultado dessa mediação radical, entendida aqui como associativa, não essencialista/pragmática, material e não antropocêntrica, nos afastando do pensamento da mediação como emergente apenas de relações intersubjetivas (Lemos, 2020). Isso, no nosso caso, garante a dimensão comunicacional da discussão, uma vez que o conjunto de mídias e tecnologias podem ser pensados como atores centrais, que agenciam o campo da música de diversas maneiras.

Trazendo mais um exemplo das questões que a Teoria Ator-Rede nos permite encaminhar: ao sairmos de um show musical com a sensação de êxtase em relação ao que nos pareceu uma experiência singular de conexão com o artista e com outros fãs, podemos ao mesmo tempo reconhecer a qualidade única dessa experiência estética e indagar sobre quais são aos atores presentes no cenário do show. Como cada um deles contribui para a constituição desse momento que é experimentado como único? A que rotas, redes e instituições eles se articulam? Como e por que (ou por quem?) eles foram convocados a estar presentes em conjunto naquele momento? Que tipo de associação e conexão – entre artista, palco e público – construiu essa performance considerada por muitos fenomenal? Que tipo de afetação ela produz? Que forças atuam quando os fãs reconhecem que o show foi "foda!"? E quais os poderes que esta rede sustenta? Assim, a dimensão performativa, experiencial, pragmática e corpográfica – pensando aqui nos termos de Taylor, Schechnner, Martins e o grupo de estudos da performance da Universidade de Nova York com quem temos também dialogado em outros trabalhos[35] – é fundamental para a compreensão do acontecimento.

Contudo, conforme Latour, ao fazermos tais perguntas, não se trata de acreditar que nós, pesquisadora(e)s, saibamos a resposta oculta por trás dos atores, nem de que vamos revelar contextos misteriosos que nem os próprios atores conhecem. Não se trata, pois, de interpretação. Mas, sim, de recolocar em questão as indagações sobre como essas associações – que chamamos de "cena pop" ou "fãs de rock" – se constituíram e se consolidaram. Aqui entra a prática da cartografia, entendida pela Teoria Ator-Rede como a ação de rastrear empiricamente os atores; buscar as conexões, associações e fluxos que constroem um evento; e descrevê-lo a partir de conexões ricamente identificadas. "'Por favor, mais detalhes, quero mais detalhes'. Deus está no pormenor, como tudo o mais está – inclusive o Diabo. O nome do jogo não é redução, mas 'irredução'. Como Tarde nunca se cansou de dizer: 'Existir é diferir'" (Latour; 2012, p. 201).

A Teoria Ator-Rede trata, assim, antes de qualquer outra coisa, de cartografar os atores que compõem um coletivo ou uma associação "social", buscando entender qual o papel de cada um deles na construção daquela rede.

Cabe observar que, conforme já apontou Bruno (2012), o conjunto de ferramentas advindos da cultura digital facilita o trabalho do cartógrafo. Primeiramente, porque o modo de ação padrão na cibercultura é o de deixar rastros; e se não quisermos deixar as "pegadas" de nossas ações visíveis para outrem, devemos voltar atrás e apagá-las. Além disso, porque os métodos de busca digitais sofisticaram-se, possibilitando ao analista, a partir de uns poucos cliques ou busca através de softwares especializados, o acesso a milhares de rastros que seriam impensáveis anteriormente, tornando assim ultrapassado o confronto entre metodologias quanti e qualitativas,

[35] Disponível em: https://tisch.nyu.edu/performance-studies. Acesso em: 20 jun. 2024.

que podem ser combinadas no relato. Assim, diários de campo, entrevistas, coletas de materiais nas redes com softwares específicos, consultas a bibliografias e observação direta de grupos nas redes sociais, dentre tantas outras técnicas, podem ser combinadas de acordo com a demanda de cada um dos estudos a fim de identificar o maior número de atores e como eles se movimentam na construção do social.

Segundo Movimento – Por uma cartografia das tretas

A Teoria Ator-Rede define-se metodologicamente como uma sociologia das con-trovérsias; e, segundo seus autores, observar as controvérsias é a forma de colocar a Teoria Ator-Rede em ação. Nesse sentido, a controvérsia é o momento ideal ou o lugar privilegiado para observarmos os atores (ou actantes) em circulação na construção de uma associação. Momento em que a complexidade das relações sociais se revela na infinidade dos mediadores, nas relações de forças desiguais, nos embates e finalmente na sua estabilização, quando a controvérsia se transforma numa "caixa-preta".

As primeiras controvérsias analisadas pela TAR vieram do mundo da sociologia da ciência e da técnica: disputas entre cientistas em torno de uma nova ideia ou procedimento, das formas de abordagem de um fenômeno etc. E, a partir dessa análise, seus autores produziram seus trabalhos mais fecundos, chamando a atenção para a impossibilidade da separação dos aspectos sociais, técnicos, culturais, simbólicos e econômicos que envolvem cada um dos fenômenos analisados (Latour, 1986, p. 1994). Com base nessas primeiras observações, Callon sintetizou a discussão em quatro características das controvérsias: 1) A controvérsia é sobre um objeto técnico, mas não se reduz ao objeto pura e simplesmente técnico, já que esse não existe. Todo objeto é social e deve ser visto pelas suas relações. 2) As soluções são sempre múltiplas e sem direção dada de antemão, já que envolvem a negociação entre diversos actantes que são eles mesmos redes, eventos híbridos. 3) Os grupos implicados têm interesses variados, cosmovisões que entram em conflito e que revelam forças e hierarquias diferenciadas. 4) As forças tendem a se equilibrar nas negociações ao longo da controvérsia, esfriando-a, criando estabilizações ou caixas-pretas (Lemos, 2013).

No que diz respeito a esse aspecto da discussão, meu argumento é o de que as controvérsias oriundas da cultura pop constituem acontecimentos centrais da atualidade e que merecem a mesma atenção que outras controvérsias advindas do mundo da ciência ou da política, por exemplo. E ao chamá-las de "tretas" – palavra nativa do ambiente pop digital – quero enfatizar a dimensão assumidamente bastarda e efêmera desses eventos, que pegam fogo nas redes a partir de um rastilho de pólvora, mas alguns dias (ou horas) depois perdem fôlego e abrem espaço para a treta seguinte. Mas nem por isso são de importância menor para nos revelar as forças em ação na construção e desconstrução de um coletivo.

Mas como reconhecer uma boa controvérsia? Em diálogo com Latour e Venturini, Lemos (2013) destaca as recomendações da TAR para evitar a escolha de uma "má controvérsia": 1) em primeiro lugar, trata-se de escolher uma controvérsia "quente", que não esteja ainda "harmonizada"; 2) evitar controvérsias passadas, pois elas seriam menos interessantes do que controvérsias atuais, por estarem já estabilizadas; 3) repensar se vale a pena investir em controvérsias ilimitadas, de longuíssimo alcance, por suas dificuldades de mapeamento; 4) tomar cuidado com assuntos secretos e de difícil alcance (Lemos, 2013, p. 115). Finalmente, Latour e Venturini enfatizam que não são os analistas que criam as controvérsias, que pertencem aos atores; e que, portanto, não devem ser resolvidas ou silenciadas pelos cartógrafos/pesquisadores da TAR.

Assim, Latour traz para o primeiro plano a tarefa do pesquisador da TAR de seguir os rastros dos atores e descrevê-los a partir do relato textual, (re)colocando o texto do pesquisador no centro das atividades de pesquisa. E define um bom relato como "aquele que tece uma rede" e onde os participantes da ação são tratados como "mediadores completos" (Latour, 2012, p. 189); ou ainda uma narrativa na qual todos os atores "fazem alguma coisa e não ficam apenas observando [...]. O texto, em nossa definição de ciência social, versa portanto sobre quantos atores o escritor consegue encarar como mediadores e sobre até que ponto logra realizar o social" (Latour, 2012, p. 189).

Nesse ponto, creio que a reflexão sobre o lugar do pesquisador merece uma ponderação, pois, nos inúmeros momentos em que a TAR recomenda "seguirmos os rastros dos atores" ou "descrevermos o que vemos" (Venturini, 2010, p. 259) – parece haver uma contradição com os próprios argumentos dos seus autores, que reconhecem em outros momentos os pesquisadores como atores/mediadores. E se, conforme já vimos, ser um ator é alterar o curso das ações; a possibilidade de "somente olhar e descrever" jamais se apresenta, uma vez que o pesquisador faz parte da controvérsia a partir do momento mesmo da decisão de descrevê-la – ela e não a outra. Ou seja: ele também é parte da rede e participa definitivamente da construção do coletivo.

Na mesma direção, também considero problemática a distinção que Venturini faz entre "boas" e "más" controvérsias. Tomar um acontecimento como controvérsia – tal como faço aqui com o affair Chico-Luísa – é válido a partir da imaginação sociológica do pesquisador. Além disso, sem boas perguntas, o cartógrafo nada vai enxergar. E, assim, o entendimento da descrição como "criação de um mundo" deve ser radicalmente assumido pelo cartógrafo da TAR. Descrição que pode se materializar num texto *strictu sensu*, mas também através de outros materiais sonoros e audiovisuais.

O mesmo exemplo nos ajuda a corroborar a crítica de Piekut (2014) à questão pouco desenvolvida da abordagem do "passado histórico" na TAR, que já enunciei em outro momento, em 2014. Pois, se as redes que constituem um ator são assíncronas, vindas sempre de tempos e lugares distintos e heterogêneos, "passado" e "presente" devem ser recompostos e descritos a cada momento, de acordo com os fios que vinculam os atores; e não há sentido em descartar as controvérsias do passado em prol das controvérsias atuais.

Terceiro Movimento – De volta às tretas de Luísa e Chico

Volto agora ao exemplo do affair Luísa e Chico, que me motivou a abrir este ensaio por apostar que as ferramentas oferecidas pela Teoria das Controvérsias podem ser de bom uso para seu entendimento. Ou seja: a partir da revelação da traição de Chico por Luísa no programa de Ana Maria Braga, o pesquisador de cultura pop munido com as discussões e ferramentas da TAR pode perceber um formidável conjunto de atores do coletivo chamado de "cultura pop brasileira" em ação, revelando suas posições e agindo na dissolução e reconstrução dessa rede sociotécnica. Rede de atores heterogêneos tais como artistas da música, influencers, fãs, plataformas musicais, algoritmos, grande mídia, canções, feminismo pop, haters, teorias de marketing, valores da branquitude, teorias da conspiração... que cabe ao cartógrafo rastrear e descrever.

Além disso, passados seis meses desse acontecimento, a rede sociotécnica de então já se reconfigurou. No momento em que reviso este ensaio, o (ex) namorado infiel Chico Moedas desapareceu do horizonte, Luísa Sonza se firma no universo pop brasileiro e seu álbum *Escândalo íntimo* tem uma excelente trajetória, atingindo o topo dos principais charts de música das plataformas e catapultando a artista para participações nos principais eventos de música do Brasil. Porém, recentemente, ao cantar a mesma canção, Luísa dedicou a Chico Buarque de Hollanda e substituiu a frase inicial – "Chico, se tu me quiseres, sou dessas mulheres de se apaixonar" "por "Se acaso me quiseres, sou dessas mulheres que só dizem sim", frase inicial da canção muito famosa de Chico Buarque, "Folhetim", apontando para novos atores agindo nesta rede.

E, antes de encerrar esta conversa, encaminho duas últimas questões que penso merecerem nossa reflexão. A primeira, sobre o lugar e o papel da Teoria Ator-Rede dentro de uma bem-vinda reflexão decolonial, que na última década se tornou bastante presente nas nossas pesquisas, e que clama por novos autores, perspectivas e vieses oriundos do Sul Global. Explorando muito brevemente os ecos desta conversa, que merece, por si só, um outro artigo, eu acredito que a Teoria Ator-Rede pode ser uma aliada dessas preocupações, por pelo menos duas razões. A primeira delas é que esta perspectiva foi forjada durante a trajetória de Latour como professor e pesquisador no Instituto de Estudos Políticos de Paris (a Sciences Po) e a Escola Nacional e Minas de Paris (Mines Paris Tech) a partir da crítica a alguns pressupostos da ciência ocidental – sobretudo a crença na separação entre política, ciência, psicologia e outros como saberes estanques. Falácia que Latour abordou com maestria em suas primeiras obras, sobretudo no argumento central de *Jamais fomos modernos*, quando propõe que

> qualquer que seja a etiqueta, a questão é sempre a de reatar o nó górdio, atravessando, tantas vezes quantas forem necessárias, o corte que separa os conhecimentos exatos e o exercício de poder, digamos, a natureza e a cultura. Nós mesmos somos híbridos, instalados precariamente no interior das instituições científicas, meio engenheiros meio filósofos, um terço instruído sem que o desejássemos, optamos por descrever as tramas onde quer que elas nos levem. Nosso meio de transporte é a noção de tradução ou de rede. Mais flexível do que a noção de sistema, mais histórica que a de estrutura, mais empírica que a de complexidade, a rede é o fio de Ariadne destas histórias confusas (Latour, 1994, p. 9).

Assim, se o projeto da modernidade foi o de separação dos saberes e construção de um conhecimento racional e livre dos afetos, conclui o autor que *Jamais fomos modernos*, uma vez que essa separação nunca se consumou. A esta, soma-se uma segunda preocupação da Teoria Ator-Rede que pode torná-la aliada das lutas científicas decoloniais. Trata-se da premissa de que uma boa cartografia deve ampliar o número de atores de um coletivo. A partir deste argumento, podemos reconhecer na TAR uma postura ética/política de construção de um "parlamento das coisas" na qual a diversidade de vozes, práticas, saberes e mundos – incluindo os não ocidentais – toma assento. Parlamento no qual as relações entre natureza e cultura; sujeito e objeto, e humanos e não humanos, por exemplo, ganham novos arranjos. Conforme assinala Laia (2023), em sua discussão sobre a "cartografia dos equívocos," pensar, por exemplo, a partir do perspectivismo xamânico ameríndio e sua forma peculiar de pensamento e classificação – tal como fez o antropólogo Eduardo Viveiros de Castro em diálogo com a Teoria Ator-Rede – significa entender que é possível atribuir humanidade a entidades que não costumam ser pensadas no Ocidente como humanas, tais como oceanos, pássaros e animais diversos, reconfigurando assim a própria separação entre humanos e não humanos.

> A equivocidade está no fundamento da comunicação neste contexto sistêmico, mas, para Viveiros de Castro (2004, p. 12, tradução do autor) apresenta-se, ao cabo, como condição-limite para toda relação, na floresta ou em qualquer lugar, "condição que se torna super objetificada no caso extremo da chamada relação interétnica ou intercultural, onde o jogo de linguagem diverge ao máximo". Comunicar seria, assim, traduzir equívocos buscando uma multiplicidade e não uma univocidade a partir da pressuposição de referentes comuns, assumindo a inadequação do resultado, já que as referências de origem e de destino são diferentes (Laia, 2023, p. 9).

Por fim, encerrando este artigo que revisita algumas das discussões que me são muito caras, e à guisa de um *post scriptum*, observo que evidentemente o método cartográfico não se encerra na Teoria Ator-Rede. Excelentes trabalhos sobre o uso de outras perspectivas, seja explorando o potencial do método para o estudo das relações entre territórios urbanos, corpos e mídias, seja ainda no diálogo com a noção de rizoma, de Deleuze e Guattari, dentre diversas possibilidades de construção e complexificação desta perspectiva podem ser encontradas nas teses, dissertações e revistas científicas da área de Comunicação e áreas afins e merecem toda a nossa atenção.[36]

[36] Além dos trabalhos já mencionados, recomendo, por exemplo, os dossiês: "Cartografias na/da comunicação", da *Revista Questões Transversais* (2023); e "Dossiê Cartografia," na *Revista Fractal: Revista de Psicologia* **(volume 25, número: 2), publicado em 2013,** além da obra em dois volumes *Pistas do Método da*

Referências

BRUNO, F. Rastros digitais: o que eles se tornam quando vistos sob a perspectiva da teoria ator-rede. *In*: COMPÓS, 2012. *Anais [...]*. Juiz de Fora, 2012. p. 1-15.

D'ANDREA, C. Cartografando controvérsias com as plataformas digitais: apontamentos teórico-metodológicos. *Galáxia*, PUC-SP, v. 1, p. 28-39, 2018.

FERNANDES, C; HERSCHMANN, M. Usos da cartografia nos estudos de comunicação e música. *Revista Fronteiras – estudos midiáticos*, v. 17, n. 3, p. 290-301, set./dez. 2015.

GRUSIN, R. Radical Mediation. *Critical Inquiry*, Chicago, University of Chicago Press, v. 42, n. 1, p. 124-148, 2015.

JAMES, W. *Essays in Radical Empiricism*. Nova York, Londres: Longmans, Green, and Co, 1912.

HENNION, A. Music and Mediation: Towards a new Sociology of Music. *In*: CLAYTON, M; HERBERT, T; MIDDLETON, R. (eds.) *The Cultural Study of Music*: A Critical Introduction. Londres: Routledge, 2002. p. 80-91.

HENNION, A. Music Lovers. Taste as performance. *Theory, Culture, Society*, v. 18, n. 5, p. 1-22, Versão 1, Dec. 2007.

LAIA, E. J. M. Processos e redes para além do humano: notas para uma cartografia de equívocos. *Questões Transversais* – Revista de Epistemologias da Comunicação, 2023.

LATOUR, B. *Reagregando o social*: uma introdução à teoria do Ator-Rede. Salvador: EDUFBA, 2012.

LATOUR, B. *Jamais fomos modernos. Rio de Janeiro: Ed.34, 1994.*

LATOUR, B . Technology is society made durable. *In*: LAW, J. (org.). A sociology of monsters: es-says on power, technology and domination. Londres: Routledge, 1991.

Cartografia, organizada por Eduardo Passos, Virginia Kastrup e Liliana de Escossia (2009 e 2016).

LEMOS, A. Epistemologia da comunicação, neomaterialismo e cultura digital. *Galaxia*, São Paulo, n. 43, p. 54-66 jan-abr 2020. (online), ISSN 1982-2553.

LEMOS, A. *A internet das coisas*. Teoria Ator-Rede e cibercultura. São Paulo: Annablume, 2013.

MARRES, N. Why map issues? On controversy analysis as a digital method. *In: Science, Technology & Human Values, v. 40, n. 5, p. 655-686, 2015.*

PEREIRA DE SÁ, S. *Contribuições da teoria ator-rede para a ecologia midiática da música. Contemporânea, v. 12, n. 3, p. 1-16, 2014.*

PEREIRA, S. L.; SANTIAGO, S. *Circuitos, cenas, cosmopolitismos: Cartografias da latinidade em São Paulo. In*: COMUNICON IV. *Anais* [...], São Paulo: PG-COM/ESPM, 2014. p. 1-16.

PIEKUT, B. Actor-Networks in Music History: Clarifications and Critiques. *Twentieth-Century Music / FirstView Article, May 2014, p. 1-25.*

RINCON, O. O *popular* na comunicação: culturas *bastardas* + cidadanias *celebrities. Revista ECO-Pós* (UFRJ), Rio de Janeiro, v. 19, n. 3, 2016.

VENTURINI, T. Diving in magma: how to explore controversies with actor-network theory. *Public Understandings of Science*, v. 19, n. 3, p. 258-273, 2010.

VIVEIROS DE CASTRO, Eduardo. Perspectival Anthropology and the Method of Controlled Equivocation. *Tipití, Journal of the Society for the Anthropology of Lowland South America*, v. 2, n. 1, 2004, p. 1-20.

A cidade especulada na música pop

Thiago Soares

Introdução

A cidade especulada é a cidade ficcionalizada, aquela que é narrada, contada em enquadramento, em textura, em perspectiva. A cidade especulada é a cidade idealizada, na premissa de quem a experiencia, na aderência da memória de um acontecido – "o" acontecido – como registro de um "isso-foi" mas também de um "aqui-será". A cidade especulada está na projeção, na imagem que dela é feita, como a sombra que dilata o corpo e forma imagens maiores, possivelmente mais assustadoras, mais persecutórias, a imagem que "chega antes" da própria experiência, como um antecipador, um desejo de estar, uma zona de contato com o futuro.

A cidade especulada só existe na ficção, como traço ambíguo da mimese que se quer conectar com o real, mas parece des-domesticá-lo, colocá-lo solto, diante dos ditames projetivos. Muito já se debateu sobre a cidade especulada, na medida em que se remonta à própria origem dos estudos sobre ficção, a construção da noção de espaço, lugar e paisagem na textualidade literária e, sobretudo, na relação entre mundo e diegese, como este contexto atravessa e é atravessado pela ficção.

A cidade especulada não é a cidade imitada do real, uma vez que, conforme Roland Barthes (2004, 2013) já alertou: "a função da literatura não é apenas a de representar, mas a de construir um espetáculo que ainda permanece enigmático pois não puramente mimético" (Barthes, 2004, p. 36). A cidade especulada é a aventura da linguagem que se inscreve em formatos – o relato oral, o livro, o poema, o filme, a canção – e obedece a suas convenções, sendo "moldada" pelas inscrições sígnicas de cada textualidade.

Ao falar sobre a cidade especulada parece ser incontornável não tocar no ponto de que se está diante de um "onde ocorre a ação", espaço tornado teatro de ações e dramaticidades, obedecendo a roteiros e sob lógicas dramatúrgicas. A cidade especulada emerge na literatura, no poema, no romance, no cinema, mas a proposta aqui é deslocá-la para o campo da música, especificamente, fazê-la escutar na canção pop.

Então, se faz necessária uma virada sônico-musical do estudo e do entendimento das cidades especuladas, na medida em que são inúmeros os estudos sobre cidade e imagem – a saber o clássico estudo "A imagem da cidade" de Kevin Lynch (1981, 2010) data do ano de 1960 – a preocupação aqui é pensar, junto com Baldam e Leonelli (2015), a cidade cantada, ou seja, a urbe como poética de um tipo de produção artística que nos permite escutar e enxergar traços de uma cidade, recortes, sons e vivências – vividas ou imaginárias – que emergem das zonas de contato com materiais poéticos. Músicas populares brasileiras, dizem Baldam e Leonelli, indicam modos como compositores e intérpretes indicam formas de leitura de uma cidade, suas disputas, complexidades, personagens e conflitos.

Escutar a cidade na canção não é o mesmo que escutar a cidade. A escuta da cidade incide sobre o debate em torno de paisagem sonora (Shafer, 2001) e também da relação entre sonoridade e urbanidade (Mendonça, 2009). A escuta da cidade na canção é mediada pela instância de representação da urbe na poética, que se articula aos imaginários prescritos nos gêneros musicais e atravessados por mediações comunicacionais através de audiovisualidades e sensibilidades de artistas musicais, compositores e produtores. Os estudos sobre representação na cidade na música popular brasileira destacam, por exemplo, como o samba das décadas de 1950 e 1960 teria construído uma ideia de São Paulo que reitera uma crítica à ideologia de metropolização (Silva, 2005). Os compositores paulistas de samba desse período histórico trariam uma perspectiva da cidade de São Paulo a partir de classes sociais menos privilegiadas, no enquadramento da cidade a partir tanto de dimensões temáticas quanto de suas elaborações estéticas.

Ao elaborar o debate sobre o contraste entre a Bossa Nova e a Tropicália, Santuza Naves (2001) toca na articulação sônico-intelectual que construiu/inventou um Rio de Janeiro na bossa-nova, tanto a partir da consagração de um olhar sobre a mulher quanto à vivência experiencial da zona sul da cidade que pareciam sugerir um ritmo para a cidade – que embora derivasse do samba, parecia sugerir que o dedilhar do violão das canções bossa-novistas poderiam sugerir uma delicadeza do caminhar pelo Rio de Janeiro inscrito nas canções daquele gênero musical que também remonta às décadas de 1950 e 1960. Gêneros musicais que sugerem ritmos para as experiências das cidades são formas de reenquadramento de uma vivência com a urbe, que pode sugerir a evocação de uma relação romântica ou conflituosa com o espaço.

O que está em relevo nesta perspectiva é o reconhecimento da cidade através das canções, seja de samba ou de bossa nova, permitindo escutar a dança das palavras e a formação de um estar na cidade perspectivado através da música. Essa interpretação implica em reconhecer as dinâmicas de escuta da canção que toma o ato de ouvir música como uma performance. Nessa dinâmica, a escuta seria a evocação de uma "dança invisível" (Dantas, 2005) em que a pragmática aural se configuraria como um ativador imaginativo catalisador de gestos imaginários. A tal "dança invisível" seria modulada, no argumento de Danilo Dantas, por gêneros musicais e seus regimes de expectativas, a partir também de lógicas públicas ou privadas de escuta. Essa perspectiva é conectada com argumentos de estudos musicológicos em consonância com uma antropologia da escuta, como apresentada por Tia Denora (2000). A escuta permitiria "formar cenários" cotidianos em que vivências, afetos e conexões se dariam numa profunda interrelação entre espacialidades e experiências. A autora vai relatar, por exemplo, os casos de escuta individual (através de fones de ouvido) em espaços públicos e a sobreposição cinestésica entre escuta e experiência urbana, transformando paisagens em lugares habitados pelo corpo-ouvinte.

A cidade na gênese do videoclipe

É inevitável reconhecer que as cidades sempre forneceram material simbólico para a construção de ambiências ficcionais que funcionaram como vetor para a correlação entre escuta e experiência. Em alguma medida, seria possível traçar mapas e, portanto, rotas reais e imaginárias de cenários, espaços e lugares relatados em canções. As cidades ficcionalizadas se convertem em experiência turística e emergem, no contexto brasileiro, como traço da correlação entre mercado musical e indústria turística. Pelo menos desde 2010, quando a música passou a funcionar como alicerce dos materiais didáticos para a elaboração de Roteiros Turísticos no Ministério da Educação (Teixeira, 2010), como parte da construção de um levantamento do potencial musical brasileiro e a sua relação com o turismo cultural. A dimensão de "estar" presente numa canção implica a criação de roteiros turísticos em que se "viaja" pelas ambiências da canção em contraste com a escuta. Ao propor, por exemplo, um passeio pelas canções de Adoniran Barbosa através da presença nos ambientes narrados pela experiência no Centro de São Paulo, Laércio Carvalho[37] parece sugerir que se viva uma cidade através da escuta e da memória. Passado e presente se agenciando em dinâmicas ficcionais e experienciais, tornando performance o gesto de habitar uma canção através do turismo.

A ideia de performance é convocada pensando que a vivência de experienciar a canção através de uma caminhada por uma cidade implica a conversão de quem caminha em protagonista do ato de conhecer: um duplo habitar – o tecido urbano e a ficção da escuta – como uma lógica performática do gesto em perspectiva. A dimensão performática em torno de canções populares pode ser pensada também no próprio gesto de deslocamento para os espaços narrados na música, através da peregrinação de fãs para cidades, bairros e espaços dispostos na música. Para além da dimensão corporal de deslocamento e experiência, o próprio ato de caminhar pela cidade se converte em performance e, uma vez documentado, dá corpo ao videoclipe.

Foi o que ocorreu no caso da canção "Penny Lane", dos Beatles, cujo vídeo musical é apontado por historiadores do audiovisual como um

[37] Disponível em: https://avidanocentro.com.br/blogs/um-passeio-pelas-cancoes-de-adoniran-barbosa-no-centro-de-sao-paulo/. Acesso em: 21 jun. 2024.

exemplo emblemático do que se pode chamar de pré-videoclipe (Mundy, 1999; Soares, 2013). A faixa foi gravada nas sessões do álbum *Sgt. Pepper's Lonely Hearts Club Band* (1967), mas acabou lançada como single do labo B do álbum junto com "Strawberry Fields Forever" (Courrier, 2009). Trata-se de uma faixa marcada pela perspectiva de Paul McCartney e John Lennon sobre o bairro de Penny Lane e a rua homônima na cidade de Liverpool, na Inglaterra, e que se converteu na experiência performática que seria central para a ideia de música-tornada-imagem que consagraria o formato do videoclipe. Como relata Heylin (2007), o álbum *Sgt. Pepper's Lonely Hearts Club Band* impôs uma série de desafios estéticos e performáticos para os integrantes dos Beatles e se configurou no investimento dos músicos em torno da dimensão visual. A psicodelia que passava a se configurar como alicerce disruptivo estético no final da década de 1960 se converte em investigação performática para o grupo que se aproxima da cidade como forma de gênese audiovisual de sua obra.

Aqui a noção de performance parece ser central no processo de criação do vídeo da canção *Penny Lane*, dirigido por Peter Goldmann, e gravado na região leste de Londres, na Inglaterra, em Angel Lane, Stratford e também com imagens na própria vizinhança de Penny Lane, em Liverpool[38]. O vídeo musical assume um tom quase de um documentário, com cenas prosaicas do bairro que estão na própria lírica da canção. A dinâmica cotidiana é questionada quando entra em cena uma cavalgada dos músicos num parque – os músicos dos Beatles em cavalos chegando para uma espécie de ceia no meio de um parque –, dando um tom onírico ao audiovisual. O vídeo da faixa "Penny Lane" indica o gesto de criação e especulação dos Beatles em torno da cidade de Liverpool junto à dimensão performática de cavalgar sobre a poética da canção e elaborar performaticamente o que viria se chamar videoclipe. A ideia de pré-videoclipe é compartilhada por pesquisadores do formato como um estágio anterior à consolidação do termo videoclipe, cunhado pela relação entre artistas

[38] Disponível em: https://rollingstone.uol.com.br/noticia/clipe-de-penny-lane-dos-beatles-ganha-versao-restaurada-assista/. Acesso em: 21 jun. 2024.

musicais e a indústria fonográfica, que iria se consolidar oito anos depois, no mesmo contexto inglês, com o videoclipe *Bohemian Rhapsody*, do Queen, e sua estratégia de articulação entre o álbum fonográfico *A Night at the Opera* e a performance registrada em videoclipe e exibida na televisão no programa *Top of the Pops* (Soares, 2013).

Portanto, os Beatles experimentam, no vídeo musical de "Penny Lane", se aproximarem performaticamente da cidade de Liverpool, construindo um relato que representa e conjectura de maneira ficcional o território do bairro, da rua. Relatos de jornalistas dão conta de que a prefeitura de Liverpool precisa, constantemente, repor a placa com o indicativo do nome da Rua Penny Lane porque ela seria roubada por fãs que querem levar um pedaço da cidade para seu espaço privado. A cidade especulada na canção pop teria sido, portanto, um dos alicerces da criação e posterior consolidação dos videoclipes e também aberto temática e esteticamente as possibilidades performáticas de habitar a urbe através de canções.

Narrar, relatar, especular

O debate sobre a cidade especulada demanda o retorno a uma obra incontornável, *As cidades invisíveis*, de Italo Calvino, lançada em 1972. O romance detalha os relatos do viajante Marco Polo, explorador real do século XIII, ao histórico Kublai Khan, neto do imperador do Oriente, Gengis Khan. Ocupado, cuidando de manter seu poder, Kublai Khan não podia visitar por si próprio as cidades do seu império, então, deleita-se com as narrativas de Marco Polo pelas cidades governadas. Numa primeira leitura, *As cidades invisíveis*" consistem numa sucessão de curtas descrições de 55 cidades – todas com nomes de mulher – intercaladas com excertos da conversa entre os dois homens. Olhando detidamente, a estrutura da obra revela-se complexa porque parece ser construída na lógica de narrar, relatar e especular e na formação de espaços vazios entre elas.

Num dado momento, Calvino atesta: "Mas a cidade não conta o seu passado, ela o contém como as linhas da mão, escrito nos ângulos das ruas, nas grades das janelas, nos corrimãos das escadas, nas antenas dos para-raios, nos mastros das bandeiras, cada segmento riscado por arranhões, serradelas, entalhes, esfoladuras" (Calvino, 1990, p. 27). A cidade parece conter o tempo, a memória é redundante, repete os símbolos para que a cidade comece a existir. Ao mesmo tempo, a cidade performatiza o tempo, que se inscreve em suas ruas, becos, paredes e muralhas.

"As cidades invisíveis" fornecem subsídios para pensar o poder da pura imaginação, da destreza da narrativa e da alegoria de experienciar uma vida através da linguagem. O pormenor da descrição de cada cidade vai criando zonas especulativas: não se sabe se Kublai Khan acredita em tudo o que diz Marco Polo quando este lhe descreve as cidades visitadas em suas missões diplomáticas, mas o imperador segue ouvindo os relatos com igual curiosidade e atenção. Quanto mais se perdia em bairros desconhecidos de cidades distantes, melhor Marco Polo compreendia as outras cidades que havia atravessado, reconstituía as etapas de suas viagens e refinava as metáforas de suas narrativas. Corpo, experiência e relato são atravessados pela matéria fina de contato com as cidades.

No romance de Calvino, o imperador Khan não vai às cidades relatadas, segue distante na crença em torno da narrativa do viajante Marco Polo. É o contrário da perspectiva do romance *Viagem ao México*, de Silviano Santiago (1995), lançado em 1995, em que o ensaísta narra a viagem do dramaturgo Antonin Artaud ao México confrontando modelos idealizados com os embates culturais no contexto latino-americano. Santiago parece interessado no conflito entre tempo e espaço ficcionais e seus embates uma vez que dessacralizados na experiência. Artaud parece desinteressado no real. Na perspectiva de Santiago, se satisfaz com a fantasia de uma ideia – que, para um olhar menos gentil – poderia acusá-lo de alienado. A cidade especulada seria, também, uma espécie de fantasia da cidade que talvez não precise ser convertida em experiência – habite não a memória, mas a idealização mesmo, no espaço insólito que a escritora Lygia Fagundes Telles chamou de interstício entre memória e ficção.

No conto "A arte de andar nas ruas do Rio de Janeiro" (1992), Rubem Fonseca parece se colocar nos impasses que a cidade enfrenta, em torno da nostalgia projetada e também num passado idealizado, "quando as imagens congeladas nos cartões postais e os mitos se desgastam, no momento em que se sabe que a era das metrópoles ideais caiu por terra, e a cidade volta a ser um problema como foi para as vanguardas" (Cordeiro Gomes, 2000). O espaço urbano é o cenário privilegiado para a encenação e as representações de conflitos em narrativas ficcionais. É a partir dos anos 1980, que as narrativas urbanas se inserem mais fortemente no romance brasileiro, na tentativa de afastamento do registro dos costumes, "para demonstrar que a instabilidade urbana determina nosso cotidiano: o presente turbulento por onde campeia a violência circunscreve a cidade enquanto morada incerta e inevitável" (Cordeiro Gomes, 2000, p. 9). Resta fugir para a ficção.

Especular na canção pop

Em setembro de 2023, a canção "Chico", escrita por Carolzinha, Bruno Caliman, Douglas Moda, Jenni Mosello e Luísa Sonza, se tornou a faixa mais ouvida no Brasil em função da relação estabelecida entre a música e o romance da cantora e intérprete, Luísa Sonza, com o influenciador digital Chico Moedas. Ao dar uma espécie de traço biográfico para a faixa, articulando uma experiência amorosa à criação musical, Luísa Sonza e sua equipe de gestão e marketing aderem a uma prática contemporânea de escuta da música pop midiaticamente enredada. O relato amoroso da criação da canção foi acompanhado também do rompimento da relação afetiva entre o casal exposto midiaticamente num programa de televisão, o que inscreveu "Chico" como uma faixa musical acompanhada de um acontecimento midiático em rede (Henn, 2014). Em sua conferência apresentada no congresso COMUSICA, na Universidade Federal do Rio de Janeiro, em setembro de 2023, Simone Pereira de Sá sugere pensar as "tretas da cultura digital" como controvérsias que enredam e catapultam mobilizações em rede e afetos de inúmeras ordens de fãs e haters.

Minha proposta é complementar as recomendações de Pereira de Sá e me ater a refletir sobre a canção pop como epicentro irradiador de tretas digitais e também catalisador de dinâmicas especulativas. Entende-se que, para além de um formato midiático, a canção pop funciona como ativadora de um conjunto de dramas que se capilarizam em rede, atribuindo novos sentidos e sensibilidades a partir da fruição de ouvintes e fãs. Artistas musicais são celebridades e constroem personas[39] (Hennion, 1990) que operacionalizam narrativas e dramaturgias fazendo emergir semblantes midiáticos (Soares, 2022) em rede – a ideia de semblante midiático apresenta uma imagem de opacidade em torno do corpo do artista, sendo bastante interessante para abertura de conjecturas sobre vida e obra bem como atribuições de sentidos em contextos de alta visibilidade. Portanto, ouvir música pop implica necessariamente enredá-la midiaticamente em tramas que envolvem episódios biográficos de artistas, inserção das canções em outros produtos audiovisuais como filmes, séries, dramatizações em videoclipes e em vídeos em redes sociais digitais, especialmente o TikTok.

A canção "Chico" faz uma série de referências à cidade do Rio de Janeiro, onde se ambienta a trama de sua poética. Trata-se de uma canção romântica de enamoramento (Ulhôa; Pereira, 2016) nas convenções da música popular e que constrói redes de sentido com outras canções brasileiras, notadamente "Folhetim", de Chico Buarque. Nas palavras de Luísa Sonza em entrevista ao podcast *PodDelas*, "Chico" foi pensada para homenagear o então namorado nos versos e na melodia: a faixa estaria repleta de alusões de canções que ele gosta, intercaladas entre os versos. Entre as referências citadas pela cantora, destaca-se "Folhetim", composição de Chico Buarque que integra o álbum *Ópera do Malandro*, lançado em 1978. A canção ganhou interpretações de diversas artistas, sendo uma das mais notáveis a de Gal Costa, que a incluiu em seu álbum *Água Viva*, também lançado em 1978. Um destaque particular é a

[39] A noção de persona é debatida por Antoine Hennion (1990) especificamente no campo da música popular ao propor a construção de uma camada performática do artista. Para o autor, "a voz, a imagem e uma história são coproduzidas em estúdio para serem coerentes e convincentes. As estrelas precisam acreditar em quem dizem ser, precisam ter uma aparência e um som adequados, e é uma equipe que trabalha em conjunto para garantir que isso aconteça" (Hennion, 1990, p. 76).

referência direta aos primeiros versos entoados por Gal Costa: "Se acaso me quiseres, sou dessas mulheres que só dizem sim". Na releitura cantada por Luísa Sonza, ficamos com: "Chico, se tu me quiseres, sou dessas mulheres de se apaixonar".

No tocante ao gênero musical, "Chico" também seria um "aceno" à escuta do namorado e suas preferências à MPB[40]. A ideia de conectar a canção ao gênero musical MPB é problematizada na escuta de "Chico" e no detalhamento de sua dinâmica de produção musical. No podcast *G1 Ouviu*, as apresentadoras Carol Prado e Juliane Moretti fazem uma escuta da canção e entrevistam o compositor da harmonia, Bruno Caliman[41], para tentar compreender as relações de produção entre a faixa musical e os legados harmônicos da bossa nova.

"Chico" se notabilizou midiaticamente por ser dedicada ao então namorado da cantora Luísa Sonza Chico e por fazer menções semânticas a trechos de canções de Chico Buarque. Para além da discussão midiática, Carol Prado e Juliane Moretti debatem com o produtor uma questão eminentemente sonora, ou seja, a construção de ambiências sonoras que simulam uma típica canção de bossa nova. Encampada pela forma de tocar violão, através de um dedilhar bossa-novista que teria a intenção, seguindo Caliman, de simular uma canção do gênero, "Chico" foi criada para se localizar entre a MPB e a bossa nova, parte em seus acenos poéticos, parte em sua relação sônico-musical nas convenções de gênero musical (Figura 1).

---

[40] Em entrevista também ao podcast *PodDelas*, Chico Moedas revelou que o primeiro encontro do casal foi em um show de Caetano Veloso, o que, segundo ele, já demonstrou a atenção da cantora em perceber suas preferências musicais.

[41] Disponível em: https://g1.globo.com/podcast/g1-ouviu/noticia/2023/09/24/g1-ouviu-266-como-chico-de-luisa-sonza-virou-assunto-musical-do-ano-com-bossa-e-lagrimas-na-tv.ghtml. Acesso em: 12 mar. 2024.

Figura 1 – Dinâmica de noticiamento do caso

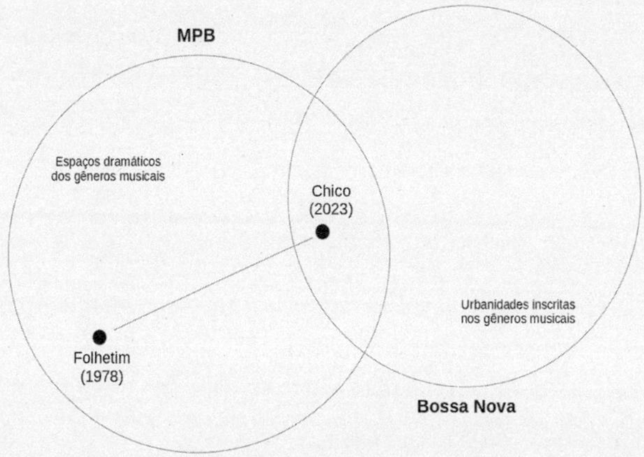

Fonte: elaborado pelo autor

A canção "Chico", portanto, incorporaria estéticas e valores da MPB e da bossa nova dentro do universo da música pop brasileira. As dimensões dramática e performática de "Folhetim", na performance de Gal Costa, seriam "incorporadas" como ativo imaginativo na canção pela performance de Luísa Sonza, permitindo a elaboração de uma persona ambígua tal qual a personagem da faixa de Chico Buarque. "Chico" também opera numa relação de economia estética e contenção performática da bossa nova, atribuída na relação com a criação e produção musical. Junto a estes dados estéticos e performáticos que se enredam na trama midiática da música, a faixa também espacializa uma urbanidade que permite construir bases para o que chamamos de cidade especulada ou Rio de Janeiro especulado.

A cidade especulada

Como uma canção romântica, "Chico" encena o enamoramento em caráter tanto retrospectivo quanto prospectivo. No verso "Meu futuro, no Rio será", Luísa Sonza utiliza a cidade natal de seu então "muso", o Rio de Janeiro, como sinalização de planos futuros para o relacionamento. Além disso, destaca um conhecido ponto de encontro boêmio na cidade: "O Bar da Cachaça vai ser nosso lar", canta. A ideia de projetar o Rio de Janeiro como uma espécie de cidade cenário é parte da reflexão em torno de um imaginário do Rio de Janeiro como cidade pop (Paiva; Sodré, 2004) que se converte em reconhecer as territorialidades do pop (Soares, 2015), ou seja, cidades-clichês que habitam os produtos midiáticos, convertendo-se em iconografias excessivamente vistas e revistas, dispostas em filmes, séries, telenovelas e músicas. Entretanto, debater o Rio de Janeiro como cidade pop não significa debater a estabilidade do clichê, pelo contrário, parte dos clichês sobre as cidades permanecem, parte se reconfigura. Pensar o clichê do Rio de Janeiro na música implica trabalhar a cidade imaginada na bossa nova, nas telenovelas, na MPB, na presença da Rede Globo e também na emergência da favela e das referências pop-periféricas (Pereira de Sá, 2021). "Chico" contribui para a criação de uma cidade especulativa que insere um novo circuito urbano-ficcional que atrita e forma novas territorialidades sobre os imaginários em torno do Rio de Janeiro: o Bar da Cachaça, reduto boêmio e "pé-sujo" da Lapa, citado na canção, em alguma medida dessacraliza as referências à MPB e à bossa nova, negociando outras espacialidades e fazendo a música pop disputar e reconfigurar clichês.

Uma análise musicológica da canção permitiria pensar as espacialidades nela inscritas, no entanto, a proposta aqui é debater o enredamento da canção pop. Então, a poética de "Chico" é tanto a própria dimensão performática que revela uma escuta da faixa, como também seu enredamento em torno do fim do relacionamento de Luísa Sonza e Chico Moedas, do ponto de vista midiático. Portanto, junto ao fim do relacionamento, também apareceram novos espaços que espacializaram o drama da canção pela cidade do Rio de Janeiro. A imprensa de fofocas e celebridades passou a noticiar que teria havido uma traição no fim de relacionamento de Luísa e Chico e que a suposta traição teria acontecido no banheiro de um famoso estabelecimento carioca, o Galeto Sat's, no bairro de Botafogo.

A cidade especulada em "Chico" compreende as referências urbanas reais ou imaginadas do Rio de Janeiro, articuladas em tramas discursivas e performáticas em rede, que criam mapas especulativos e reencenações no cotidiano a partir da sugestão de melodramas amplamente discutidos em plataformas e redes sociais digitais. A ideia de especulação aqui não somente assume seu caráter sobre a natureza ficcional, mas opera também sobre as culturas especulativas em rede (Adkins, 2021), a partir da maneira como se discutem as práticas especulativas como traço fundamental da dimensão midiática contemporânea.

A canção especulativa

"Chico" seria, assim, uma **canção pop especulativa**, ou seja, faixa musical dotada de aberturas poéticas que permitem a criação de zonas de conjecturas em torno de episódios vividos e encenados pelos artistas musicais em suas performances. As canções pop especulativas têm forte aderência ao universo das divas pop (Soares; Mangabeira; Lins, 2021) e trazem uma série de menções a fofocas sobre fins de relacionamento, tretas com desafetos célebres e comentários para outros artistas. Parte do apelo popular da canção pop especulativa estaria na criação de um **diálogo cultural metatextual** entre a canção pop contemporânea e a artista musical (celebridade) a partir da menção a episódios de vida em consonância com práticas especulativas em redes sociais digitais (fofocas, *threads*, *fanfics*, vídeos em Instagram e TikTok).

Debater a canção pop especulativa dá continuidade ao debate em torno da **cultura especulativa** na indústria do entretenimento (Soares, 2022) a partir do reconhecimento de que o consumo de música pop na era da plataformização da cultura se dá a partir de agendas especulativas que atam sistemas produtivos e de recepção (sobretudo a partir dos fãs). Dois **movimentos analíticos são centrais no debate sobre a canção pop especulativa**:

1. historicizar a relação construída entre álbuns fonográficos e canções e as vidas cênicas dos artistas e intérpretes argumentando que haveria um

novo regime poético para as chamadas canções pop especulativas como um desdobramento para a produção do sucesso pop (Hennion, 1990);

2. propor uma metodologia de análise de canções especulativas que passa por: a) reconhecer que a lírica das canções apresenta menções a episódios da vida privada das artistas; b) problematizar as tensões dramáticas na performance das intérpretes; c) reconhecer estratégias sônico-produtivas de circulação destas canções nas plataformas musicais digitais; d) coletar dados através de comentários em rede sobre as faixas; e) debater roteiros performáticos especulativos propostos pelas canções.

Entende-se que, ao criar canções pop especulativas, artistas passam a acumular **capital especulativo**, ou seja, ativos sobre o qual celebridades musicais se movem no mercado de música e do entretenimento reorganizando traços de suas vidas como "biografemas" que apelam para novos modos de escuta da música pop. Incorporam os espaços urbanos como ambientes dramáticos que se convertem em imagem-cenário retroalimentando imaginários e narrativas da comunicação e cultura contemporâneas.

Referências

BALDAM, Rafael; LEONELLI, Gisela. Cidade Cantada: a representação dos conflitos urbanos pela análise musical. *In:* XVI ENANPUR Espaço, Planejamento e Insurgências: Alternativas Contemporâneas para o Desenvolvimento Urbano e Regional. *Anais* [...]. Belo Horizonte: Anpur/UFMG. Recuperado el, v. 27, 2015.

BARTHES, Roland. A morte do autor. *In*: BARTHES, Roland. *O rumor da língua*. São Paulo: Martins Fontes, 2004. p. 57-64.

BARTHES, Roland. *Como viver junto*: simulações romanescas de alguns espaços cotidianos. 2. ed. São Paulo: Martins Fontes, 2013.

CALVINO, Italo. *As cidades invisíveis*. São Paulo: Companhia das Letras, 1990.

CORDEIRO GOMES, Renato. Representações da cidade na narrativa brasileira pós-moderna: esgotamento da cena moderna. *Alceu*, VI, n. 1, p. 64-74, 2000.

COURRIER, Kevin. *Artificial Paradise*: The dark side of the Beatles' utopian dream. Michigan: Praeger, 2009.

DANTAS, Danilo Fraga. A dança invisível: sugestões para tratar da performance nos meios auditivos. *In*: CONGRESSO BRASILEIRO DE CIÊNCIAS DA COMUNICAÇÃO. *Anais* [...], 2005. Disponível em: https://www.portcom.intercom.org.br/pdfs/ 122980054534167981948653753423801756242.pdf. Acesso em: 13 mar. 2024.

DE MORAES, José Geraldo Vinci; SALIBA, Elias Thomé. *Metrópole em sinfonia: história, cultura e música popular na São Paulo dos anos 30*. São Paulo: Estação Liberdade, 2001.

DENORA, Tia. *Music in everyday life*. Cambridge: Cambridge University Press, 2000.

HENN, Ronaldo. *El ciberacontecimiento*: producción y semiosis. Barcelona: Editorial UOC, 2014.

HENNION, Antoine. The Production of Success: An Antimusicology of the Pop Song. *In*. FRITH, Simon; GOODWIN, Andrew. *On Record*. New York: Pantheon, 1990. p. 185-206.

HEYLIN, C. *The Act You've Known for All These Years*: The Life, and Afterlife, of Sgt. Pepper. Londres: Canongate Books, 2007.

LYNCH, Kevin. *A boa forma da cidade*. Lisboa: Edições 70, 1981.

LYNCH, Kevin. *A imagem da cidade*. São Paulo: Martins Fontes, 2010.

MENDONÇA, Luciana. Sonoridades e cidade. *In*: *Plural de cidade*: *Novos léxicos urbanos*, p. 139-150, 2009.

MUNDY, John. *Popular music on screen*: From Hollywood musical to music video. Manchester: Manchester University Press, 1999.

NAVES, Santuza Cambraia. *Da bossa nova à tropicália*. Rio de Janeiro: Zahar, 2001.

PAIVA, Raquel; SODRÉ, Muniz. *Cidade dos artistas*. Rio de Janeiro: Mauad Editora Ltda., 2004.

PEREIRA DE SÁ, Simone. *Música Popular Periférica*. Rio de Janeiro: Appris, 2021.

SANTIAGO, Silviano. *Viagem ao México*. Rio de Janeiro: Rocco, 1995.

SHAFER, R. Murray. *A afinação do Mundo*. São Paulo: Editora UNESP, 2001.

SILVA, Marcos Virgílio da. Representações da cidade na música popular. *In*: GITAHY, Maria Lucia Caira (org.). *Desenhando a cidade do século XX*. Rio Claro: RiMa; São Paulo: Fapesp, 2005.

SOARES, Thiago. *A estética do videoclipe*. João Pessoa: Editora da UFPB, 2013.

SOARES, Thiago. Percursos para estudos sobre música pop. *Cultura pop*, Salvador: EDUFBA, v. 296, p. 19-33, 2015.

SOARES, Thiago. Performance e capital especulativo na música pop. *Logos*, v. 29, n. 1, 2022.

SOARES, Thiago; MANGABEIRA, Alan; LINS, Mariana. *Divas pop – O Corpo-som das cantoras na cultura midiática*. Belo Horizonte: Selo PPGCOM – UFMG, 2021.

TEIXEIRA, Glaubécia. *Roteiro turístico*. Manaus, Centro de Educação Tecnológica do Amazonas, 2010.

ULHÔA, Marta; PEREIRA, Simone Luci. *Canção romântica*: intimidade, mediação e identidade na América. Rio de Janeiro: Latina Folio digital, 2016.

Ascensão e (in)visibilidade do circuito do rap

Gabriel Gutierrez

Introdução

Já há algum tempo, reconfigurações contemporâneas no capitalismo global vêm convertendo atividades ligadas à "economia criativa" em setores dinâmicos da economia que revelam as "vocações culturais" (Dos Santos, 2012, p. 76) das cidades. Com isso, testemunhamos uma notável valorização da criatividade cultural como um vetor de desenvolvimento. Por favorecer o ambiente de negócios e gerar riqueza para os territórios, tais segmentos passaram a ser cada vez mais frequentemente tema de pesquisas que medem seu tamanho e relevância dentro das economias nacionais.

Isso é ainda mais verdade quando o ativo cultural em questão é a música. Seja no âmbito das indústrias culturais transnacionais ou dos modelos de negócio ligados às manifestações populares, a música exibe uma destacada capacidade para protagonizar a economia das experiências (Yúdice, 2006). Em cidades como o Rio de Janeiro, sua força de comunicação é impressionante, mobilizando audiências, revitalizando espaços públicos, atraindo empresas e captando investimentos. Uma força movente (Herschmann; Fernandes, 2023) que, através do trabalho coletivo de múltiplas redes de atores, constrói a cultura musical e a vida sociocultural de seus territórios, polinizando-as (Moulier-Boutang, 2007, 2010), e fazendo-as gerar valor de forma "invisível".

Observando essas articulações ligadas à economia da música, chama a nossa atenção o progressivo crescimento do mercado de música urbana no Rio de Janeiro e sua habilidade para lidar com a inovação e a digitalização, ainda que num contexto tomado pela informalidade. Por isso, o propósito deste artigo é investigar o processo de constituição e funcionamento daquilo que chamamos de um "circuito de música urbana carioca", com o olhar voltado para a atuação das gravadoras criadas por artistas e DJs no âmbito do hip hop, que posteriormente vão se articular de maneira exitosa com o trap e o funk. Como veremos, o fenômeno da digitalização dos processos de produção, distribuição e consumo de música desenvolveu intensamente os chamados circuitos locais. Especialmente aqueles estruturados em torno dos gêneros que compõem o que qualificamos aqui como "música urbana eletrônica periférica", em diálogo direto com o que Sá (2021) chama de "música pop periférica".

A partir do encontro com as tecnologias digitais utilizadas para a criação musical, as práticas estéticas e econômicas ligadas a essas músicas populares exponenciaram no Brasil. Nossa pesquisa busca ultrapassar a "invisibilidade" desse emergente circuito, focando-se nessa expansão, especialmente associada ao "circuito do rap" (que contempla hip hop, funk e trap), e indo além da atenção que já é dada à vertente mais pop dessa música. A abordagem, portanto, debruça-se sobre a parte "subterrânea" desse mercado, que, apesar de pouco notada, tem números expressivos de views e plays. Para dar conta da análise, partimos da formação histórica desse circuito até chegar ao momento atual em que as gravadoras criadas pelos próprios artistas assumem o protagonismo do mercado.

Para efetivarmos nossa análise, teremos como balizadores fundamentais o eixo da música ao vivo e o eixo da música gravada, intensamente plataformizada em redes digitais nos últimos anos. Nosso propósito é compreender como elas se articulam economicamente, gerando retorno financeiro para os artistas e contribuindo para o surgimento de novas práticas dentro dos processos de empresariamento de artistas. Em um momento de consolidação dos serviços digitais na economia da música, trata-se de investigar como opera a dinâmica entre a plataformização e as performances ao vivo, e como ambas contribuem para o adensamento da cena de hip hop e de funk do Rio de Janeiro. Assim, poderemos compreender o que chamamos de novas formas de gestão da experiência musical associadas à música urbana contemporânea.

Transformações no mercado de experiências musicais

O fortalecimento do mercado de música jovem urbana, como mostra Herschmann (2013), tem vinculação com o expressivo crescimento da música ao vivo nas grandes cidades e a abissal desvalorização dos fonogramas gravados e vendidos em suporte físico nas últimas décadas. Ainda que, no universo daquilo que convencionou-se chamar de música "independente" os concertos ao vivo sempre tenham sido a principal fonte de receita, percebemos hoje uma maior demanda pela criação de "novos negócios de sucesso" no âmbito da música. Especialmente no que se refere à articulação entre as tecnologias digitais e as redes sociais, compreendidas aí como ferramentas estratégicas para a comunicação da música, o gerenciamento de carreiras e a formação de público. Nesse processo, os modelos de negócio vão ganhando notabilidade na medida em que conseguem algum êxito econômico com sua música local.

Herschmann (2013) elenca o trabalho de diversos pesquisadores que vêm investigando a articulaçao entre circuitos musicais locais e formas alternativas de organização econômica da cultura (Yúdice, 2007; Alfaro, 2009; Herschmann, 2007; Ochoa, 2001). São atores locais desenvolvendo modelos de negócio extremamente inovadores e criativos no âmbito das cenas musicais urbanas (Yúdice, 2011), fundamentalmente sustentadas pelo concerto ao vivo (festivais), pela atuação em coletivos auto-organizados e por uma eficiente inserção nas redes sociais. Os casos brasileiros mais notórios frequentemente citados pela literatura sobre o tema são as cenas de tecnobrega em Belém do Pará (Lemos; Castro, 2008), de forró em Fortaleza (Trotta, 2011) e do funk no Rio de Janeiro (Herschmann, 2000; Sá, 2011).

Originalmente, as práticas musicais relacionadas a esses gêneros são realizadas em suas respectivas localidades, gerando, paulatinamente, alguma articulação econômica no território, especialmente quando as atividades musicais se associam com o comércio local ou com outras atividades ligadas à gastronomia e ao entretenimento (Yúdice, 2004). Historicamente, esses novos negócios da música costumam ser gestados pelas camadas populares, sem conexões *a priori* com as estruturas produtivas corporativas. Algo que na latinidade hispânica identificamos na cena de huayno pop, do Peru, na cumbia villera, da Argentina e na champeta, da Colômbia. Nas palavras de Yúdice (2011), são fenômenos relacionados a uma "gestão complexa do fenômeno musical" (p. 19) ou a "novas formas de gestão da experiência musical" (p. 20).

Em geral, essa gestão é comandada por empresas familiares ou impulsionadas por amigos e entusiastas. São atores que se envolvem nesse tipo de negócio por conta do relativo baixo custo de entrada, em termos de produção com equipamento digital, e também por conta de um engajamento de origem na cena musical relativa àquele gênero. Suas receitas vêm da capacidade de dialogar com valores e desejos juvenis locais e da força expressiva dessas músicas, que rompe barreiras sociais com seu não raro sucesso. Com o êxito, começam a chamar a atenção de anunciantes, marcas, empresas de tecnologia ou mesmo da tradicional indústria da música, todos interessados na potência de comunicação desta música jovem e nos seus modelos de negócio alternativo.

Yúdice (2011) encontra uma das causas dessas reconfigurações econômicas dentro do mercado da música no fato de vivermos hoje uma experiência musical cada vez mais integrada à vida social. É notório que a música como fenômeno humano tem sua origem na experiência cotidiana do trabalho, do ritual religioso, da vinculação social etc. Contudo, contemporaneamente, o que se percebe é a existência de jovens que consomem música intensamente porque dispõem de um amplo acesso a um número muito variado de fonogramas, onde podem ouvir um montante quase infinito de arquivos digitais de áudio (Kischinhevsky; Vicente; De Marchi, 2015). Este tipo de transformação expande a experiência do consumo musical nas grandes cidades para além da gestão das gravadoras multinacionais que até algum tempo dominavam o mercado por inteiro.

Essa maior integração à vida social é perceptível também quando notamos o crescimento da oferta de experiências ligadas à música ao vivo. Como sublinha Herschmann (2013), a performance ao vivo fornece um "alto valor agregado à experiência musical" (p. 140) como acontecimento coletivo que permite o estabelecimento de laços de sociabilidade, onde ocorrem trocas, se criam memórias e se estabelecem identificações. Dentro dessa dinâmica, os eventos musicais tornam-se a paisagem sonora dentro da qual os indivíduos desfrutam de momentos catárticos de comunhão. Nesse sentido, portanto, há uma dupla transformação do consumo de música, o que reafirma a necessidade da consolidação de novos parâmetros para a compreensão da economia da música – exatamente o que este texto se propõe a fazer.

Processos de reintermediação do mercado

A compreensão dessa crescente economia da música urbana carioca exige também uma atenção especial para as novas relações que consumidores vêm estabelecendo com a música gravada. Durante alguns anos, o debate sobre a economia da música sugeriu o enfraquecimento de intermediários no que se refere à distribuição e ao consumo de música na internet. Yúdice (2011) notava como esse tipo de proposição era problemático já no início da década de 2010, mencionando a relevância de mediadores como o YouTube e o MySpace. Hoje, observando a relação das gravadoras de funk e hip hop no Rio de Janeiro com a música gravada, podemos perceber com clareza um processo de reintermediação do consumo de música, associado fundamentalmente às plataformas de streaming.

Se durante o século XX, como mostram Vicente *et al.* (2018), as indústrias fonográficas estruturaram-se vendendo fonogramas em suporte físico (como LPs, K-7s, CDs), no início do século XXI, esse modelo começou a ser desafiado. Num primeiro momento, pelos serviços de compartilhamento de arquivos de áudio na internet. Entretanto, menos de duas décadas depois, essas empresas multinacionais da indústria da música, – detentoras da propriedade intelectual de milhões de fonogramas – reverteram a tendência e conseguiram estabilizar uma nova modalidade de consumo remunerado de música, apesar de suas especificidades.

A principal especificidade dessa reorganização do consumo de música gravada é a emergência das plataformas de streaming como um novo intermediário capaz de operar globalmente. Desde 2015, mostram os autores, há uma consistente reconfiguração dos mercados de mídia sonora, na medida em que a maioria dos consumidores dos principais mercados do mundo acessa serviços de streaming para ouvir música. Ainda que haja diferenciações marcantes entre os serviços pagos e os gratuitos, o que parece estar claro é que o público hoje está menos interessado na posse da música e mais inclinado ao acesso a ela, que pode ser ouvida em múltiplos dispositivos. Em outras palavras, saímos de uma "cultura da portabilidade" para uma "cultura do acesso" aos fonogramas (Kischinhevsky, 2016), onde os usuários podem ouvir um montante quase infinito de arquivos digitais de áudio (Kischinhevsky *et al.*, 2015).

A formação de um "circuito de rap" no Rio de Janeiro

A história das articulações do mercado de rap no Rio de Janeiro remetem fundamentalmente ao universo do funk carioca. Esteticamente, o que chamamos de funk carioca se origina de uma apropriação do miami bass – subgênero do rap estadunidense dos anos 1980, surgido na cidade de Miami, no estado da Flórida – e de sua hibridização com práticas culturais presentes na vida sociocultural da cidade. O que significa que aquilo que chamamos de funk carioca nasce como uma primeira mediação do rap dos EUA. Por isso, podemos dizer que o funk é o primeiro rap carioca. Ao mesmo tempo, aquilo que chamamos efetivamente de hip hop carioca nasce de uma segunda mediação do ritmo & poesia estadunidense, focada em outra vertente, a do rap nova-iorquino e de Los Angeles, que chega ao Brasil um pouco depois do miami bass (Gutierrez, 2021). Essa origem comum foi problematizada por Herschmann (2000), que, ao estudar os dois gêneros musicais (hip hop e funk) conjuntamente nos seus primeiros anos de desenvolvimento, matizou semelhanças e diferenças entre eles.

Do ponto de vista do ecossistema da música, quando os primeiros artistas de rap (este de NY e LA) começam a aparecer no Rio de Janeiro, no final dos anos 1980 e início dos 1990, já existia uma cena de funk protagonizada principalmente por DJs e equipes de som. Em termos gerais, esses são os agentes fundamentais que organizam o mercado de funk/rap nos seus primeiros anos, e que têm no baile – um evento de música ao vivo – o seu epicentro. Como sublinha Herschmann (2000), os bailes de black music já existiam no Rio de Janeiro desde os anos 1970, e foram disseminando-se pela cidade na forma dos chamados "bailes de subúrbio", que ocupavam terrenos baldios e clubes como o Recreativo Caxiense, em Duque de Caxias, o Cassino Bangu e o Bangu Atlético Clube, no bairro de Bangu.

O hip hop só foi se dissociando do mercado do funk com o avançar dos anos 1990. Sua primeira materialização autônoma acontece na forma de fonograma com o lançamento do disco-coletânea *Tiro inicial*, em 1993. Esse disco precipita, em forma de música autoral, uma série de práticas culturais que já vinham acontecendo na cidade há pelo menos uma década, especialmente no âmbito de iniciativas comunitárias. O álbum *Tiro inicial* foi gravado a partir da articulação de artistas pioneiros do rap carioca em torno do Centro de Articulação de Populações Marginalizadas (CEAP), uma associação que fornece espaço físico para as reuniões de produção e os meios materiais para a gravação do disco.

O álbum foi lançado pela Radical Records, selo independente criado por Mayrton Bahia, produtor notabilizado pela gravação de artistas de rock dos anos 1980 no contexto das gravadoras multinacionais. Da coletânea desbravadora, vale destacar os nomes mais perenes: MV Bill, que sempre lançou seus trabalhos através de gravadoras pequenas, como a Zâmbia Fonográfica e a Natasha Records, e que só a partir do segundo álbum, *Declaração de Guerra*, de 2002, passa a ser distribuído pelas *majors* BMG e Universal. E Gabriel O Pensador, que consegue colocar a sua música no circuito comercial da música pop brasileira com o single "Hoje tô feliz (Matei o Presidente)" ainda em 1992, e depois passa a lançar seus discos cheios pela Sony Music.

Esses dois últimos são casos isolados que contrastam com o inequívoco caráter embrionário da cena de hip hop do Rio de Janeiro àquela altura. Em termos gerais, a penetração na grande indústria fonográfica restringe-se a Gabriel, o ecossistema de música gravada é amador e o de música ao vivo depende ainda fundamentalmente da estrutura de shows do funk. O que sustenta a cena, na época, é a militância de caráter sociocultural ligada ao hip hop, especialmente através de festas, encontros, palestras, campanhas beneficentes e oficinas de todo tipo voltadas também para o grafite. Como nos conta Herschmann (2000), posses e associações comunitárias eram, naquele momento, os principais agentes da cena de hip hop carioca.

Ventura (2009) chama esse estágio de "semi-industrial", o que, na verdade, parece querer dizer "artesanal". Ainda que existam festas ligadas ao hip hop desde os anos 1980 (Oliveira, 2012), como a Festa do Viaduto, em Madureira, e a Festa do Disco Voador, no bairro de Marechal Hermes, nenhuma delas constituiu-se como um ecossistema voltado economicamente e de maneira quase exclusiva para o hip hop. Além delas, podemos citar as três edições do CDD, festival de hip hop na Cidade de Deus organizado pela ATCON nos anos 1990 e o Festival Voz Ativa, realizado com apoio da Caixa Econômica Federal, em 1995, na Vila do João, na Favela da Maré, com a organização de Fernando Shackal, do grupo 3Preto. Ou ainda o Festival Viva Zumbi, no Morro Santa Marta, em Botafogo.

A cena de hip hop do Rio de Janeiro ainda teria um segundo álbum coletânea, chamado *Hip Hop pelo Rio*, lançado no primeiro semestre de 1999. Produzido por Tito Gomes, Kleber França e Paulo Jeveaux, sob a liderança de Def Yuri, o lançamento do disco foi na forma de um festival homônimo realizado na Lapa com o apoio da prefeitura da cidade. O evento foi promovido pela produtora do ativista e músico Def Yuri, do grupo Ryo Radikal Repz, em parceria com a ONG Afroreggae, o que confirma nossa hipótese sobre como a cena da época dependia fundamentalmente de eventos de caráter comunitário financiados predominantemente pelo poder público.

Portanto, nos anos 1990, o hip hop feito no Rio de Janeiro estava essencialmente dependente da atuação de seus praticantes para existir como experiência de música ao vivo, fosse em festas, bailes, eventos, shows ou festivais (Herschmann, 2000). Em geral, em espaços originalmente destinados ao samba e aos esportes, como instalações de escolas públicas e outros "espaços de socialização alternativos e não-exclusivos do hip-hop" (Herschmann, 2000, p. 188). Em termos de música gravada, a situação era ainda mais embrionária. Tínhamos apenas os dois álbuns coletâneas mencionados como registros fonográficos e os excepcionais casos de Gabriel, Bill e Marcelo D2 assinados com as *majors*.

Com a chegada dos anos 2000, o hip hop carioca entra numa segunda fase (Gutierrez, 2021) e afasta-se um pouco do funk e das associações comunitárias, ainda que siga sendo uma cena com pouca sustentabilidade econômica e sem um ecossistema próprio. As práticas que aconteciam em bairros e favelas da Zona Norte, Zona Oeste e da Baixada Fluminense, em espaços públicos de lazer e convivência compartilhada, começam a convergir espacialmente para o bairro da Lapa. Nesse bairro central, o hip hop ainda dependeria de festas e coletâneas para existir na cidade. Entre essas festas, a de mais destaque é a Zoeira, criada em 1998 pela produtora e fotógrafa Elza Cohen como um "ponto de encontro" regular para a interação constante entre os atores, que já desenvolviam iniciativas separadamente. Por isso, os relatos são unânimes a respeito do papel de espaço de convergência da cena desempenhado pela festa Zoeira.

O Circo Voador havia sido fechado pela prefeitura em 1996, deixando o bairro sem um de seus principais equipamentos culturais. Assim, como zona de confluência, a Zoeira tornou-se uma das "instituições" (Janotti Jr., 2012) da cena, operando no nível cotidiano da rua e tendo a função de criar as redes por onde as pessoas e a música circulam. Nomes como Marcelo D2, Marechal, Black Alien, Speed, DJ Negralha podem ser, mais ou menos, associados à festa. Por sua capacidade de mobilização, a Zoeira deu origem a outra coletânea, a *Zoeira Hip Hop Carioca*, lançada em 2000, pela *Revista Trip*, e pode ser encarada como uma "unidade de cultura urbana" (Straw, 2013) da cena da cidade naquele contexto.

Além da Zoeira, o bairro da Lapa abrigou também a festa Hip Hop Rio, organizada por Marcelo D2 e Bruno Levingson desde 1997. A Hip Hop Rio também virou álbum-coletânea, em 2001, numa produção de

D2 com Levingson lançada pelo selo Coletivo. O projeto foi distribuído nas bancas como CD-revista, através do selo Net Records, como uma tentativa de implementar uma distribuição alternativa, alheia às lojas. Participam da coletânea o próprio Marcelo D2, que naquele momento já tinha contrato com a Sony por conta de sua banda Planet Hemp, e mais Mahal, 3 Preto, Black Alien & Speed, Inumanos, Negaativa, BNegão, Nucleo Sucata Sound, DJ Negralha, Artigo 331 e o Esquadrão Zona Norte.

Conforme os anos 2000 avançam, contudo, uma nova experiência de prática musical se consolida como a grande plataforma de comunicação dos b.boys: a batalha de rima. A disseminação das batalhas de rima pelas ruas e praças da cidade contribuiu para o nascimento de uma série de conexões e dinâmicas que formataram o surgimento de uma nova fase mais autoral carioca (Gutierrez, 2021). Na segunda década do século XXI, e em forte associação com o YouTube, as batalhas de rima espalhadas pela cidade criaram as condições para que a cena de hip hop do Rio pudesse se transformar num circuito econômico mais robusto, como veremos a seguir.

A primeira batalha de rima regular do Rio de Janeiro, e do Brasil, foi a Batalha do Real (BDR), criada em 2003 também no bairro da Lapa. Como consequência dessa iniciativa carioca desbravadora e pioneira, surgiram centenas de batalhas por toda a região fluminense, que, aos poucos, transformaram essa plataforma no principal instrumento de visibilidade do hip hop (Vieira da Silva, 2018), alterando decisivamente o tamanho da economia do gênero dentro da cidade. Foi a BDR quem consolidou o formato que seria replicado pelas rodas culturais e outras batalhas de rima alguns anos depois.

A BDR tem como principal motivação para sua criação exatamente o fim da festa Zoeira. Como vemos, a cena carioca de hip hop é atravessada por descontinuidades desde sua origem. Com o fim da festa, mais uma vez, a ebulição do ritmo & poesia na cidade se viu sem um aparelho cultural que pudesse abrigar suas práticas e servir de ponto de encontro. Na ausência de espaços para interação e troca, os atores envolvidos criaram estratégias inovadoras para permitir que aquela música seguisse existindo como prática (Freire Filho; Fernandes, 2006).

A BDR rapidamente se consolidou como o principal evento de hip hop carioca. Passou a acontecer semanalmente para depois se transformar num evento mensal, que ocorria aos primeiros sábados do mês, e depois tornou-se um encontro sazonal. Assim, a BDR consolidou-se como uma bem-sucedida empreitada de qualificação da cena carioca, abrindo possibilidades imprevistas para o gênero. Como evento, a BDR transformou-se num dos centros energéticos da cena da cidade (Fernandes, La Rocca; Barroso, 2019). A BDR teve sua primeira edição em 2003 e a última em 2018. Durante esse intervalo de tempo, houve momentos de regularidade em sua periodicidade, interrupções e sazonalidades.

A partir do exemplo da BDR, inúmeras rodas instalam-se em praças públicas de toda a cidade e mesmo do estado, por conta da iniciativa de jovens que vivem no mesmo bairro, são interessados em hip hop e querem produzir e consumir musicalmente. Para efetivar esse desejo, os atores levam alguma infraestrutura de som para o espaço público e ali promovem o freestyle e as batalhas. Em geral, a audiência que comparece a esse tipo de evento gratuito é formada por outros jovens, de 15 a 25 anos (Souza, 2020), e em busca de fruição estética e agregação social. Este é o grande marco da expansão que ocorreu no hip hop carioca a partir de 2010: uma experiencia de produção e consumo musical que, com o auxílio da popularização dos processos digitais ligados à música, transformou profundamente essa cena.

Nesses "encontros comunitários realizados periodicamente em praças e espaços públicos por e para a juventude fluminense" (Almeida, 2019, p. 118), jovens artistas, ativistas, produtores culturais se organizam para promover novas rodas, ou para gravar seus trabalhos. Nas rodas culturais, relata a autora, acontecem também shows de música autoral, exposições de artistas ligados ao grafite e à fotografia, performances de dança, além de práticas esportivas tipicamente associadas à cultura de rua, como o skate e o basquete. A disseminação de rodas de rima no território foi tão exponencial que, em 2011, essas iniciativas autônomas foram articuladas em uma rede com o nome de CCRP: o chamado Circuito Carioca de Ritmo e Poesia.

Nesse sentido, esta pesquisa se propõe a avançar a tese sugerida por Gutierrez (2021), segundo a qual a expansão das rodas de rima pela cidade teria contribuído decisivamente para a emergência de uma nova fase na economia do que se está compreendendo como cena ou "circuito de rap no Rio de Janeiro" (que contempla o hip hop, funk e trap). No contexto de uma cena que existe desde 1993, mas cuja história está repleta de descontinuidades, acreditamos que as dinâmicas comunicacionais geradas pelas batalhas de rima: (1) expandiram o alcance dessas músicas eletrônicas no território, formando um público de ouvintes; (2) formaram uma quantidade inédita de artistas autorais; (3) ajudaram a forjar uma complexa rede, DJs, beatmakers, produtores, músicos, poetas, grafiteiros, fotógrafos, atores, videomakers, marketeiros e empresários. Se somarmos isso ao sucesso dos vídeos de batalha no YouTube (Vieira da Silva, 2018), a ampliação do acesso às chamadas DAWs (digital audio workstations) e as novas formas de distribuição e consumo de música, temos um caminho promissor para nossa argumentação.

Apontamentos sobre as transformações no mercado de música urbana

Antes de apresentar nossos achados, cabe mencionar que estamos em diálogo com o trabalho de Sá (2021), no qual a autora organiza um debate acerca da expressão "música pop periférica" para nomear fenômenos associados aos gêneros musicais que nos interessam. Para a autora, o termo "periférica", usado no âmbito do debate mais amplo sobre música urbana e música pop, não deve carregar nenhum sentido geográfico ou econômico para ser efetivo, sob o risco de incorrer na permanente armadilha do essencialismo. Num contexto global de relativo descentramento, em que se torna cada vez mais difícil definir onde está exatamente o centro dos processos contemporâneos, e por contraste, a própria periferia, a autora prefere apostar num uso estratégico do termo. Segunda ela, a noção de "música periférica", portanto, deve remeter a alianças simbólicas instáveis, repletas de ambiguidades e pluralidades no âmbito da encenação do popular.

Nosso debate com Sá (2021) estabelece-se nessa dimensão terminológica, na medida em que buscamos uma aproximação expressa com o que convencionou-se chamar de música urbana. Com essa aproximação, buscamos criar as condições para uma compreensão ampla dos ecossistemas musicais desse circuito, num momento em que as fronteiras entre rap, trap e funk se fragilizam, inclusive no que se refere ao diálogo com a música pop. A abordagem de Sá (2021) nos é útil também por conta da ênfase dada à cultura digital no agenciamento dessa "música pop periférica". Para nós, está claro que a compreensão dos novos modelos de negócio ligados à música jovem brasileira das grandes cidades passa por uma investigação detida das transformações recentes pelas quais passou o processo de distribuição e consumo dos fonogramas no contexto de uma nova economia da música no ambiente digital.

Assim, por conta do seu crescimento exponencial, este "circuito ampliado carioca de rap" talvez esteja ensejando o nascimento de "clusters locais de inovação" enquanto se reposiciona na economia da noite da cidade como música urbana jovem dominante ao lado do funk. Atualmente o chamado *rap carioca* está se consolidando como um protagonista do mercado brasileiro de música eletrônica, depois de uma história de mais de 30 anos no Rio de Janeiro.

O grande responsável por essa transformação no mercado de música urbana carioca é o surgimento das gravadoras criadas por artistas bem-sucedidos da cena. Empresas e selos como a Nadamal Records, Medellin Records, Pineapple, Mainstreet, Rock Danger, Papatunes e Hitzada foram criados por campeões de plays e views, como Filipe Ret, Orochi, Major RD e Felp 22, que começaram no hip hop e adquiriram alguma visibilidade e reconhecimento nas batalhas que tiveram um boom na cidade do Rio de Janeiro na década de 2010. Hoje, essas gravadoras estão entre as mais ouvidas do Brasil, seus membros tornaram-se atores relevantes no mercado de música do país e inclusive costumam fazer acordos de distribuição com as grandes gravadoras multinacionais.

Em geral, essas gravadoras surgem da necessidade dos MCs de destaque de gerenciarem o seu próprio trabalho musical. Contudo, acabam expandindo suas atividades e passam a atuar como gravadoras que empresariam outros artistas do gênero. O artista dono trabalha mais ou menos como o A&R, selecionando os talentos, e, normalmente, um outro proprietário ou gerente ocupa-se mais da parte operacional cotidiana da empresa. Nessas gravadora, há departamento financeiro, de produção executiva, vendas de shows, marketing (designers e fotógrafos cuidando da comunicação e redes sociais) e logística (van, hospedagem, alimentação, no contexto da realização dos shows). Empresas como essas chegam a ter 80 pessoas trabalham em torno delas (entre DJs e freelancers) e cuidam tanto dos lançamentos de singles quanto da venda de shows. É comum também a gravadora ter um braço na área de vestuário através de uma marca de roupa diretamente ligada ao artista-empresário.

No que se refere à música gravada, as gravadoras têm estúdios próprios onde produtores e beatmakers passam a semana criando batidas para os artistas da casa. Num dos casos analisados por nós, a gravadora é uma casa de três andares na forma de um sobrado e conta com duas salas de estúdio. A empresa calcula que deve haver um lançamento de música a cada 40 dias. Esse lançamento terá seus royalties pagos de acordo com o número de plays e views nas plataformas de áudio e vídeo. A receita é dividida igualmente entre produtor, cantor e editoras. Eventualmente, o artista pode ser gravado por essa empresa, mas distribuído por uma das *majors*. Ou pode fazer um "feat" com outra gravadora de MC e lançar sua música no canal de YouTube dela. A gravadora pode ter também um braço audiovisual que é usado para gravar os clipes dos seus artistas, já que os lançamentos das faixas são quase sempre acompanhados de material audiovisual, seja para uma rápida visualização ou para consumo de um videoclipe completo.

A música gravada é vista como central nesse processo econômico porque ela é a vitrine para que contratantes comprem o show daquele artista, ainda que haja artistas com muitos plays que não funcionam bem nos shows. Mas, em geral, o show é a grande fonte de receita direta. Normalmente, o pagamento é feito em dinheiro vivo, metade na hora da contratação e metade imediatamente antes de o artista subir no palco. Cada artista tem sua equipe de viagem para shows, com produtor, iluminador, dançarinas, técnico de som e logística. Os shows devem ser ensaiados de 2 a 3 vezes antes de acontecer, além do ensaio técnico no próprio dia da apresentação. Para otimizar recursos, essas gravadoras costumam fazer também as chamadas "vendas casadas", quando outros shows daquele mesmo artista são oferecidos para contratantes em cidades próximas daquela para onde ele já vai. Sobre cachês, vimos que um artista com mais ou menos 6 milhões de ouvintes mensais no Spotfy cobra um cachê de 25 mil reais por apresentação, podendo chegar a fazer três shows numa mesma noite de fim de semana.

Invisibilidade e informalidade desta cena

Não se constitui em novidade afirmar que o mercado e mesmo esta cena musical estariam caracterizados predominantemente pela informalidade e invisibilidade. Entretanto, é preciso também destacar a complexidade da questão e sublinhar que está presente também uma "opção dos atores" (dadas as condições adversas do país) pela manutenção dessa condição ambígua, que muitas vezes beira a ilegalidade. Neste sentido, é preciso considerar ainda que as associações entre o conceito de informalidade e o de ilegalidade – seja para distingui-los em absoluto, seja para confundi-los como se fossem a mesma coisa – são menos eficazes como ponto de partida para a análise: em muitos dos fenômenos considerados informais, e mesmo entre os formais, observa-se a porosidade entre o legal e o ilegal, tornando as relações um tanto híbridas. Assim, se, por um lado, não se deve tratar as atividades econômicas dos segmentos sociais observados como deflagradoras ou resultantes de ações ilícitas; por outro lado, também não se pode deixar de lado os limites da ilegalidade como fatores que contribuem na estruturação desta expressão cultural da economia informal (Cunha, 2006).

Assim, o conceito de informalidade seria positivado na medida em que permite ultrapassar certas dicotomias tais como a clivagem entre relações econômicas e relações sociais, bem como entre legalidade e ilegalidade. Outro aspecto considerado por Cunha (2006) e Santos (2012) visa observar a mudança de perspectiva sobre a informalidade, na qual as atividades consideradas informais deixam de ser vistas como um objeto e passam a ser trabalhadas como um projeto, ou seja, como um "modelo alternativo" a contextos históricos e econômicos estabelecidos nas sociedades capitalistas atuais. Nessa perspectiva, a atividade econômica informal no funk, hip hop e trap é tomada aqui como ponto de partida para a investigação de outras relações estabelecidas tanto em nível local quanto regional e nacional, assim como de relações estruturantes da vida social, em que pesem a formação de identidades locais, de fortalecimento de laços sociais e de sustentabilidade não somente econômica, mas moral. Pode-se, então, ir além das análises que tomam a informalidade como uma característica do atraso a ser, necessariamente, ultrapassado nas sociedades capitalistas atuais, mas como uma associação que pode se originar de diversas formas ou situações e para a qual contribuem diversos fatores.

No caso dessa cena musical, há um misto de formalidade e informalidade, com clara prevalência do segundo aspecto. As equipes de som em geral estão constituídas como micro ou pequenas empresas, com funcionários registrados e recolhimento regular de impostos. Entre os DJs, muitos são funcionários de rádio, equipes de som ou casas de shows e mesmos os MCs podem ser contratados de algumas equipes ou empresários. Parte-se do pressuposto de que os atores desta cena são parte de um circuito que envolve não somente a troca monetária, mas de "dádivas" e obrigações que regulam de modo lógico a existência de um mercado informal: de modo geral, as praças dessa cena pop-periférica são os bailes e festas, os produtos em circulação não são somente os gêneros musicais envolvidos (funk, hip hop e trap), mas também artistas – MCs e DJs – e empresários e donos de equipe.

Assim, um dos objetivos da pesquisa (ainda em curso) tem sido o de analisar como os atores dessa cena integram em seu fazer artístico e econômico tanto um mercado de economia monetizado como de uma "economia das dádivas" (Douglas, 2007). Em resumo, esse segmento de mercado expressivo que tem como um dos seus principais polos o Rio de Janeiro (mas é relevante em âmbito nacional, inclusive no mercado de streaming) é tomado neste artigo como um conjunto de atividades econômicas híbrido (com práticas formais e, em grande medida, informais) que, contudo, não se encontram inteiramente à parte da regulação estatal (na medida em que esta regulação é parte do modo como estabelecem suas relações), mas que contam também com uma estrutura interna de regulação alternativa que orienta as rotinas dos atores no cotidiano das suas atividades.

Dadas as limitações de espaço, não será possível detalhar aqui esse modelo alternativo de negócio da cena pop-periférica carioca (envolvendo gêneros como funk, hip hop e trap). Entretanto, visando se distanciar de uma perspectiva romantizada das relações no mundo da música nas bordas do mainstream musical (Herschmann, 2011), gostaríamos apenas de fazer uma importante ressalva que, apesar das dinâmicas satisfatórias envolvendo os atores que geram sustentabilidade para os envolvidos direta e indiretamente nesta cena (que evidentemente se favorecem da informalidade e da invisibilidade), muito frequentemente há também conflitos entre os principais atores desse mercado que geram polêmicas (Santos, 2012) e que são relatados pelos atores especialmente em conversas informais. Em geral, essas tensões se alicerçam na própria informalidade das relações de trabalho que estão caracterizadas pela ausência de contratos ou documentos formais (geralmente é empregado como instrumento que demonstra uma relação de confiança entre as partes, mas que, facilmente, é convertido em base de troca de acusações).

Considerações finais

Parto do pressuposto de que as batalhas de rima, portanto, funcionaram como uma espécie de "incubadoras culturais" e contribuíram para que, posteriormente, ocorresse um boom desse circuito do rap analisado, integrando o hip hop mais diretamente à cena de música urbana e eletrônica da cidade do Rio, a qual estava tradicionalmente mais centrada no funk. Assim, as batalhas de hip hop foram significativas neste complexo processo pois não só possibilitaram tirar da invisibilidade vários artistas, mas também ofereceram experiência de formação para diversos produtores culturais, os quais tiveram um papel relevante na formação de público inicial associado ao gênero musical.

Para finalizar, poder-se-ia sublinhar ainda que esse emergente mercado de música urbana no RJ tem relação com a expansão transnacional de um mercado do pop globalizado. O crescimento e inclusão do trap parece sugerir isso: assim, o trap entronizado nos EUA vem sendo apropriado pelos atores no Brasil e de certa maneira tem contribuído para renovar o funk e hip hop cariocas, não só hibridizando-se com grande êxito com esses gêneros, mas também aproximando esses ritmos a certos traços do pop globalizado (Coutinho, 2023). O enorme alcance das músicas junto a um extenso segmento juvenil urbano que engloba diferentes segmentos sociais cantadas por Mc Poze do Rodo, Mc Maneirinho e MC Cabelinho nas principais plataformas de streaming tem evidenciado isso nas pesquisas.

Referências

ALFARO, Santiago. *Economía y cultura de la música andina*. Tese (Doutorado em Sociologia) – PUC, Lima, 2009.

ALMEIDA, F. T. T. Potencialidades da gestão coletiva do espaço público: o caso das rodas culturais de hip hop no Rio de Janeiro. *Revista Desenvolvimento Social*, v. 25, n. 1, p. 113-124, 2019.

ALVES, R. *Rio de Rimas*. Rio de Janeiro: Aeroplano, 2013.

BENNETT, Andy. Consolidating the music scenes perspective. *Poetics*, v. 32, n. 3-4, p. 223-234, 2004.

COUTINHO, Tamires. O circuito local/presencial da cena Trap no Rio de Janeiro. *In*: VII COMUSICA. *Anais* [...]. Rio de Janeiro: PGCOM da UFRJ, 2023.

CUNHA, Manuela. P. Formalidade e informalidade: questões e perspectivas. Etnográfica. *Revista do Centro em Rede de Investigação em Antropologia*, Lisboa, v. 10, n. 2, 2006.

DE MARCHI, Leonardo *et al. Tendências de consumo musical nas plataformas digitais em tempos de pandemia*. Comunicação oral apresentada na COMPÓS, 2021.

DOUGLAS, Mary. O mundo dos bens, vinte anos depois. *Horizontes Antropológicos*, Porto Alegre: Programa de Pós-Graduação em Antropologia Social/UFRGS, v. 13, 2007.

FERNANDES, Cíntia S.; HERSCHMANN, Micael. *Cidades musicais*: comunicação, territorialidade e política. Sulina, 2018.

FREIRE FILHO, João; FERNANDES, Fernanda M. *Jovens, espaço urbano e identidade*: reflexões sobre o conceito de cena musical. São Paulo: Intercom, 2006.

GUTIERREZ, Gabriel. *É o Rap RJ*: A cultura da música e as práticas comunicacionais da cena de rap do Rio de Janeiro. Tese (Doutorado em Comunicação) – Universidade Estadual do Rio de Janeiro, 2021.

HERSCHMANN, Micael; FERNANDES, Cíntia. S. *Música nas ruas do Rio de Janeiro.* São Paulo: Intercom, 2014.

HERSCHMANN, Micael. Cenas, Circuitos e Territorialidades Sônico-Musicais. *In*: PEREIRA DE SÁ, Simone; JANOTTI JR., Jeder (org.). *Cenas Musicais*. Guararema: Anadarco, 2013, v. 1. p. 41-56.

HERSCHMANN, Micael. *O funk e o hip-hop invadem a cena.* Rio de Janeiro: Editora UFRJ, 2000.

HERSCHMANN, Micael. Das cenas e circuitos às territorialidades (Sônico--Musicais). *Logos*, v. 25, n. 1, 2018.

HERSCHMANN, Micael (org.). *Nas bordas e fora do mainstream musical.* São Paulo: Estação das Letras e Cores, 2011.

JANOTTI JR., Jeder S. Entrevista – Will Straw e a importância da ideia de cenas musicais nos estudos de música e comunicação. *E-Compós*, v. 15, n. 2, 2012.

JANOTTI JR., Jeder; PIRES, Victor de A. N. Entre os afetos e os mercados culturais: as cenas musicais como formas de mediatização dos consumos musicais. *In:* JANOTTI JR., Jeder, LIMA, Tatiana. *Dez anos a mil*: mídia e música popular massiva em tempos de internet. Porto Alegre: Simplíssimo, 2011. p. 8-22.

LEMOS, Ronaldo; CASTRO, Oona. *Tecnobrega*: o Pará reinventando o negócio da música. Rio de Janeiro: Aeroplano, 2008.

OLIVEIRA, D. A. Juventude e territorialidades urbanas: uma análise do hip hop no rio de janeiro. *Revista de Geografia*, PPGEO-UFJF, v. 2, n. 1, 2012.

PEREIRA DE SÁ, Simone. As cenas, as redes e o ciberespaço: sobre a (in) validade da utilização de cena musical virtual. *In:* PEREIRA DE SÁ, Simone; JANOTTI JR., Jeder (org.). *Cenas Musicais*. Guararema: Anadarco, 2013.

PEREIRA DE SÁ, Simone. *Música Popular Periférica*. Rio de Janeiro: Appris, 2021.

SANTOS, Elizete I. dos. Funk: experiências de pesquisa em cadeias produtivas da cultura. *PragMATIZES* (Revista Latino-Americana de Estudos em Cultura), Niterói, UFF, 2012.

SHANK, B. *Identidades dissonantes*: a cena do rock'n'roll em Austin. Texas: Hanover; Londres: Wesleyan University Press, 1994.

STRAW, Will. Cenas culturais e as consequências imprevistas das políticas públicas. *In*: PEREIRA DE SÁ, Simone; JANOTTI JR., Jeder (org.). *Cenas Musicais*. Guararema: Anadarco, 2013.

STRAW, W. Scenes and sensibilities. *E-compós. 2006.*

TROTTA, F. Cenas musicais e anglofonia: sobre os limites da noção de cena no contexto brasileiro. *In*: PEREIRA DE SÁ, Simone; JANOTTI JR., Jeder (org.). *Cenas Musicais*. Guararema: Anadarco, 2013. p. 99-118.

VENTURA, T. Hip-hop e graffiti: uma abordagem comparativa entre o Rio de Janeiro e São Paulo. *Análise Social*, n. 192, p. 605-634, 2009.

VIEIRA DA SILVA, R. Batalhas de Rimas Mediadas pelo YouTube e a Nova Geração do RAP Nacional: a Batalha do Tanque e as Transformações do Gênero Musical. *In*: INTERCOM. *Anais* [...]. Joinville: Univille, 2018.

YÚDICE, George. Apontamentos sobre alguns dos novos negócios da música. *In*: HERSCHMANN, Micael. *Nas bordas e fora do mainstream*. São Paulo: Editora Estação das Letras e das Cores, 2011.

YÚDICE, George. *A conveniência da cultura*. Belo Horizonte: Ed. UFMG, 2006.

O medo nas f(r)estas: contradições da música na cidade

Beatriz Costa
Felipe Trotta

Introdução

Uma parcela significativa das pesquisas sobre funk no Brasil coincide em afirmar que o gênero tem sido, através dos anos, vítima de uma robusta condenação e criminalização midiática, policial e judicial (Batista, 2013; Facina, 2009; Herschmann, 2005; Lopes, 2010; Facina; Palombini, 2017; Novaes, 2016). De forma consensual entre vários pesquisadores, a violência associada ao funk é abordada como um fenômeno retórico externo ao contexto social do gênero, resultado de narrativas hiperbólicas dos jornalismos televisivo e impresso. Desde os famosos arrastões de 1992, amplamente noticiados como atos de delinquência vinculados aos "funkeiros" (Herschmann, 2005), o imaginário reverberado em muitas esferas da vida social brasileira confirma essa simbiose entre funk e violência a partir da chave de uma retórica que imputa, de fora para dentro, uma associação direta entre a prática musical e atos violentos.

Uma das consequências mais diretas dessa condenação longeva e persistente é a sensação de que o ambiente dos bailes funk é um ambiente arriscado, violento e perigoso. Ainda que essa percepção seja amortecida pela força simbólica, musical e festiva da música, da dança e de sua inescapável penetração nas sonoridades compartilhadas na maior parte do país, o funk é um gênero musical que inspira fascínio e medo simultaneamente.

Neste texto, buscaremos aprofundar os meandros desse medo, evitando restringi-lo à já bastante referenciada condenação da maquinaria midiática que cria e sustenta sua estigmatização. Ao contrário, tentaremos entender o baile funk – espacialmente aqueles realizados em espaços públicos e nas favelas – como articulador de uma diversão em um contexto de múltiplas violências, que inclui sentimentos de adesão, pertencimento social, catarse festiva e, simultaneamente, sensações de insegurança, intimidação e medo. Integrados no cotidiano festivo da cidade, os bailes conformam um território de características contraditórias, que envolvem ilegalidades, diversas formas de violência, prazer e diversão.

Som, música e violência nas cidades

O som – e sua manifestação organizada, a música – funciona como elemento que produz sensíveis alterações nos espaços. A experiência de estar em uma sala vazia e silenciosa é completamente diferente daquela que vivenciamos ao adentrar no mesmo cômodo ocupado por caixas de som operando em alto volume, mobiliário e conversas. Qualquer experiência sonora altera os modos de estar individualmente e coletivamente em qualquer espaço. Normalmente interpretada sob o prisma do lúdico e do prazer, a presença de música (e outros sons) em determinado espaço físico condiciona comportamentos, movimentações corporais, batimentos cardíacos e formas possíveis de interação pessoal. Dentre as várias possibilidades interpretativas de analisarmos a forma como essas modificações espaciais ocorrem através do som e da música, gostaríamos de sublinhar a dimensão da violência na experiência musical, como eixo articulador de muitas experiências.

A partir de extensa pesquisa teórica e empírica na região do Complexo da Maré, no Rio de Janeiro, o etnomusicólogo Araújo e o Grupo Musicultura afirmam que a categoria "violência" é normalmente abordada nos estudos etnomusicológicos como "um distúrbio social ou pessoal de uma ordem social implícita, ou como uma negação eventual de uma dada ordem que produz efeitos naqueles que produzem música e na música que eles produzem" (Araújo; Musicultura, 2006, p. 289). Na direção oposta, sua abordagem sugere que a violência seja considerada uma condição central de produção de conhecimento, "que inclui a produção de conhecimento musical e análise cultural da música e do fazer musical"

(Araújo; Musicultura, 2006, p. 289). Adicionalmente, os debates do grupo ambientados numa favela com altos índices de violência física apontam "a violência simbólica através da música e da comunicação sonora não-verbal como uma constante na vida de sujeitos concretos, como uma dimensão crucial de sua experiência no mundo" (Araújo; Musicultura, 2006, p. 6).

A ideia ressoa a famosa formulação de Johan A. Galtung sobre violência, definindo a presença de violência "quando seres humanos estão influenciados de tal forma que suas realizações somáticas e mentais se encontram abaixo de seu potencial" (1969, p. 168). O desenvolvimento principal dessa definição é o desenvolvimento da noção de "violência estrutural", termo que se refere a um complexo conjunto de condições na sociedade capaz de bloquear as realizações das pessoas, "utilizados para subordinar e ameaçar as pessoas" (Galtung, 1969, p. 172). Com esse deslocamento conceitual, a violência deixa de ser pensada exclusivamente como um "ato" realizado por um "agente" ou de ser associada à dimensão física de tais atos (assassinato, espancamento, estupro). Pobreza e assimetria de oportunidades sociais podem, segundo essa linha de raciocínio, ser entendidas como formas de violência, ainda que não haja, nesses casos, um agente claro da violência, nem seja possível determinar exatamente um "ato" violento. A definição de Galtung reverbera ainda no conceito de "violência objetiva" de Zizek, "que não seria atribuída a indivíduos e suas intenções más, mas é puramente 'objetiva', sistêmica, anônima" (2006, p. 23).

É interessante pensar nesse aspecto "estrutural" ou "objetivo" da violência associado à experiência musical porque a vivência da situação de violência de tal forma definida pode se tornar, em certa medida, invisibilizada. Ou seja, ao deslocar a noção de violência do ato físico perpetrado por um agente, assumimos que as manifestações de assimetrias de poder impostas operam em um contínuo que exerce modos de opressão e de "supressão das potencialidades" dos indivíduos e grupos. O entorno sonoro de determinado espaço físico pode se tornar violento a partir da própria imposição acústica de certos sons que moldam o ambiente.

A escuta forçada de sonoridades e repertórios musicais, então, pode ser entendida como um ato de violência que se sobrepõe a um ambiente de violências estruturais nem sempre evidentes ou visíveis, mas em várias ocasiões, bastante audíveis. Trata-se de "um exercício de poder que não somente se revela como potência acústica, mas também como uma imposição de vontades que se exerce através de diversas práticas de dominação que afetam o espaço" (Domínguez Ruiz, 2016, p. 138).

Concebido como um elemento que se impõe no espaço físico, som é sempre um referente violento, cuja escuta forçada altera as formas de convivência e influi nos comportamentos dos indivíduos, seus corpos e afetos. A sensação de violência se intensifica a partir de impedimentos e restrições que são impostas por essa escuta indesejada, que implica também um cerceamento de voz. Ao impor o seu som, silencia-se o outro, intimidando-o a não reclamar. A intimidação através do som é uma situação que experimentamos cotidianamente. Seja no canto de uma torcida de futebol (em que a força sonora tem como objetivo "calar" a torcida rival, numa simulação fantasiosa da "morte" do outro e ocupação plena do espaço físico e sonoro em disputa) (Herrera, 2018; Marra, 2016), seja na agressividade de determinados recursos sonoros de gêneros musicais como o punk, o rap e o funk, o exercício de controle do espaço sonoro se coloca como uma manifestação de violência sobre esse espaço, acionando um poder pela força por sobre possíveis desejos alheios.

Se pensarmos nas conjunturas territoriais da propagação sonora nos espaços urbanos, a dimensão violenta do som assume nuances que são importantes para o nosso debate. O som de uma aparelhagem poderosa em uma festa jovem atua de forma violenta sobre o espaço, impondo adequações, constrições e modos de relação interpessoal que são obrigatoriamente atravessados por sua presença física e acústica. Porém, essa manifestação imposta, numa situação de festa, é normalmente *desejada* pelos participantes, o que nos aponta para uma interpretação menos rígida sobre as manifestações de poder e violência. Em outras palavras, a violência sonora insere-se em um ambiente de violência estrutural (a cidade, a festa, a vida) e não é necessariamente um componente considerado negativo pelos participantes. Determinados gêneros musicais, como o punk, por exemplo, encontram parte de seu modo de compartilhamento de ideias associada à agressividade e à violência (tanto sonora quanto lírica e até mesmo gestual nos momentos de experiência musical), sem que isso seja tomado como algo indesejável (Oliveira, 2024). Em certas canções e práticas sonoras de vários gêneros musicais, narrativas de atos violentos, ou manifestações vocais, instrumentais ou comportamentais de força física, imposição ou desqualificação fazem parte do repertório consagrado e das ideias compartilhadas que o circundam. O que estamos tentando reforçar aqui é que a prática musical é uma experiência de elaboração de ideias e trocas sobre a vida, que inclui necessariamente gradações, interpretações e experimentações de várias formas de violência. A música, como a vida, é atravessada por violências, e esse atravessamento ocorre através de negociações e elaborações do sonoro nos espaços físicos, simbólicos e sociais da existência (Dominguez Ruiz, 2015; Bieletto-Bueno, 2018).

Mover-se na cidade para as festas

Nas grandes metrópoles mundiais, nas quais bairros e populações são segregados e submetidos a ações repressoras do estado policial que invade ruas, becos, vilas e casas, aterrorizando a todos, a ameaça de violência (física) é uma constante. Como aponta Sarlo, “o medo organiza a relação com o espaço público, instalado, a partir de dados reais, por uma sinfonia televisiva que não deixa o fortíssimo, com o efeito amplificador do sensacionalismo” (Sarlo, 2014, p. 84). O medo influencia e molda a experiência urbana, e a percepção de insegurança de determinados espaços impacta a maneira como as pessoas interagem com toda a cidade. Neste contexto, o medo não se limita apenas à preocupação com a violência, pois ele também engloba outras formas de ansiedade, desconforto ou precaução diante de elementos urbanos, como áreas consideradas perigosas, situações de conflito ou até mesmo estruturas físicas que evocam sensações de insegurança.

E isso é mais intenso nas áreas "populares" de tais cidades, notadamente menos atendidas por diversos serviços públicos que incluem a presença de aparatos de segurança. Como resposta, cerceamentos físicos e simbólicos são impostos e autoimpostos a todos os habitantes (mesmo nas áreas mais ricas e nobres das cidades) através de um sentimento generalizado de medo. Numa superfície "assentada sobre desigualdades, dominação e exploração", a vida nas grandes cidades se entrincheira entre "muros, grades e blindados, traindo sensações de desconfiança, preconceito e medo" (Araújo, 2013, p. 3). As grades em muros altos que caracterizam as paisagens urbanas de nossas cidades são um elemento visível e opressivo da gestão do medo que se configura como um elemento constante dos perigos contemporâneos. Ao comentar os estabelecimentos no entorno da Avenida Caseros, em Buenos Aires, Sarlo observa a presença das grades em *todas* as casas.

> À noite, essa linha fortificada parece adequar-se aos perigos da região, mas numa tarde luminosa e despreocupada de domingo os barrotes são o anúncio do que poderia acontecer, ou do que os donos dos armazéns, mercadinhos e dos quiosques temem que aconteça se não trabalharem atrás das grades. A rua é a galeria de uma prisão, com pessoas que desconfiam umas das outras, de ambos os lados, cujos movimentos são limitados pelo fechamento duplo (Sarlo, 2014, p. 78).

O medo generalizado de irrupções de violência que parecem poder brotar de qualquer esquina é um articulador de uma violência difusa, que não se restringe ao ato de execução musical, mas transborda para toda a existência coletiva nas metrópoles. Em uma pesquisa sobre medo e violência no Distrito Federal, Trindade e Durante (2019) estabelecem uma distinção entre o medo do crime e a percepção de risco. Segundo os autores, o medo do crime é um fenômeno emocional e psicológico, condicionado por percepções de vulnerabilidades sociais e identitárias. Por outro lado, a percepção de risco seria um cálculo racional e individualizado sobre as chances objetivas de as pessoas sofrerem algum tipo de violência em determinados locais e situações. Em sua pesquisa, realizada em 2015, os autores destacam que 67% dos habitantes da capital federal sentem medo de se tornarem vítimas de algum crime, porém apenas 13% declararam já terem sido efetivamente vitimados de algum ato criminoso. Por outro lado, cerca de 85% dos entrevistados declararam condicionarem determinados hábitos de circulação urbana ao medo da violência, alterando trajetos, evitando ruas, bairros ou modos de habitar a cidade (Trindade; Durante, 2019).

Esse dado certamente é uma amostra parcial e circunscrita da percepção de medo da violência em Brasília, mas que desvela sentimentos difusos que reverberam possivelmente com índices semelhantes em diversas metrópoles latino-americanas. Se a percepção do risco da violência informa o medo da cidade, é importante pensarmos nas formas como as atividades musicais urbanas negociam, alteram e ao mesmo tempo são atravessadas pela dimensão do medo. Vale registrar que boa parte dos eventos musicais em espaços públicos ocorre no período noturno, usualmente apontado como um segmento temporal do dia percebido como mais arriscado (Trindade; Durante, 2019).

O que estamos querendo apontar aqui é que as atividades musicais urbanas são indissociáveis de uma gestão (individual e coletiva) do medo da violência, tanto nos locais nos quais elas se realizam quanto nos necessários deslocamentos das pessoas pela cidade para chegar e voltar de tais eventos. Especialmente à noite, quando o transporte público urbano normalmente é mais irregular e insuficiente, a sensação de vulnerabilidade para o trajeto entre a casa e a atividade musical se torna um ingrediente inerente a tal programa. É evidente que o medo se materializa em maior ou menor grau de acordo com os perfis sociais e identitários dos indivíduos. Uma mulher negra jovem sente-se normalmente mais vulnerável do que um homem adulto branco de boa estatura e força física. O medo da violência é entrecortado por uma avaliação bastante direta da violência física, que condiciona essa percepção. Ainda que o risco de uma abordagem armada dissolva tais demarcadores, o medo, por seu componente emocional, nem sempre é matizado e construído em cima de elementos racionais. Ao mesmo tempo, a forma como o imaginário social localiza e divide as regiões e bairros da cidade, assim como as festas e estilos musicais, também informa e constitui a dimensão do medo. Em outras palavras, apontamos que o medo de frequentar uma festa ou um show de punk ou funk tende a ser maior do que de uma festa pop ou uma roda de samba. Evidentemente, essa percepção de medo também atravessa questões raciais e geográficas, sendo o medo diminuído se a zona da cidade for habitada por setores de classes mais altas e, inversamente, aumentado se tratamos de espaços urbanos formados por moradias de populações de baixa renda.

A gestão de riscos em deslocamentos (especialmente noturnos) pelas cidades é uma constante. Moradores de várias metrópoles "conhecem" territórios mais ou menos seguros, aos quais correspondem determinados códigos de comportamento. Ao chegar a um lugar, mapeamos o ambiente a partir de diversas variáveis e a sensação de segurança é, talvez, uma das mais importantes. Nesse sentido, as favelas do Rio de Janeiro conformam um espaço não apenas de moradia de amplos contingentes de população de baixa renda, mas também por serem territórios onde o poder público tem dificuldades de garantir a segurança dos cidadãos. Territórios que são sabidamente controlados e administrados por forças paralelas do crime organizado (tráfico de drogas e milícias). É interessante, por exemplo, observar a narrativa da pesquisadora Mizrahi, em sua pesquisa sobre os deslocamentos físicos e simbólicos do artista Mr. Catra em 2010, um dos mais proeminentes cantores de funk da época. Após descrever o percurso de um desgastante deslocamento por vários bailes funk da cidade para apresentações do cantor (acompanhando seu staff no próprio veículo de transporte do artista), a autora detalha a chegada em um baile em Bangu, Zona Oeste da cidade:

> Descemos do carro, mas a noiva do DJ prefere ficar. Eu não entendo bem o porquê: se ela achou que correria perigo na festa, se foi orientada no sentido de permanecer no carro, ou se simplesmente estava cansada e por isso preferia ficar. Fico então na dúvida se eu estou autorizada ou não a descer do

> carro. Pergunto a Fred, o segurança, por onde vou, e ele diz que eu devo ficar no carro. Nesse momento Juan, amigo de Mr. Catra e morador de uma favela na Zona Norte da cidade, se aproxima de mim perguntando-me o que eu gostaria de fazer. Digo a ele que gostaria de ir junto, "se puder". Ele diz "então vamos" acrescentando que me dará "cobertura" ao seguir atrás de mim, me protegendo (Mizrahi, 2014, p. 31).

Merece destaque em sua descrição o jogo de autorizações e interdições que esse fato isolado coloca em cena no contexto de uma festa noturna em uma área considerada perigosa. O segurança entende ser mais adequado a pesquisadora não descer do carro, pois o cálculo de risco que ele realiza (provavelmente desconhecendo os meandros do espaço e as particularidades do local) indicam que a zona não é "segura". Por outro lado, o "amigo" do cantor, mais ambientado em localidades semelhantes, decide assumir a posição de "segurança pessoal" da pesquisadora, fazendo a "cobertura". Nesse curto diálogo, entrevemos jogos de medo, apreensão e gestão de risco que atravessam, em maior ou menor grau, qualquer festa; porém, tornam-se mais evidentes e amplificados em festas realizadas em zonas de altos índices de violência ou nas quais o Estado não atua como legítimo agente de segurança.

Buscando evitar uma exagerada simplificação de um processo complexo e subjetivo de negociação do medo e da percepção da violência, destacamos que tais condicionantes funcionam como tendências, mais ou menos reforçadas por uma série de elementos e discursos públicos difundidos pelas mídias de massa, redes sociais, conversas informais e relatos de pessoas próximas. Nesse sentido, o medo tende a ser mais presente quando estamos circulando por um local desconhecido, percorremos caminhos pela primeira vez ou desconhecemos códigos de comportamento específicos. À medida que passamos a frequentar determinadas festas e circuitos urbanos, a familiaridade dissolve o medo e nossos cuidados incorporados passam a configurar um conjunto de repertórios gestuais que nem sempre sequer são reconhecidos como associados à violência. Essa dinâmica é importante para a própria continuidade e popularização dos eventos musicais, que por sua vez também são programados para garantir uma percepção de segurança àqueles que deles participam.

O caso do Baile da Selva

Como é recorrente desde a década de 1990 no universo do funk, o Baile da Gaiola ganhou visibilidade nacional entre 2018 e 2019 através de notícias policiais. Inicialmente, reportagens com relatos de "confusões e tumultos"[42] começam a reforçar a já sedimentada "demonização do funk" (Herschmann, 2005) que culminou em tentativas de proibição do baile e na prisão do DJ Rennan da Penha, um dos organizadores do evento e principal responsável por essa popularização[43]. Na época, o baile reunia milhares de pessoas semanalmente na Penha, embaladas por hits do mundo funk como "Tá na Gaiola", "Vou pro Baile da Gaiola", "Vamos pra Gaiola", de MC Kevin o Chris, "Me solta", do Nego do Borel, e "Hoje eu vou parar na Gaiola", de MC Livinho e do próprio DJ Rennan da Penha. Eram canções em homenagem ao próprio baile que intensificavam sua importância simbólica no circuito de bailes da cidade. A forte repercussão midiática da prisão deste DJ associada à fragilidade da própria acusação de "apologia" foram ingredientes que permitiram sua soltura vários meses depois do arbítrio[44]. Neste período, o Baile da Gaiola foi "interditado", sendo reestruturado no pós-pandemia e rebatizado de Baile da Selva.

O baile ocorre na rua, em uma encruzilhada, ocupando cerca de quatro ruas residenciais da favela. Na rua principal, encontra-se o palco com um tradicional paredão de caixas de som. O poder do som é ingrediente importante para condicionar todas as interações interpessoais do

---

[42] Disponível em: https://g1.globo.com/rj/rio-de-janeiro/noticia/confusao-apos-baile-funk-na-penha-deixa-76-pessoas-feridas.ghtml. Acesso em: 21 jun. 2024.

[43] DJ Rennan da Penha é condenado por associação ao tráfico de drogas. **Cidade Alerta.** Rio de Janeiro, RecordTV – R7.

[44] OAB do Rio repudia prisão do DJ Rennan da Penha, idealizador do 'Baile da Gaiola'.

baile, sendo controlado pelos organizadores do baile e DJs contratados. A chegada ao baile e as dinâmicas que cercam a festa ativam alguns dos aspectos que estamos buscando apontar sobre a convivência com o medo que percorre eventos festivos urbanos em áreas públicas. Logo na entrada da área onde ocorre o baile, é possível notar a presença de um carro de polícia estacionado a cerca de 500 metros de um ponto de venda de drogas. O que separa a atividade ilícita do carro de polícia são dezenas de pequenos comércios de comida e bebida. A convivência aparentemente pacífica entre os agentes de segurança do Estado e a venda de drogas é uma particularidade das festas em zonas específicas da cidade do Rio de Janeiro, sendo uma das formas de existência e percepção da violência estrutural na cidade. No caso, trata-se de um território controlado pelo Comando Vermelho (CV), uma das facções criminosas mais antigas do país.

O que é interessante assinalar é que a sensação de segurança ou insegurança funciona de modo ambíguo conforme nos aproximamos da área do baile. Estar em um território do Comando Vermelho significa agir preferencialmente de acordo com determinadas normas instituídas que não são explícitas e precisam ser aprendidas. Especificamente, é necessário ter atenção a gestos, palavras ou até mesmo indumentária que possam fazer referência a organizações criminosas rivais. O grupo em que estávamos recebeu algumas instruções de amigos mais experientes nos meandros do baile e nos orientavam, por exemplo, a respeitar rigidamente "o minuto de silêncio", momento assinalado pelo DJ para prestar homenagem aos "irmãos" falecidos. Além disso, as diretrizes incluíam a proibição de capturar imagens em vídeo ou foto, empregar termos como "a gente", bem como fazer o gesto de três dedos, pois ambos aludiam aos símbolos associados ao Terceiro Comando Puro (TCP), uma facção criminosa adversária ao Comando Vermelho. Em síntese, o descumprimento dessas normas poderia resultar em sermos percebido pelos "donos" do espaço como intrusos em seu território.

Como em qualquer festa, algum grau de familiaridade e receptividade é importante para que as pessoas desfrutem do momento de lazer. No caso de bailes funk (ou sonorizados com outros repertórios musicais) controlados por organizações criminosas, as violências entrecruzadas podem criar um ambiente que ative de modo mais direto a sensação de medo e insegurança. Uma de nossas entrevistadas, de 22 anos, moradora de outro bairro na Zona Norte da cidade, relatou o seguinte:

> Fui apenas uma vez para o baile, era o antigo Baile da Gaiola. Última e única vez porque fiquei desesperada... Muito cheio, muita arma e, no dia, teve tiros. Traumatizei e nunca mais fui em nenhum, pois cheguei à conclusão de que não é o meu lugar, não é o meu ambiente.

Não é difícil imaginar que alguém não habituado aos códigos relacionados ao crime organizado tenha menos propensão a se ambientar adequadamente em um baile repleto de pessoas armadas ou sujeito a uma operação policial violenta. O baile é um evento noturno que começa na madrugada (o espaço enche um pouco depois de meia-noite e os shows principais ocorrem depois das 3h ou 4h da manhã) e se estende até 9h ou 10h da manhã seguinte. O processo de ambientação na chegada no baile para os que não são do local pode levar certo tempo e ser atravessado pelo medo. Pode ocorrer como narrado pela entrevistada, mas a administração das sensações de segurança e insegurança pode ser feita com outros resultados. Outra entrevistada, da mesma faixa etária e também não residente na região da Penha, descreveu um processo de ambientação distinto e mais amigável:

> No início, eu não consegui prestar atenção nas músicas porque estava curiosa e com medo demais para me importar com o som. Eu me perguntava toda hora como as pessoas não se importavam com o ambiente cercado por pessoas armadas. Isso pra mim era muito intimidador. Os grupos faziam uns trenzinhos pra passar pelo baile e eu me arrepiava. Mas aos poucos eu via que os outros não se incomodavam. Quando fui me familiarizando, comecei a me sentir parte daquele lugar.

> Fiquei animada. O som parecia ter domínio que entrava no meu corpo e me desliguei das armas. Foi ótimo!

O corpo que se move e se deixa levar pelo som intenso e irradiante dos paredões é um elemento-chave no processo de gestão do medo. E é o corpo amedrontado que suplanta os limites afetivos da interdição do sentimento de medo e é capturado pelas sonoridades envolventes do funk e pelo ambiente do baile. Nesse sentido, é importante pensar em um jogo de medo que é atravessado também por ingredientes de sedução pela festa funk, ativando a força do funk no imaginário cultural da cidade e do país em um emaranhado de afetos que inclui o medo, mas que convive com a intensa sedução do baile funk (Costa, 2024). O Baile da Gaiola – posteriormente Baile da Selva – é um ambiente diversificado, e durante o período da festa modos distintos de visibilização e invisibilização da centralidade do tráfico de drogas em sua organização são experimentados. O referido "minuto de silêncio" é um deles, no qual o respeito a traficantes assassinados é exigido de todos os participantes, mesmo os que tenham alguma interpretação mais crítica sobre o tráfico. Nesse momento, é também através da gestão do som (e do silêncio) que o poder do controle exercido com violência é imposto no contexto da festa. Inversamente, o som exageradamente alto do paredão do som é também um elemento que determina quem será ou não escutado, assim como determina algumas formas de comunicação entre os presentes (menos verbal e mais gestual e corporal).

O baile, assim, pode ser entendido como um espaço atravessado por violências cuja percepção oscila entre uma forte presença ou algo adjacente à alegria da festa. Nesse jogo de aparições incisivas (como no "trenzinho" de traficantes fortemente armados no meio da pista de dança) e de mascaramentos, o território do baile se constitui de momentos de maior ou menor apreensão e medo. Essa dinâmica ressoa em outros bailes que performam um imaginário compartilhado de violências e tensões sociais. Facina e Palombini (2017, p. 348), ao comentar o repertório do Baile da Chatuba na primeira década do século XXI, destacam que os elogios à mesma facção criminosa integravam um tipo de "cultura territorial em que identidades se elaboram com referência ao Comando Vermelho", acrescentando que tal valoração lírica e semântica nas letras não necessariamente implica adesão a práticas criminosas, mas "a afirmação do local e do compartilhamento da experiência de viver um cotidiano neurótico, marcado pela violência armada e violações diárias de direitos" (Facina; Palombini, 2017, p. 348). Das frestas do ambiente festivo, eventualmente, irrompem ameaças violentas e recordações de várias violências entrecruzadas que circulam pela atmosfera da Selva. O baile se faz e refaz nesse jogo contraditório, mas cativante, que agrega violências e catarses, medo e sedução.

Figura 1 – Cartaz do Baile da Selva
(destaque para DJ Rennan da Penha)

Fonte: X (antigo Twitter)

Figura 2 – Edição de festa Junina do Baile da Selva

Fonte: X (antigo Twitter)

Festa e território entre medos e encantos

Os territórios que compõem as favelas, sobretudo no contexto carioca, são múltiplos. Cada espaço é permeado por uma teia de elementos que refletem a diversidade e a intensidade da vida nas favelas. Ao adentrarmos esses locais, deparamo-nos com uma profusão de atividades e funções que se entrelaçam de maneira singular. O cenário das favelas é composto não apenas de residências, mas também de um emaranhado de comércios locais, desde pequenas mercearias até estabelecimentos mais especializados, além da presença marcante de centros religiosos de diferentes credos. Como afirma Haesbaert, "o território, como espaço dominado e/ou apropriado, manifesta hoje um sentido multi-escalar e multi-dimensional que só pode ser devidamente apreendido dentro de uma concepção de multiplicidade, de uma multiterritorialidade" (2004, p. 19).

O baile funk reformula esse espaço. As ruas são tomadas por pessoas e barraquinhas de bebidas e alimentos, a música em alto volume condiciona as interações, e a intensidade do trânsito de carros e motos é multiplicada. Nesse ambiente polifônico, o tráfico de drogas também se faz presente, lançando uma sombra sobre a vida cotidiana e a dinâmica social. A experiência concreta de uma visualidade violenta (armas, interdições, códigos de conduta regulados pelo tráfico) ressoa décadas de uma intensa associação entre funk e violência que povoa o imaginário midiatizado sobre o gênero. Como consequência, o medo se torna um ingrediente inescapável do deslocamento até os bailes, da chegada e da própria vivência festiva. Porém, como pudemos ler anteriormente, diversos relatos apontam para a dissolução do medo a partir do engajamento corporal no contexto do baile, uma familiarização progressiva que permite o deleite da música e da festa.

Ao sublinhar as dimensões da violência e do medo como constitutivas do Baile da Selva, não queremos reverberar a condenação acrítica e preconceituosa sobre o gênero. Ao contrário, tentamos contribuir para um aprofundamento sobre as dimensões variadas em que o funk se faz presente na vida cotidiana das cidades (com destaque para sua cidade natal, o Rio de Janeiro), afastando-nos também de uma tendência de apagamento da questão da violência em diversos trabalhos sobre o gênero. Os territórios dos bailes abarcam festas de clubes para classe alta e bailes gratuitos nas ruas das favelas, muitos deles controlados por traficantes ou milicianos e sujeitos a incursões das polícias estaduais cada vez mais violentas. Nesse sentido, ignorar a violência ou o sentimento de medo e de insegurança que percorre os momentos de diversão e deslocamento para os bailes é, no nosso entender, mascarar aspectos constitutivos do funk na(s) cidade(s). A força cultural e política do funk ocorre de modo contraditório a partir de um território simbólico que articula a violência de maneira bastante direta, sendo o ingrediente do medo um dos elementos que estruturam os bailes, mas que, de modo algum, anulam a sedução e o encanto da festa como atividade social, cultural, política e de resistência.

Referências

ARAÚJO, Samuel; MUSICULTURA. Conflict and violence as theoretical tools in presente-day ethnomusicology. *Ethnomusicology*, v. 50, n. 2, p. 287-313, 2006.

ARAÚJO, Samuel. Entre muros, grades e blindados: trabalho acústico e práxis sonora na sociedade pós-industrial. *El Oído Pensante*, v.1, n. 1, p. 1-15, 2013.

BATISTA, Carlos Bruce. *Tamborzão*: olhares sobre a criminalização do funk. Rio de Janeiro: Ed. Revan, 2013.

BIELETTO-BUENO, Natalia. De incultos y escandalosos: ruído e clasificación social en el México postrevolucionario. *Resonancias*, v. 22, n. 43, p. 161-78, 2018.

COSTA, Beatriz. *Vem pra Selva, vem*: medo e sedução nos territórios do funk carioca. Dissertação (Mestrado em Comunicação) – Universidade Federal Fluminense, Niterói, 2024.

DOMINGUEZ RUIZ, Ana Lidia. Ruído: intrusión sonora y intimidad acústica. *InMediaciones de la Comunicación*, v. 10, n. 10, p. 118-130, 2015.

DOMÍNGUEZ RUIZ, Ana Lidia. Vivir juntos, vivir con otros: proximidad sonora y conflicto social. *Letra. Imagen. Sonido L.I.S*, ano VIII, n. 15, p. 129-145, 2016.

FACINA, Adriana; PALOMBINI, Carlos. O patrão e a padroeira: momentos de perigo na Penha, Rio de Janeiro. *Mana*, v. 23, n. 2, p. 341-370, 2017.

FACINA, Adriana. "*Não me bate doutor*": funk e criminalização da pobreza. Comunicação apresentada no V Enecult, Salvador-BA, 2009.

GALTUNG, Johan. Violence, peace and peace research. *Jourinal of Peace Research*, v. 6, n. 3, p. 167-191, 1969.

HAESBAERT, Rogério. *O mito da desterritorialização*: do "fim dos territórios" à multiterritorialidade. Rio de Janeiro: Bertrand Brasil, 2004.

HERRERA, Eduardo. Masculinity, violence and deindividuation in Argentine soccer chants. *Ethmonusicology*, v. 62, n. 3, p. 470-499, 2018.

HERSCHMANN, Micael. *O funk e o hip hop invadem a cena*. Rio de Janeiro: Editora UFRJ, 2005.

LOPES, Adriana Carvalho. "*Funk-se quem quiser*": no batidão negro da cidade carioca. Tese (Doutorado em Linguística) – Departamento de Linguística, Unicamp, Campinas 2010.

MARRA, Pedro. *Vou ficar na arquibancada pra sentir mais emoção*. Tese (Doutorado em Comunicação) – Universidade Federal Fluminense, Niterói, 2016.

MIZRAHI, Mylene. *A estética funk carioca*: criação e conectividade em Mr. Catra. Rio de Janeiro: 7Letras, 2014.

NOVAES, Dennis. *Funk proibidão*: música e poder nas favelas cariocas. Dissertação (Mestrado em Antropologia) – Universidade Federal do Rio de Janeiro, Rio de Janeiro, 2016.

OLIVEIRA, Hellen Cristina Silva de. *Me encontro no incômodo*: a produção de sentidos da violência a partir do movimento punk. Tese (Doutorado em Sociologia) – Instituto de Estudos Sociais e Políticos, Universidade do Estado do Rio de Janeiro, Rio de Janeiro, 2024.

SARLO, Beatriz. *A cidade vista*: mercadorias e cultura urbana. São Paulo: Martins Fontes, 2014.

TRINDADE, Arthur; DURANTE, Marcelo. Medo do crime e vitimização no Distrito Federal. *Revista Dilemas*, v. 12, n. 2, p. 239-265, maio-ago. 2019.

ZIZEK, Slavoj. *Sobre la violéncia*: seis reflexiones marginales. Buenos Aires/Barcelona: Paidós, 2006.

Emergência de corpos disfóricos na cidade do Rio de Janeiro nas territorialidades sônico-musicais construídas pela Cena Ballroom Carioca

Micael Herschmann
Cíntia Sanmartin Fernandes

E as ruínas, apesar de tudo,
são melhores que o capitalismo
(Preciado, 2023, p. 33).

Introdução

Os desafios que se colocam aos pesquisadores não são poucos, especialmente para aqueles associados à Teoria Ator-Rede que acreditam que para analisar de maneira mais robusta e detalhada as dinâmicas e os aspectos mais subterrâneos da vida social – para além das considerações ofertadas pelas categorias sociais reducionistas e as visões de mundo e preconceitos estabelecidos (especialmente de quem se debruça sobre o/a/s sujeito/a/s de pesquisa) – seria necessário sair regularmente das zonas de conforto dos laboratórios e gabinetes dos grupos de pesquisa, conseguindo assim gerar alguma inovação nos conhecimentos, para além do mais canônico e/ou perceptível/visível.

Nesse sentido, a aposta na investigação cartográfica que alicerçou as reflexões apresentadas aqui[45] é a de que é necessário dar tempo para

[45] Nesse sentido, a partir desta pesquisa – que envolveu inúmeras observações de campo, conversas informais e entrevistas semiestruturadas, levantamento de matérias que circulam em diversos meios de comunicação e narrativas postadas que vêm sendo encontradas nas redes sociais e que no seu conjunto oferecem oportunidades para problematizar a expansão e os limites da democracia na cidade do Rio de Janeiro – buscou-se seguir os rastros dos atores (humanos e não humanos) associados à Cena Ballroom

se desacelerar – praticando o que Latour denominou uma *Lento-ciologia* – e assim ser capaz de alguma maneira de seguir os rastros dos atores humanos e não humanos em suas fugazes associações (Latour, 2012)[46]. Neste sentido, Latour reconhece a dificuldade de colocar em prática os protocolos de pesquisa adotados pela Teoria Ator-Rede (tomada aqui como principal referência teórico-metodológica) especialmente porque os vínculos sociais estudados são em geral evasivos.

> O social tomado como um sólido (como essencialidade) perde sua capacidade de associar-se. Ao mesmo tempo, tomado como um fluido, tende a desaparecer: relampeja brevemente no momento fugaz das associações. Os vínculos sociais são só rastreáveis quando estão se modificando, em movimento, em agregações e tensões. [...] Quando estamos num mundo que deixa de ser rastreável corremos o risco de ser seduzidos pelos atalhos das categorias totalizantes [...] (Latour, 2012, p. 230).

Vale salientar ainda que, para além das dificuldades de "cartografar as controvérsias" (Latour, 2012) e rastrear as fugazes associações dos atores, é precisar levar em conta que muitas vezes a pouca visibilidade desse/a/s sujeito/a/s de pesquisa e suas iniciativas podem ser resultado também de um posicionamento ou mesmo uma opção de seguir estrategicamente na condição de clandestinos, alternativos e independentes

---

Carioca, visando construir uma *cartografia das controvérsias*, a qual fosse capaz de abrir as "caixas pretas" (Lemos, 2013) desse contexto. Expressa-se aqui o agradecimento não só aos bolsistas de iniciação científica que nos auxiliaram com o levantamento do material de pesquisa analisado aqui, mas também a CAPES, CNPq e FAPERJ pelo apoio concedido a esta investigação.

[46] Seguindo os rastros das reagregações desta cena nos últimos anos e na condição de pesquisadores-formigas associados à Teoria Ator-Rede, buscou-se construir aqui uma *cartografia das controvérsias* (Latour, 2012; Lemos, 2013), repensando as articulações e tensões que seguem se intensificando nessa metrópole nos últimos anos, especialmente nos eventos sonoros-musicais realizados nos espaços públicos. Tensões que envolvem: por um lado, a cidade do medo, das intervenções urbanas, da velocidade, da saturação e impessoalidade, dos grandes espetáculos e megaeventos, isto é, a cidade do planejamento tecnocrático, do medo e do privilégio da lógica funcionalista e financeira. E, por outro, a cidade que persevera e persiste apesar de tudo, ou seja, a urbe das dinâmicas implementadas pelos atores no cotidiano, os quais constroem e atualizam uma "metrópole dos encontros, afetos e compartilhamentos", fazendo emergir situações prazerosas e desaceleradas marcadas por significativas sociabilidades, que permitem aos habitantes da urbe ressignificarem cotidianamente as experiências urbanas.

em relação ao mainstream local.[47] Portanto, nem sempre a pouca visibilidade dos temas analisados decorre de equívocos teórico-metodológicos cometidos pelos pesquisadores: com frequência isso pode ocorrer também em razão das "astúcias e táticas" (De Certeau, 1998) que são empregadas pelos atores com o objetivo de continuarem (re)existindo de maneira mais opaca (Fernandes *et al.* 2022; Herschmann; Fernandes, 2023), especialmente em contextos caracterizados pela polarização política, ampliação da desinformação e pelos altos índices de variadas formas de violência sofridas pelas minorias. No caso desta investigação da Cena Ballroom Carioca, identificou-se uma oscilação entre momentos em que esses corpos não binários se refugiavam na opacidade (em função de uma violência social muito presente no cotidiano); e outros nos quais se sentiam mais seguros e capazes de se colocar em alta visibilidade e em convívio (e até controvérsias) com diferentes públicos, exibindo performances que seguem desnaturalizando gêneros e suas "performatividades binárias" (Butler, 2019).[48]

[47] A opção pela opacidade e informalidade, ainda que implique em grandes desafios (a escassez de alvarás para as variadas iniciativas pode levar a tensões recorrentes com os agentes de segurança pública), é encarada muitas vezes pelos atores como uma opção pela liberdade (e autonomia), capaz de gerar sustentabilidade e benefícios socioeconômicos aos envolvidos direta e indiretamente. É importante sublinhar que no Brasil em geral estivemos historicamente muito distantes da constituição de um Estado de Bem-Estar Social. Portanto, pode-se afirmar que há uma descrença generalizada entre a população no possível "retorno" proporcionado pela aplicação dos impostos recolhidos e/ou pela implementação de políticas públicas democráticas nas localidades (Cunha, 2006). Nesse sentido, o conceito de informalidade seria positivado na medida em que permite ultrapassar certas dicotomias, tais como a clivagem entre relações econômicas e relações sociais, bem como entre legalidade e ilegalidade. Outro aspecto a ser considerado é que as atividades consideradas informais muitas vezes deixam de ser vistas como um problema a ser superado pelos envolvidos e passam a ser consideradas uma espécie de "modelo alternativo" a contextos históricos e econômicos de grande desigualdade social estabelecidos nas sociedades capitalistas de perfil neoliberal (Cunha, 2006).

[48] Ao longo da cartografia das controvérsias construída, foi problematizada pelos pesquisadores envolvidos a necessidade de se respeitar – de maneira ética – o "direito dos atores à opacidade", isto é, a necessidade de ter cuidado ao divulgar certas informações deste universo cultural de modo a não colocar em risco esses corpos não binários.

Re-existindo no *trouble*

Em um livro seminal, elaborado no auge da pandemia de Covid-19, Preciado identifica um amplo e crescente conjunto de processos complexos de disforia no globo (e não apenas a presença na atualidade de casos isolados de transmetamorfose de gênero). Esse autor, em *Dysphoria Mundi*, analisa conceitualmente a relevância do *devir trans* do mundo: assim, em diálogo com as obras relevantes de Haraway (2020), Mons (2023) e Butler (2019), ele sublinha o crescente mal-estar com o aumento do *trouble* no mundo contemporâneo. De certa forma, esses autores postulam que já viveríamos no *trouble* e que só restaria enfrentar ou seguir com o problema (para não cair em uma perspectiva sombria ou mesmo distópica). Isto é, o *trouble* emergiria para Preciado como sintoma da crise do "capitalismo e do poder petrossexorracial" (Preciado, 2023) e, ao mesmo tempo, como uma opção pela "dissidência" (Rancière, 1996) do agonizante projeto (neo)moderno, que inclusive ganha algum fôlego com as teorias aceleracionistas atuais (Danowski; Viveiros de Castro, 2017). Para ele, a *dysphoria mundi* seria uma espécie de *brecha*, uma falha entre dois regimes epistemológicos: entre o *regime petrossexorracial* herdado da modernidade ocidental e um novo regime ainda balbuciante que se forja através de atos de crítica e desobediência política.[49] Nesse sentido, também para Mons, o mundo neomoderno se desnaturalizou

[49] Viveríamos em "Tempos de Urgências" (Fernandes *et al.*, 2022), ou melhor, como assinala Paul B. Preciado, em um contexto já muito debilitado: pelo capitalismo extrativista global, pela destruição ecológica e pela violência sexual e racial, pela imigração forçada e sua criminalização, pelo envenenamento plástico e radioativo, pela precariedade das condições de vida que acompanha as crises climática e política. Em outras palavras, sobreviveríamos em um contexto marcado pela mutação, no qual as tecnologias de produção e reprodução da vida estão mudando radicalmente: monopólio e desregulação da internet, desenvolvimento da inteligência artificial, biotecnologia, modificação da estrutura genética dos seres vivos, viagens extraterrestres, ampliação da robotização do trabalho, gestão desigual e desregulamentada do *big data*, extensão das tecnologias nucleares, controle químico da subjetividade (com a presença mais marcante da indústria farmacológica) etc. Assim, por um lado, enfrentamos um recrudescimento das formas de controle, do capitalismo cibernético e da guerra. E, por outro – e é aqui que a incerteza se torna produtiva e transformadora –, fica cada vez mais evidente que as instituições e formas de legitimação patriarcal, sexual e racial do antigo regime vêm desmoronando e, ao mesmo tempo, aparecem novas forma de luta, tais como: Black Lives Matter, Me Too ou Ni Una a Menos, entre outras (Preciado, 2023).

e vem sendo contaminado gradualmente pelo *trouble*: os processos mais visíveis disso se evidenciam pela proliferação de perturbações, diferenças e (trans)metamorfoses no cotidiano. Muitos atores querem escapar das sociedades atuais superprogramadas, desiguais e imperfeitas, preferindo apostar em "(re)existir" (Fernandes *et al.*, 2022) enfrentando os grandes desafios ou "seguindo com o problema" (Haraway, 2020), os quais claramente se ampliam intensamente hoje. Preciado e Mons identificam um devir e até movimentos *trans* que articulam entidades viventes humanas e não humanas, envolvendo espécies, gêneros, sexos e modos de vida: de certa maneira, o *trouble* para ele promoveria tensões e alterações que abrem a possibilidade de reapropriações sensíveis do mundo (Preciado, 2023; Mons, 2023).

Seguindo de certa forma essa linha de interpretação, Butler (2018, 2019) também sugere que, tendo em vista o fato de o mundo hoje se encontrar claramente ameaçado de destruição, grande parte da população do planeta – e seus corpos precarizados – vem se organizando em iniciativas mais amplas de dissenso (que reúnem esses corpos minoritários em aliança), ou seja, em "levantes" (Didi-Huberman, 2017) mais interseccionais. De certa maneira, Mons (2023) e Preciado (2023) identificam no *devir trans* processos de *contaminação* de uma perspectiva mais fluida e transformadora – capaz de contribuir na construção de um *mundo porvir* possível e heterotópico (Harvey, 2004) – do que boa parte das lutas identitárias: que tendem a dividir as minorias mais vulneráveis em inúmeros grupos e agendas políticas, enfraquecendo o *front* contra o capitalismo extrativista global (Preciado, 2023). Em outras palavras, esses autores sugerem que a ampliação, reconhecimento e legitimação do *trouble* pelos atores poderia contribuir para a aproximação e articulação de diferentes minorias, as quais formariam levantes e dissidências mais robustas.

Assim, neste artigo buscamos analisar o crescimento da "cena" (Straw, 1991) Ballroom Carioca, que se iniciou na segunda metade da década de 10 do século XXI e ganha mais visibilidade recentemente em espaços públicos e híbridos da cidade do Rio de Janeiro (tais como praças, jardins, museus, universidades e centros culturais) como parte de um *movimento trans*, que contribui de certa maneira para a construção de uma cidade mais inclusiva e democrática, mesmo em um período marcado pelo crescimento da extrema direita no Brasil e em diferentes partes do globo[50] e pelo emprego generalizado de "necropolíticas" (Mbembe, 2018) neoliberais.

> Costumo dizer que neste país de tendências conservadoras só tive coragem de transicionar por causa da força da Cena Ballroom. Porque a gente precisava enxergar o nosso próximo, para ser reconhecido e fortalecer nossas práticas nas instituições. As performances deram visibilidade ao movimento e tiveram não só um efeito educativo, mas também alteraram a percepção de parte da sociedade.[51]

Como indicamos em publicações anteriores (Fernandes *et al.*, 2022; Herschmann; Fernandes, 2023), a despeito deste contexto caracterizado pela ampliação da atmosfera de medo e de ódio, vem ocorrendo também a intensificação dos levantes e reações, especialmente dos ativismos culturais ou "artivismos": isso tem ficado mais evidente em função da forte

[50] Esse comentário vai na linha de argumentação do que sugerimos na coletânea *Artivismos Urbanos* (Fernandes *et al.*, 2022): Se na primeira década do século XXI muito se comentou a respeito dos ocupas, das primaveras, dos levantes e, de modo geral, das iniciativas dos movimentos sociais progressistas, nessa última década (especialmente nos últimos anos) muitas lideranças se surpreenderam com a ascensão rápida de grupos conservadores e radicais, a qual gerou consternação e mobilizações entre diferentes atores: vários deles ligados ao universo plural da arte. Boa parte das reações e iniciativas protagonizadas por setores progressistas – colocadas em cena por meio de performances e linguagens estéticas – buscou evidenciar e debater a rápida precarização dos direitos das minorias, trabalhistas, políticos e civis, bem como enfrentar as xenofobias e a ofensiva reacionária voltada às dissidências e minorias raciais, de classe e de gênero. Diante desse cenário, não era mais possível seguir afirmando que essas manifestações se constituíam em ações de grupos isolados ou que ocorriam somente em regiões marcadas por regimes menos democráticos. No Brasil, talvez o que mais chocou e/ou chamou a atenção – além do movimento antivacina, das manifestações bolsonaristas (sempre muito ruidosas e intimidadoras em alguns centros urbanos) e das estratégias claras de desmonte das áreas de Saúde, Cultura, Educação e de Ciência & Tecnologia – foram as práticas de censura e repressão às "expressões artivistas" que buscaram de algum modo denunciar especialmente as necropolíticas praticadas pelos poderes conservadores do país (mais detalhes, conferir: Fernandes *et al.*, 2022).

[51] Entrevista realizada pelo site *Mare de Notícias* com a coreógrafa e dançarina Lua Brainer da casa CaZul, Rio de Janeiro, 15 de julho de 2020 (disponível em: https://youtu.be/XXhVN5An4tw. Acesso em: 30 jan. de 2024).

presença de movimentos de resistência, tais como Marcha Trans e Travesti do RJ, Carnalula, Mulheres contra Bolsonaro, Nenhuma a Menos, Quem Mandou Matar Marielle, entre outras iniciativas progressistas, as quais têm mobilizado intensamente os atores nos últimos anos, especialmente do universo queer (Herschmann; Fernandes, 2023).

Na trilha das reflexões e considerações feitas por Butler (2019) – no seu debate com Hooks (1991) –, parte-se do pressuposto aqui de que a Cena Ballroom não se constitui em processos que apenas tendem a reproduzir elementos culturais do mainstream: de fato, quando observamos as práticas culturais e performances dos atores trans nos eventos analisados nesta pesquisa, constatamos que eles tendem a embaralhar fronteiras da cultura do establishment, tal como se processa com outros movimentos e expressões culturais que agenciam elementos da cultura pop, marcada em geral por grande dinamismo (embora isso nem sempre seja percebido pelas avaliações mais apressadas e esquemáticas): ou seja, é preciso atentar que esses atores também tensionam e se apropriam criativamente dos signos do universo mais institucionalizado, ampliando direta e indiretamente a percepção do *trouble* no cotidiano da cidade. Nesse sentido, Pereira de Sá e Paulo (2019) vão ao encontro dessa interpretação ao compreender a produção desta cena não somente como uma imitaçao ou reprodução irrefletida de performances prontas e extraídas da cultura midiática, mas identificando nela a criação de coreografias e dinâmicas de agenciamento de elementos culturais globais que vão dialogar com os aspectos identitários e locais, as quais têm possibilitado colocar em pauta (com significativo interesse do público) demandas importantes e legitimar valores e estilos de vida (Herschmann *et al.*, 2016).

Em resumo, vale salientar que se parte do pressuposto de que os corpos trans em performances vêm contribuindo nos últimos anos, de maneira relevante, nos processos de ressignificação do imaginário urbano carioca, proporcionando a construção de uma ambiência um pouco mais intercultural. Nesse sentido, o que nos interessa sublinhar aqui são as decorrências geradas pela presença desses corpos disfóricos precarizados na cidade do Rio de Janeiro, os quais, em função da sua atuação performática crescente nos espaços públicos e/ou híbridos dessa localidade – seja em áreas do Centro (como a Praça Mauá e Jardins do Aterro do Flamengo), museus (tais como o MAM, MAR e MUCAB), casas de espetáculo ou mesmo em centros culturais (como o Centro de Coreografia da Cidade do RJ)[52] –, vêm afetando e erigindo "ambiências" (Thibaud, 2015) e "(multi)territorialidades" (Haesbert, 2010) urbanas locais razoavelmente seguras (em um contexto bastante adverso),[53] que vêm permitindo, apesar de tudo, esboçar a (re)construção de uma urbe mais aberta, dissidente e democrática (Sennett, 2018).

> Se não temos voz a gente já era, podendo estarmos mortos num futuro próximo. Portanto, a gente está lutando diariamente para estar aqui [...]. Teve um tempo em que eu e várias colegas trans reclamávamos que a gente não conseguia nem sair de casa por causa de tanta transfobia. A população não entendia as nossas questões enquanto corpos não binários. Mesmo dentro da favela, atualmente, isso continua acontecendo. Não podemos romantizar porque a transfobia acontece diariamente [...]. Ainda hoje é tudo muito difícil, mas é preciso reconhecer que ocorreram alguns importantes avanços, pois há mais reconhecimento dos nossos direitos.[54]

---

[52] CASTRO, Mayra. Bailes de Vogue fazem sucesso na cidade, ganhando palcos na Lapa, em museus e até na Câmara. **O Globo**, Rio de Janeiro, 2 jul. 2023 (disponível em: https://oglobo.globo.com/rio/noticia/2023/07/conheca-a-cena-ballroom-no-rio-que-exalta-cultura-queer.ghtml. Acesso em: 4 fev. 2024).

[53] Conforme o relatório de 2021 da Transgender Europe, que monitora dados globalmente levantados por instituições trans e LGBTQIAPN+, 70% de todos os assassinatos registrados no mundo aconteceram na América do Sul e Central, sendo quase 33% deles no Brasil. Mais detalhes ver: PINHEIRO, Ester. Há 13 anos no topo da lista, Brasil continua sendo o país que mais mata pessoas trans no mundo. *Brasil de Fato*, São Paulo, 23 jan. 2022 (disponível em: https://www.brasildefato.com.br/2022/01/23/ha-13-anos-no-topo-da-lista-brasil-continua-sendo-o-pais-que-mais-mata-pessoas-trans-no-mundo. Acesso em: 2 fev. 2024. Segundo também o Dossiê Assassinatos e Violências contra Travestis e Transexuais Brasileiras divulgado pela ANTRA (Associação Nacional de Travestis e Transexuais), 131 pessoas trans foram assassinadas no Brasil em 2022. Mais detalhes ver: VASCONCELOS, Caê. Pelo 14º ano, o Brasil é país que mais mata pessoas trans. **UOL Notícias**, São Paulo, 26 jan. 2023 (disponível em: https://noticias.uol.com.br/cotidiano/ultimas-noticias/2023/01/26/mortes-pessoas-trans-brasil-2022.htm?cmpid=copiaecola. Acesso em: 13 fev. 2024).

[54] Entrevista realizada pelo site *Mare de Notícias* com Lua Brainer, Rio de Janeiro. 15 de julho de 2020 (disponível em: https://youtu.be/XXhVN5An4tw. Acesso em: 30 jan. 2024).

Tendo em vista esse último comentário de Lua Brainer, podemos fazer algumas breves observações sobre a história da luta trans na cidade do Rio de Janeiro. Ainda que a Turma OK (fundada no Rio de Janeiro nos anos de 1960) seja o primeiro coletivo trans de que se tem registro na história do Brasil, foi apenas em 2004, com a institucionalização do Dia da Visibilidade Trans (em 29 de janeiro de 2004), que efetivamente começam a haver grupos dissidentes (com movimentos e associações) amplamente organizados que, inclusive, conseguem pressionar de forma mais efetiva por políticas públicas mais progressistas.[55] Apesar das importantes conquistas das últimas décadas, o quadro segue ainda bastante adverso (Oliveira, 2018): segundo a União Nacional LGBT (https://www.facebook.com/unalgbt/?locale=pt_BR), o Brasil é um dos países com os maiores índices de mortalidade desse segmento da população, tanto que uma pessoa transgênero que vive aqui tem uma expectativa de vida de apenas 35 anos, em média.[56] Poder-se-ia afirmar que, depois de um período de lento debate nessa urbe, nota-se mais recentemente a emergência de um contexto de ampliação da visibilidade e movimentos mais inten-

[55] A partir desta data o Ministério da Saúde começou a formalizar o compromisso para a saúde da população gay, lésbica, bissexual, de travestis e transgêneros com a criação de um Comitê Técnico. Poucos anos depois (em 2006) o Sistema Único de Saúde passou a aceitar o uso do nome social, ou seja, aquele pelo qual travestis, transexuais e transgêneros querem ser chamados(as), em qualquer serviço da rede pública de saúde. A partir de duas portarias do Ministério da Saúde, 1 707 e 457 de 2008, passa-se também a ter o reconhecimento da orientação sexual e da identidade de gênero, que se tornam determinantes dentro da saúde. O atendimento a pessoas trans passou a ser realizado através de uma rede de acolhimento com uma equipe multidisciplinar de psicólogos, endócrinos e cirurgiões para realizar processos transexualizadores. Um ano depois é criada também a Rede Nacional de Pessoas Trans do Brasil (REDETRANS), com o objetivo de fortalecer políticas públicas governamentais nas três esferas para atender a diferentes demandas desses atores. Poder-se-ia mencionar ainda com destaque na agenda de luta o fato de que em 2018 o Supremo Tribunal Federal autorizou que pessoas trans possam mudar de nome e gênero diretamente no cartório, através de um procedimento mais simplificado e menos burocrático (sem precisar mais obter autorização judicial: assim, em função desta decisão do STF, a alteração nos documentos passou a ser feita sem a exigência de mudanças físicas ou mesmo de laudos médicos).

[56] Segundo dados divulgados pelos atores através das suas associações, a enorme violência social – inclusive aquela institucionalizada –, além das grandes dificuldades para se inserir no mercado de trabalho e/ou de obter assistência social e de saúde, estão entre os principais fatores que explicam a baixa expectativa de vida. Mais detalhes ver: PINHEIRO, Ester. Há 13 anos no topo da lista, Brasil continua sendo o país que mais mata pessoas trans no mundo. *Brasil de Fato*, São Paulo, 23 jan. 2022 (disponível em: https://www.brasildefato.com.br/2022/01/23/ha-13-anos-no-topo-da-lista-brasil-continua-sendo-o-pais-que-mais-mata-pessoas-trans-no-mundo. Acesso em: 2 fev. 2024).

sos em defesa e reconhecimento dos direitos dos atores trans no país,[57] no qual o artivismo da Cena Ballroom cumpre um papel significativo colocando em cena outros "códigos sociais e estilos de vida" (Herschmann *et al.*, 2016).

Assim, buscando repensar a relevância dessa cena cultural subterrânea na cidade do Rio de Janeiro, temos procurado construir uma "cartografia das controvérsias" sensível das territorialidades (Herschmann; Fernandes, 2023) erigidas pelos envolvidos direta e indiretamente com o universo da cultura ballroom – e não exatamente elaborar uma pesquisa de perfil etnográfico (que se propusesse a fazer uma descrição densa e apresentasse detalhadamente esse universo cultural) – a qual leve especialmente em conta não só as principais polêmicas envolvendo esses "corpos disfóricos" (Preciado, 2023, 2018), precarizados e muito vulneráveis (em um contexto de crescimento da violência e do conservadorismo no país), mas também através do que Latour chamou de uma "lento-ciologia" (Latour, 2012). Nesse sentido, temos procurado também seguir arduamente os rastros como pesquisadores-formigas, acompanhando as "táticas e astúcias urbanas" (De Certeau, 1998) performáticas desses atores, isto é, analisando a sua capacidade de construir interseccionalidades e propor dissidências, gerando de certa maneira novas "partilhas do sensível" (Rancière, 2009) nos imaginários dessa localidade.

[57] Após um período muito difícil durante os governos Temer e Bolsonaro, representantes da Associação Nacional de Travestis e Transexuais (ANTRA), responsável pela realização de um dossiê sobre as condições de vida da população trans do país, têm realizado cada vez mais, desde 2023, encontros regulares com diversas autoridades (tais como: a ministra da Igualdade Racial, Anielle Franco, a secretária nacional dos Direitos LGBTQIA+, Symmy Larrat, a ministra das Mulheres, Cida Gonçalves, e o ministro dos Direitos Humanos e da Cidadania, Silvio Almeida): essas reuniões têm significado a retomada dos diálogos sobre a necessidade de renovação de políticas públicas direcionadas às minorias do universo queer, especialmente aquelas que visam atender os corpos não binários. Mais detalhes, ver: CAIXETA, Izabella. Ativista defende políticas públicas para a População Trans. *Estado de Minas*, Belo Horizonte, 10 fev. 2023 (disponível em: https://www.em.com.br/app/noticia/diversidade/2023/02/01/noticia-diversidade,1451396/ativista-defende-politicas-publicas-para-a-populacao-trans.shtml. Acesso em: 29 fev. 2024).

Breves comentários sobre a trajetória e o crescimento recente da Cena Ballroom Carioca

Poder-se-ia considerar essa cena queer um *trouble* que vem desestabilizando de certa maneira as noções dominantes de gênero, sexualidade e mesmo de parentesco[58]. Como sugere boa parte da literatura especializada no tema (Butler, 2019; Santos; Scudller, 2020; Berte, 2014; Hooks, 1991; Pereira de Sá; Paulo, 2019; Bailey, 2013; Pipolus, 2019; Estevam; Geraldes, 2021; Gusmão; Guerra, 2019; Guerra, 2021; Teixeira, 2021), essa cena se iniciou ainda nos anos 1960 e ganha força nas principais cidades dos EUA a reboque do movimento da contracultura e das lutas das minorias ao longo dos anos 1970 (quando começaram a proliferar as houses de acolhimento em diversas localidades).

> A cena *Ballroom* proporciona conhecimento e autoconhecimento na sociedade. Fazer parte de uma *house* que cuida e proporciona esse espaço para a gente é fundamental para garantir no dia a dia a sobrevivência das pessoas que fazem parte da nossa comunidade, é fundamental para impulsionar expressões da cultura trans no Brasil.[59]

Aliás, vale salientar a centralidade das chamadas casas estruturando essas cenas: efetivamente os participantes desta cena em geral estão afiliados às *houses* (isto é, a uma estrutura familiar alternativa), as

[58] Alguns pesquisadores – tais como Bailey (2013) e Santos e Scudller (2020) – salientam que, embora no contexto dessas competições (que são centrais para essas cenas culturais) haja um alargamento das categorias de sexualidade e gênero, operam-se também nesses eventos (os quais são referências importantes para os participantes dos balls) binarismos normatizadores, processos de reprodução de performatividades reinantes: ou seja, além da criatividade e inovação, frequentemente é a partir de certas categorias mais ou menos estabilizadas que os competidores desses concursos são geralmente avaliados nas suas performances (portanto, esses autores sublinham os aspectos normativos presentes nessas competições entre as casas). Essa linha de argumentação, em vários aspectos, aproxima-se das críticas que foram feitas por Hooks (1991) a respeito das reproduções culturais geradas nas cenas ballrooms estadunidenses, as quais já foram devidamente problematizadas por Butler em alguns trabalhos (2019).

[59] Entrevista realizada pelo site *Ballroom Rio de Janeiro* com Victória Gabrielly (também conhecida como Bruxa Cósmica), Rio de Janeiro, 6 set. 2022 (disponível em: https://youtu.be/iqi5I1hqm2E. Acesso em: 20 jan. 2024).

quais fornecem de modo geral apoio a esses corpos trans precarizados (evidentemente, há alguns atores que vêm atuando de maneira independente). Como assinala Bailey (2013), tardou algumas décadas para que a dança vogue e a cultura ballroom se consolidassem nos EUA e se expandissem por diversas partes do globo: isto é, foi só no início dos anos 1990 que deixaram de ser uma cultura tipicamente underground local, tomando espaços e proporções até então desconhecidas. Vários pesquisadores sugerem que os marcos de popularização foram não só o lançamento do videoclipe da música "Vogue" pela cantora pop Madonna, mas também o documentário *Paris is Burning* (de autoria de Jenne Livingstone)[60]: segundo diversos especialistas, a partir daí, as performances corpóreas e subversivas da dança *voguing* ganharam maior midiatização, mobilizando diversos discursos de aceitação e também de aversão (esses últimos principalmente nos ambientes e entre os grupos mais conservadores).

No Brasil, o surgimento das houses foi bastante expressivo e as cidades de São Paulo, Rio de Janeiro, Belo Horizonte e Brasília passaram a concentrar as principais cenas do país. São elas que atualmente sediam os principais *balls* e eventos de *vogue* do Brasil (inclusive essas metrópoles organizam eventos locais que quase sempre contam com a participação de nomes importantes da cena mundial). Aliás, são essas localidades que em geral dispõem de uma receptividade e abertura maior para questões que afetam esses atores, levando inúmeros deles a migrarem de suas cidades natais, quase sempre com as expectativas de encontrarem mais liberdade e acolhimento. Inclusive a capital paulista é identificada por muitos integrantes mais antigos da cena nacional como o principal polo irradiador e onde se funda este universo cultural no país. Algumas narrativas creditam a chegada e o desenvolvimento do ballroom no Brasil não só ao coreógrafo Felix Pimenta, mas também aos dançarinos não binários

[60] Para mais detalhes a respeito da repercussão e relevância destes produtos audiovisuais, conferir Butler (2019).

e entusiastas paulistanos que frequentemente viajavam para Nova York trazendo novidades e organizando festas.[61]

Atores da cena entrevistados sugerem que o coreógrafo e bailarino Diego Cazul, father da House of CaZul – além de seus integrantes, que tiveram também uma grande importância na geração de visibilidade em torno dessas iniciativas –, teve um papel relevante na fundação da Cena Ballroom Carioca na década de 10 do século XXI (não há muita precisão quanto às datas propriamente do início)[62], organizando os primeiros eventos.

> Realmente, a CaZul foi uma casa pioneira na cena do Rio de Janeiro e foi muito importante o trabalho e liderança do Diego e de todo o pessoal que já atuava na cena: que começou na época espacialmente com o trabalho da Bruxa Cósmica, Lua, Juliette, Luke e tantos outros. Sem dúvida nenhuma eles agitaram a cena cultural *Ballroom*, para além da dança vogue, trazendo também questões sociais e políticas importantes. O *Ballroom* é um movimento que demorou um pouco para alcançar a popularidade que tem hoje em dia [...]. Há uma quantidade enorme de pessoas pretas e trans acessando atualmente esse movimento e isso é muito bacana e importante [...]. Foi muito importante a gente ter começado a se apresentar em praças públicas, com eventos acessíveis e gratuitos, pois desde então a nossa cena vem ganhando força e popularidade.[63]

---

[61] Felix Pimenta é coreógrafo e dançarino da House of Zion, integrante da Crew Amen e importante articulador da Coordenadoria de IST-AIDS em São Paulo. Pode-se dizer que é um ícone da comunidade ballroom da cidade de São Paulo, tendo um papel importante na fundação da cena local. Segundo ele, apesar de conhecer a cultura ballroom desde meados da primeira década do século XXI, tardou-se praticamente uma década para se conseguir oficializar os primeiros miniballs nesta urbe. Mais informações: PASSARELLI, Gaía. Felix Pimenta: a dança como acolhimento. *Paulicéia*. São Paulo, 8 jun. 2022 (disponível em: https://pauliceia.substack.com/p/pauliceia-078-felix-pimenta-a-danca. Acesso em: 21 jan. 2024).

[62] Segundo relatos coletados na cena, o *voguing* teria surgido no Rio de Janeiro nos anos 2010, quando dançarinos de danças urbanas buscavam por novas referências e descobrem no YouTube a dança vogue popularizada no universo da cultura pop. Segundo os atores, em conversas informais, foi buscando superar o sufocante domínio de uma masculinidade reinante nas danças urbanas (tais como hip hop e break) que Diego CaZul em parceria com Lua Brainer passaram a treinar mais sistematicamente o vogue com outros membros da casa.

[63] Entrevista realizada pelo site *Ballroom Rio de Janeiro* com Taina Matos da CaZul, Rio de Janeiro, 6 set. 2022 (disponível em: Entrevistas parte 2 @ EVERYTHING YELLOW AND WHITE com MOTHER TAI CAZUL (youtube.com). Acesso em: 4 fev. 2024).

Figuras 1 e 2 – Evento *The of the Ball*, realizado no Museu de Arte do Rio

Fonte: Acervo dos autores

Atualmente a cena carioca[64] conta com um número ampliado de houses muito atuantes, onde se destacam, além da CaZul, especialmente as casas Império, Candances, Xstravaganza, Mamba Negra e Cosmos. No ano de 2023, por exemplo, com certo apoio do poder público municipal,[65] pôde-se constatar um crescimento expressivo de eventos (mais de três dezenas deles, alguns gratuitos e outros com a cobrança parcial de entradas e/ou com o recebimento de doações para as casas) realizados em espaços públicos e híbridos da cidade, que contaram com grande mobilização e participação de um público mais amplo, o qual é fundamental

[64] Boa parte das informações sobre esta cena carioca está organizada e disponibilizada nos sites da Ballroomriotv (disponível nos links: https://www.instagram.com/ballroomriotv e https://www.youtube.com/@ballroomriotv. Acesso em: 30 jun. 2024) com informações sobre eventos, festas, sites, oficinas e entrevistas com atores que participam e frequentam esse universo cultural.

[65] Constata-se um processo de apoio crescente do poder público municipal: a casa Mamba Negra conseguiu ganhar recentemente recursos no edital FOCA da Secretaria de Cultura do Município (conferir: SOUZA, Rodrigo. MAR recebe *Atraque*, espetáculo multilinguagem que desafia convenções e reflete a cultura ballroom. *Expresso Carioca*, Rio de Janeiro, 30 ago. 2023. Disponível em: https://www.expressocarioca.com.br/mar-recebe-atraque-espetaculo-multilinguagem-que-desafia-convencoes-e-reflete-a-cultura-ballroom. Acesso em: 4 fev. 2024); e ocorreu a inclusão da cultura Ballroom na programação da cidade, oferecendo-se recursos para a realização de eventos não restritos ao mês do orgulho LGBTQIAPN+ (conferir as seguintes matérias jornalísticas divulgadas pela próprio Estado: PREFEITURA DO RJ. Confira a programação dos centros culturais do município para os próximos dias. *Rio Prefeitura*, Rio de Janeiro, 7 jul. 2022. Disponível em: https://prefeitura.rio/cultura/confira-a-programacao-dos-centros-culturais-do-municipio-para-os-proximos-dias. Acesso em: 15 jan. 2024; PREFEITURA DO RJ. Junho é o Mês do Orgulho LGBTQIAPN+ e do Circuito Rio de Cores. *Rio Prefeitura*, Rio de Janeiro, 10 jun. 2023. Disponível: https://prefeitura.rio/cultura/junho-e-o-mes-do-orgulho-lgbti-e-do-circuito-rio-de-cores. Acesso em: 14 jan. 2024).

para redimensionar a visibilidade da agenda de reinvindicações proposta por essa cena: assim, nota-se que têm comparecido a esses encontros não só os membros da cena e atores não binários do mundo queer, mas também um expressivo segmento de público composto de *simpatizantes* deste universo cultural disfórico e bastante vulnerável.[66]

> É maravilhoso acompanhar o crescimento da cena *ballroom* no Rio de Janeiro. A gente começou com eventos bem pequenos de vogue e hoje em dia temos festas de grande porte e enorme mobilização de público [...]. O mais legal é constatar que muita gente que não conhecia nada passou a ter algum acesso hoje. De certo modo, um número maior de pessoas passou a reconhecer e acolher o movimento cultural do *Ballroom* e o *vogue* com mais naturalidade. Claro que as séries exibidas pela Netflix (como, por exemplo, *Pose*, *Dancing Queen* e *Rupaul's*) que tratam desta cena cultural nos ajudaram também, mas tem muitas coisas que ainda precisam ser vividas no dia a dia e certamente melhor compreendidas.[67]

Nesse sentido, mesmo uma parcela do público que praticamente não conhece esta cena se mostra muito sensibilizada com as apresentações e performances dos atores. Nos dois depoimentos a seguir, colhidos junto ao público que assistiu à *noite* especial em celebração ao mês do Orgulho LGBTQIAPN+ no Festival Presença (intitulada Movimentos Transversais, realizada em junho de 2023, na antológica casa de espetáculo do Rio de Janeiro Circo Voador), identificou-se a sensibilização de parte do público que até bem pouco tempo praticamente desconhecia o papel político desses corpos:

---

[66] Em geral, nos dias que antecedem o evento ocorre uma série de iniciativas para movimentar as redes sociais. Assim, as plataformas WhatsApp, Instagram e Facebook servem como espaços de publicização: se as balls têm se tornado cada vez mais populares e mobilizadoras nos últimos anos, com públicos cada vez mais expressivos, isso se dá em boa pelo trabalho dessas pessoas que se dedicam na logística e na disseminação das informações relacionadas a esses eventos.

[67] Entrevista realizada pelo site *Ballroom Rio de Janeiro* com Thiago Bassetuda da Casa Império, Rio de Janeiro, 6 set. 2022 (disponível em: Entrevistas parte 4 @ EVERYTHING YELLOW AND WHITE com BASSETUDA IMPÉRIO (youtube.com). Acesso em: 9 fev. 2024).

> Confesso que não sei quase nada da Cultura *Ballroom*, mas fiquei fascinado com as apresentações e performances musicais e de dança *vogue* que assisti hoje aqui no Circo Voador. É muito bacana ver a luta e solidariedade que há entre as casas. É importante incluirmos a luta trans nas reinvindicações sociais importantes para construir uma sociedade mais democrática.[68]

> Caí meio de paraquedas nesta noite do Circo que celebra a diversidade cultural e sexual, mas adorei assistir o pessoal dançando o vogue na passarela. Os shows da Linn da Quebrada, Johnny Hooker e Greg Queen foram sensacionais. Achei também o público presente muito receptivo e acolhedor [...]. Eventos como este são importantes para conscientizar as pessoas sobre as violências sofridas pelos corpos não binários no Brasil.[69]

Além dos eventos de ballrooms e apresentações musicais (que ocupam espaços mais híbridos ou semipúblicos), as ocupações dos espaços públicos (com a presença também de um público composto de simpatizantes da cena) têm ocorrido principalmente em torno da rotina de treinos de dança vogue – oferecidos em geral por coreógrafos que estão vinculados às houses – que ocorrem semanalmente em geral nos jardins do entorno do Museu de Arte Moderna (no Aterro do Flamengo) e na Praça Mauá (no entorno do Museu do Amanhã) na cidade do Rio de Janeiro.[70] Aliás, vale salientar que, em conversas informais com os atores,

---

[68] Entrevista com José Carlos Castro, feita pelos pesquisadores no Festival Presença, no dia 3 de junho de 2023. Mais informações ver também: PINHEIRO, Ricardo. Mês do Orgulho LGBTQIAP+ começa com shows de Linn da Quebrada e Johnny Hooker. **O Globo**, Rio de Janeiro, 10 de junho de 2023 (disponível em: https://oglobo.globo.com/rioshow/shows-e-concertos/noticia/2023/06/mes-do-orgulho-lgbtqiap-comeca-com-shows-de-linn-da-quebrada-e-johnny-hooker.ghtml. Acesso em: 19 fev. de 2024).

[69] Entrevista com Carolina Machado, feita pelos pesquisadores no Festival Presença no dia 3 de junho de 2023.

[70] Evidentemente, são realizados também inúmeros treinos e aulas de formação em espaços fechados, tais como o Centro de Coreografia da Cidade do RJ, Escola Petite Danse, entre outras localidades especializadas em dança (mais informações, conferir entre várias páginas do Instagram divulgando aulas: https://www.instagram.com/ballroomriotv).

vários deles destacam o papel fundamental da dança, mobilizando diferentes públicos e atraindo para esta cena novos adeptos.

Figura 3 – Oficinas de dança vogue realizadas regularmente no Pilotis do Museu de Arte Moderna do RJ

Fonte: Acervo dos autores

Territorialidades sônico-musicais da Cena Ballroom Carioca

Tendo em vista o exposto anteriormente, pode-se afirmar que o investimento em performances corporais, o desenvolvimento e legitimação de uma dança urbana que proporcionasse maior expressividade de corpos dissidentes e disfóricos aos atores – menos masculina e/ou com menos referencial binário –, parece ter tido grande importância para os envolvidos, indicando a centralidade da dança vogue no desenvolvimento desta cena cultural.

> A cena *ballroom* me possibilitou ser quem eu sou hoje em dia porque quando comecei a dançar os vários estilos de danças urbanas em geral me sentia desconfortável. Ficava me perguntando se não existiriam outros estilos de dança no qual eu poderia me expressar melhor. Muitas vezes as pessoas me diziam

> para dançar que nem homem ou me expressar com mais força, usando o corpo de forma mais rígida. A verdade é que quando encontrei a possibilidade de me expressar através do *voguing*, ou seja, foi assim que me redescobri e é isso quero dançar daqui para frente.[71]

Portanto, sublinha-se aqui a relevância das performances variadas realizadas e expressas através da dança no *runway* (passarela onde ocorrem as disputas): seja nas categorias Old Way, seja no New Way ou mesmo Vogue Femme, bem como outros estilos (tais como Pop, Dip e Spon), os quais são geralmente renovados nos concursos realizados nesta cena (Berte, 2014; Santos; Scudller, 2020). O que é importante salientar do ponto de vista da "cartografia das controvérsias" (Latour, 2012) (realizada na cidade do Rio de Janeiro ao longo da nossa agenda de pesquisa), e no encaminhamento dos argumentos desenvolvidos aqui, é que nesses ballrooms se constroem significativos espaços de sociabilidade, nos quais os "aspectos sônicos" (Obici, 2008; Thibaud, 2015) – e não propriamente os elementos musicais, apesar de haver alguma música mecânica nos eventos e que são propostos por DJs convidados – são de extrema relevância, pois não só mestres de cerimônia (apresentadores dos eventos e balls) têm um papel proeminente, mas a plateia presente nos concursos também, encorajando com palavras de ordem e gritos de incentivo o desempenho dos corpos disfóricos ali presentes.[72] Diante deste cenário de consolidação e ampliação de um circuito de balls na cidade do Rio de Janeiro nos últimos anos, pode-se dizer que emerge um conjunto de "territorialidades sônico-musi-

---

[71] Entrevista realizada pelo site *Ballroom Rio de Janeiro* com Thiago Bassetuda da Casa Império, Rio de Janeiro, 6 set. 2022 (disponível em: Entrevistas parte 4 @ EVERYTHING YELLOW AND WHITE com BASSETUDA IMPÉRIO (youtube.com). Acesso em: 9 fev. 2024).

[72] Bianchi *et al.* (2023), ao observarem o circuito ballroom carioca, salientam que, cada vez que um membro de uma casa pisa em um runway do ball, ecoam gritos emitidos por todos que tomam conta do espaço em uma vibração coletiva. Os autores desta publicação sublinham e analisam também um processo complexo, pois nessas vocalizações estão presentes articulações e tensões entre as casas: evidentemente, há momentos em que os gritos tentam influenciar os jurados a valorizarem as performances de certos membros de uma casa, mas há outras situações em que se percebe que as palavras ditas em voz alta se tornam instrumentos de ação política, evidenciando a existência de uma rede de apoio e solidariedade que transcende essas rivalidades presentes na cena.

cais" (Herschmann; Fernandes, 2014) e de "heterotopias" (Harvey, 2004)[73] potentes, estimuladores de processos de ressignificação do imaginário urbano, ao criarem um *trouble* nos regimes de sensibilidades dos corpos normatizados na paisagem urbana (Rancière, 2009).

Considerações finais

Conforme sublinha a deputada estadual do Rio de Janeiro Dani Balbi – que compõe a chamada "bancada trans" com Duda Salabert e Érica Hilton –, a Cena Ballroom tem um importante papel na popularização das demandas dos grupos locais. A estimativa dela é de que existam na macrorregião aproximadamente 15 mil pessoas que se autodeclaram transexuais. A deputada sublinha que essas pessoas têm demandas específicas a serem atendidas pelas políticas públicas. Neste sentido, ela comenta sobre o estudo que estão organizando:

> Esperamos fazer um mapeamento qualitativamente denso das condições e principais demandas da população trans no Estado do Rio de Janeiro, não só quantitativamente, para que a partir daí a gente possa balizar as políticas públicas. São fundamentais, principalmente aquelas que garantem acesso à educação formal, porque a maioria das pessoas transexuais e travestis acaba desistindo de ir à escola. E também se sentem alijados do sistema de saúde pública, pois a saúde das pessoas transexuais e travestis é peculiar, exige especificidade e formação por parte dos médicos e servidores públicos.[74]

---

[73] Como inúmeros autores das ciências sociais já assinalaram, não se trata aqui de apostar na capacidade dos atores em (re)construir uma *utopia* ou "utopismo espacial tradicional" (Harvey, 2009). Portanto, emprega-se aqui a noção de *heterotopias* não exatamente no sentido foucaultiano – como conjunto de práticas, na maioria das vezes, a serviço do "biopoder" (Foucault, 2013) –, mas mais no sentido utilizado por Lefebvre (2004) como iniciativas potentes, capazes de conduzir a "biopolítica da multidão" (Hardt; Negri, 2009); portanto, seriam heterotopias potentes e transformadoras da vida social.

[74] NITARAHA, Akemi. Ato reivindica direito de pessoas trans existirem em todos os lugares. *Agência Brasil*, Rio de Janeiro, 29 jan. 2023 (disponível em: https://agenciabrasil.ebc.com.br/direitos-humanos/noticia/2023-01/ato-reivindica-direito-de-pessoas-trans-existirem-em-todos-lugares. Acesso em: 27 fev. 2024).

Gostaríamos de finalizar este artigo retomando o argumento de que a presença da Cena Ballroom – ainda que não suficientemente reconhecida pela população e/ou apoiada pelos setores mais progressistas dessa urbe (apesar de nos últimos anos notar-se que o poder público, movimentos organizados progressistas e universidades passaram a apoiar um pouco as iniciativas capitaneadas por esses atores) – vem permitindo a construção de "territorialidades sônico-musicais" (Herschmann; Fernandes, 2014) no Rio de Janeiro, as quais contribuem para tornar mais interseccional a agenda de luta e o debate envolvendo o universo LGBTQIAPN+ nessa cidade. De certa maneira, esta cena vem reunindo diferentes grupos minoritários – erigindo de certa forma uma frente progressista e libertária, mais fluida – e, assim, vem possibilitando a construção de uma cidade mais inclusiva e democrática, na qual corpos precarizados em aliança (Butler, 2018) tensionam ludicamente com a gramática petrossexorracial (Preciado, 2023) das normatividades coloniais modernas vigentes.

Referências

BAILEY, Marlon. *Butch Queens Up in Pumps*: Gender, Performance, and Ballroom Culture in Detroit. Michigan: University of Michigan Press, 2013.

BERTE, Odailso. Vogue: dança a partir de relações corpo-imagem. *Dança*, Belo Horizonte: Programa de Pós-Graduação em Dança/UFMG, v. 3, n. 2, 2014.

BIANCHI, Eduardo *et al.* Ballrooms na cidade do Rio de Janeiro. *In*: 46º CONGRESSO BRASILEIRO DE CIÊNCIAS DA COMUNICAÇÃO. *Anais* [...]. São Paulo: INTERCOM, 2023.

BUTLER, Judith. *Corpos em aliança e a política das ruas*. Rio de Janeiro: Civilização Brasileira, 2018.

BUTLER, Judith. *Corpos que importam*. São Paulo: N1 Edições, 2019.

CUNHA, Manuela, P. Formalidade e informalidade: questões e perspectivas. *Etnográfica*, Lisboa: Revista do Centro em Rede de Investigação em Antropologia, v. 10, n. 2, 2006.

DE CERTEAU, Michel. *A invenção do Cotidiano.* Petrópolis: Vozes, 1998.

DIDI-HUBERMAN, Georges (org.). *Levantes*. São Paulo: SESC, 2017.

ESTEVAM, Aleson L. Gomes; GERALDES, Elen. Vogue, logo, existo. *Anagrama*, v. 15, n. 1, 2021.

FERNANDES, Cíntia S. *et al.* Corpo e Festa. *Interin*, Curitiba: PPGCOM da UTP, v. 4, 2018.

FERNANDES, Cíntia S. *et al.*(org.) *Artivismos Urbanos*. Porto Alegre: Sulinas, 2022.

FOUCAULT, Michel. *O corpo utópico, as heterotopias.* São Paulo, N-1 Edições, 2013.

GUERRA, Paula. Sons, Corpos e Lugares: Para uma metonímia das cidades musicais contemporâneas. *CSOnline,* n. 33, p. 171-197, 2021.

GUSMÃO, Roney; GUERRA, Paula. Voguing: alteridade e subversão na pós-modernidade. *In*: XI COLÓQUIO DO MUSEU PEDAGÓGICO. *Anais* [...]. Vitória da Conquista: UESB, 2019.

HAESBAERT, Rogério. *O mito da desterritorialização*: do fim dos territórios à multiterritorialidade. Rio de Janeiro: Bertrand Brasil, 2010.

HARAWAY, Donna. *Seguir con el problema*. Barcelona: Consonni, 2020.

HARDT, Michael; NEGRI, Antonio. *Commonwealth.* Massachusetts: Harvard University Press, 2009.

HARVEY, David. *Espaços de esperança.* São Paulo: Edições Loyola, 2004.

HERSCHMANN, Micael *et. al.* Moda, corpo e música no Baile Black. *In*: NOROGANDO, R.; Benetti, A. (org.). *Moda, música e sentimento*. São Paulo: Estação das Letras e Cores, 2016.

HERSCHMANN, Micael; FERNANDES, Cíntia S. *A força movente da música*. Porto Alegre: Sulina, 2023.

HOOKS, Bell. Is Paris Burning? *Z, Sister of the Yam Column*, jun. 1991.

KERN, Leslie. *Cidade feminista*. São Paulo: Oficina Raquel, 2021.

LATOUR, Bruno. *Reagregando o social*. Salvador: EDUFBA, 2012.

LEFEBVRE, Henri. *A Revolução Urbana*. Belo Horizonte: Editora UFMG, 2004.

LEMOS, André. *A comunicação das coisas*. São Paulo: Annablume, 2013.

MBEMBE, Achilles. *Necropolítica*. São Paulo: N1-Edições, 2018.

MONS, Alain. *L'étendu du Trouble*. Montréal: Liber, 2023.

OLIVEIRA, José Pedro de A. *Na-va-lhas*: ruídos e (ex)tétik disciplinares. Rio de Janeiro: PPGCOM da UERJ, 2018.

PEREIRA DE SÁ, Simone; PAULO, Rodolfo Viana de. Strike a Pose! *In*: *Comunicação, Mídia e Consumo*, São Paulo: PPGCOM da ESPM-SP, v. 16, n. 46, 2019.

PÍPOLOS, Lucas Vinícius A. *Etnografia da cultura Vogue no Rio de Janeiro*. Niterói: Ciências Sociais da UFF, 2019.

PRECIADO, Paul. *Dysphoria Mundi*. Rio de Janeiro: Zahar, 2023.

RANCIÈRE, Jacques. *O desentendimento*. São Paulo: Ed. 34, 1996.

RANCIÈRE, Jacques. *A partilha do sensível*. São Paulo: Ed. 34, 2009.

SANTOS, Thiago Henrique R. dos; SCUDELLER, Pedro de A. P. I am Ballroom. *Tropos: Comunicação, Sociedade e Cultura*, v. 9, n. 2, 2020.

SENNETT, Richard. *Construir e habitar*. São Paulo: Record, 2018.

STRAW, Will. Systems of articulation, logics of change: communities and scenes in popular music. *Cultural Studies*, v. 5, n. 3, 1991.

TEIXEIRA, Eduardo P. de M. *Segregação social e formação de comunidades*: uma análise sobre a série Pose. Rio de Janeiro: Comunicação Social da UERJ, 2021.

THIBAUD, Jean P. *En quête d'ambiances*. Génève: Metis Presses, 2015.

Sons inaudíveis das cidades musicais

Vinicius Andrade Pereira
Renato Furtado
Cássio de Borba Lucas
Thiago Menini

Introdução

Manifestações musicais, situadas em espaços públicos ou privados, atuam como ingredientes poderosos na composição das atmosferas (Böhme, 2013) e feições das grandes cidades. No Brasil, cidades como Rio de Janeiro, São Paulo, Salvador e Recife são reconhecidas como polos vivos dessas manifestações, atraindo multidões de turistas e apreciadores de gêneros musicais diversos, com uma miríade de ofertas de shows, festivais de música, manifestações populares, festas, ensaios abertos, dentre tantas outras (Fernandes; Herschmann, 2018)

O projeto de pesquisa interinstitucional "Identificando potencialidades nas cenas locais e subsidiando Políticas Culturais renovadas para as principais Cidades Musicais do país", no qual atuamos como pesquisadores associados, mapeia algumas dessas manifestações nas cidades de Rio de Janeiro (RJ), São Paulo (SP), Recife (PE) e Salvador (BA). No Rio de Janeiro, onde realizamos nossas pesquisas, as manifestações musicais estudadas são o Baile Black Bom, a Roda de Samba que Elas Querem e a Roda da Moça Prosa, todas ocorrendo na área central da cidade, em espaços entre a Cinelândia e a Pedra do Sal.[75]

A princípio, todas as manifestações musicais são ouvidas e vistas com bons ouvidos e olhos, uma vez que enriquecem e diversificam o te-

[75] Informações sobre as manifestações musicais em questão, assim como sobre as que ocorrem em outras cidades estudadas pela pesquisa "Identificando potencialidades nas cenas locais e subsidiando Políticas Culturais renovadas para as principais Cidades Musicais do país", podem ser obtidas acessando o site do referido projeto, disponível em: https://multicartografias.com.br/home. Acesso em: 26 jun. 2024.

cido cultural urbano das cidades onde ocorrem, apesar de muitas vezes receberem pouca atenção dos gestores públicos. Há, contudo, um complexo e ainda inaudível conjunto de sons que permeiam essas mesmas manifestações que pode se apresentar ora como perturbador e indesejado, ora apenas como elemento que forja matizes e/ou atmosferas que complexificam e singularizam sonicamente tanto as próprias manifestações quanto as regiões e, por extensão, as cidades onde se dão. Tais sons emergem sob certas condições, nomeadas neste estudo de materiais, incidentais e psicossociais.

Condições materiais dizem respeito ao modo como os sons são (re) produzidos e distribuídos no ambiente, considerando diferentes fatores materiais, tais como as tecnologias sonoras amplificadoras (o sistema de som), a arquitetura, o mobiliário e as condições espaciais do ambiente, a quantidade de pessoas presentes no local, cujos corpos absorverão e afetarão a circulação e a propagação dos sons, dentre outros fatores materiais que influem na qualidade, forma e intensidade do conjunto sônico manifesto.

As condições incidentais, como o nome sugere, serão aquelas identificadas como capazes de produzir, indiretamente, material sônico incidental e errático, gerado por carros, motos, transeuntes, bares e vias de acesso que se adensam por ocasião das manifestações musicais.

Por fim, as condições psicossociais serão aquelas que se manifestam de modo mais prosaico, como gostos e preferências musicais de frequentadores, moradores e trabalhadores locais, forjados de modo multifatorial (Trotta, 2023).

A proposta da nossa investigação é oferecer uma exploração de como os sons – sejam musicais ou não – emergentes em determinadas manifestações musicais estudadas pelo referido projeto podem ser percebidos, nomeados e experimentados, especialmente pelos moradores e trabalhadores locais, onde ocorrem essas manifestações.[76]A presente pesquisa se

[76] No estudo que ora apresentamos trataremos, prioritariamente, das questões teóricas que fundamentaram nossas investigações que, ao longo de 2024, ganham campo, com a parte empírica e etnográfica da pesquisa implementada.

dá em diálogo com os trabalhos sobre música irritante (*annoying music*) e gosto musical, propostos por Felipe Trotta (Trotta, 2020, 2023), com os estudos de paisagens sonoras e de ecologia acústica, propostos por Murray Schafer, Barry Truax e Hildegard Westerkamp (Schafer, 2012; Truax, 1978; Westerkamp, 2021) e, ainda, com estudos acerca de Atmosferas e Atmosferas Afetivas (Böhme, 2013, 2017a, 2017b; Anderson, 2009; McCormack, 2008).

As reflexões que compõem o presente artigo são elaboradas em três movimentos. No primeiro, tecemos considerações sobre a natureza do problema que investigamos a fim de melhor delineá-lo e apresentá-lo. Partiremos da ideia de música que perturba proposta por Trotta (2020) sugerindo, em seguida, que o foco de possíveis experiências de irritabilidade e incômodo sonoro com as manifestações musicais seja expandido, considerando elementos extramusicais em jogo. Apostamos que através da experiência de incômodo sonoro outros elementos sônicos não exclusivamente musicais, como o timbre, o eco, a equalização das músicas executadas, e ainda sons e ruídos outros, como aqueles provenientes dos bares, do trânsito etc., são mais bem percebidos e notados. Contudo, a régua da ideia de incômodo ou irritação com determinados sons, sejam musicais ou não, servirá apenas como uma caixa amplificadora de um complexo cenário sônico que queremos escutar. Para tanto recorreremos à ideia de *espectro sonoro geográfico*[77], tratando da gama de diferentes sons e ruídos que se manifestem em dada região. Como discutiremos adiante, a ideia de *espectro sonoro geográfico* se apresenta como uma crítica e alternativa à ideia de "paisagem sonora" (Schafer, 2012), com o intuito de aprimorar ferramentas conceituais que permitam tratar de modo mais adequado a rica dinâmica de ambiências sônicas de espaços diversos, sejam eles urbanos, rurais ou naturais.[78]

---

[77] Tal ideia foi apresentada e trabalhada em comunicações orais por Vinícius A Pereira, ao longo da disciplina por ele ministrada no PPGCOM-UERJ, intitulada Som e Tecnologia, no curso Ritmanálise, Estudos do Som e Mídias Elementais: Diálogos e Perspectivas para afirmar a Comunicação como Modo de Existência na Contemporaneidade, ao longo do primeiro semestre de 2024.

[78] Espaços naturais entendidos como aqueles que (sub)existem com pouca ou nenhuma intervenção do humano.

O segundo movimento do nosso estudo se dará, desse modo, retomando criticamente a ideia de "paisagem sonora", assim como as bases do projeto de ecologia acústica, tal como trabalhado por Schafer, Truax e Westerkamp, dentre outros, pensando o melhor modelo para escutar e/ou registrar ambiências sônicas diversas, tais como os espaços em que se dão as cenas musicais de uma cidade. Nesse ponto a ideia de *espectro sonoro geográfico* será requisitada e trabalhada.

O terceiro e último movimento teórico se dará especulando como a temática da atmosfera, tal como explorada por Böhme, Anderson, McCormack, dentre outros, pode ser incorporada na pesquisa em andamento. Consideramos que tal temática vem, cada vez mais, ganhando a atenção de estudiosos que a tomam como chave de escuta fundamental para pensar questões relacionadas aos estudos de som e música (Riedel; Torvinen, 2020). Apostamos que esta temática nos será rentável, ainda, na exploração etnográfica das manifestações musicais, a fim de compreender como tais manifestações se revelam como atmosferas afetivas específicas nas cidades onde ocorrem (Schroer; Schmitt, 2016). O nosso objetivo, por fim, é construir ferramentas e métodos que possam amplificar sons e ruídos diversos, não apenas musicais, inerentes às manifestações musicais estudadas e que, na maioria das vezes, soam como inaudíveis para outros pesquisadores, bem como para gestores públicos.

Sons para além da música, nas manifestações musicais das cidades

Como afirma Trotta no seu livro *Annoying Music* (2020), música, som e ruído são conceitos escorregadios que ganham sentidos lábeis, considerando a experiência musical que se tenha, particularmente dentro de um contexto em que a música tocada seja considerada irritante ou aborrecedora para alguém. "Longe de serem conceitos técnicos ou limitados, as diferenças entre música, som e ruído são borradas em conversas diárias, de acordo com esse julgamento pessoal" (Trotta, 2020, p. 17).

Ruído pode ser uma maneira crítica de alguém se referir a certa música, quando julgada como irritante, por exemplo. E, dentro desse contexto, a palavra música parece gozar de certa superioridade hierárquica, comparada a som e a ruído, quando pensada dentro de uma escala de juízo de valor (Trotta, 2020, p. 17).

Inspirados pelo trabalho de Trotta, escutamos os espaços das manifestações musicais da cidade do Rio de Janeiro considerando, inicialmente, possíveis efeitos dos repertórios musicais executados naqueles que, porventura, moram e/ou trabalham nos mesmos espaços e tomam as músicas em questão como irritantes ou aborrecedoras. Interessou-nos, contudo, ir além e pensar um conjunto sônico irritante maior: sons e ruídos que emergem dos mesmos espaços e que, contudo, não seriam considerados propriamente como musicais, resultado de condições materiais e incidentais em jogo. Nossa intenção, ao seguir o caminho de experiências sonoras irritantes, foi uma aposta que sons e ruídos presentes em um determinado espaço com frequência não são percebidos conscientemente, até que se apresentem como um incômodo. Mas isso não é uma regra na nossa abordagem. O principal é escutar um conjunto sônico de um determinado espaço do modo o mais pleno possível, a fim de viabilizar investigações outras dessa totalidade sônica, como seus possíveis efeitos sobre pessoas e sobre atmosferas das áreas estudadas.

Assim, a nossa pesquisa mapeia, fundamentalmente, o conjunto sônico emergente em um dado espaço que decorre, direta e indiretamente, do conjunto de ações, dinâmicas e eventos das manifestações musicais estudadas. Compreendemos como relevante tratar de duas ideias que ajudam a perceber aspectos da nossa proposta investigativa, do método de trabalho adotado e de alguns dos possíveis resultados esperados. No primeiro e segundo caso (proposta da pesquisa e seu método) trata-se da ideia de espectro sonoro geográfico, que permite apreender como recortamos e delimitamos os espaços investigados sonicamente. No terceiro (alguns resultados esperados), trata-se da ideia de atmosfera, a ser aplicada na compreensão dos efeitos sonoros das manifestações musicais sobre porções da cidade do Rio de Janeiro. Nas duas sessões seguintes abordamos essas ideias de modo mais aprofundado.

Da paisagem sonora ao espectro sonoro geográfico

Murray Schafer propõe, nos anos 1970, o conceito de paisagem sonora, entendida como a totalidade dos sons em um ambiente, abordando tanto os sons naturais (como vento, água, pássaros) quanto os criados pelo homem (como máquinas, música, conversas). Schafer estava particularmente interessado em como os sons do ambiente afetam e moldam experiências perceptivas, cognitivas e estéticas, e como as percepções sonoras mudam em resposta às modificações ambientais e sociais. Propôs o estudo das paisagens sonoras como uma maneira de entender melhor dinâmicas acústicas dos ambientes e promover uma escuta mais atenta e consciente (Schafer, 2012). Paisagem sonora será conjunto acústico extraído de um dado ambiente, tomada como foco de estudo (Schafer, 2012, p. 366). É, de saída, um termo operacional e cuja delimitação dependerá do propósito e do escopo da investigação em questão.

A paisagem sonora será composta de elementos que Schafer chama de "objetos sonoros", entendidos como "a menor partícula independente" desse ambiente sônico (2012, p. 366). É preciso assinalar, aqui, a conexão histórico-intelectual desse conceito com a obra de Pierre Schaeffer, compositor, pensador e engenheiro de som francês conhecido como o inventor da música concreta. Como o nome indica, esta música propõe que o gesto composicional se volte diretamente para o suporte de registro da música (e não mais, como na longa tradição ocidental, parta da partitura ou da concepção musical abstrata que ela apenas inscreveria no papel). É como correspondência a essa inovação composicional que Schaeffer (1966) propõe a noção de uma "escuta reduzida" ou ainda "acusmática", conforme a qual o que deve ser ouvido deixa de ter caráter indicial ou referencial e passa a ser considerado – fenomenologicamente – simplesmente pelo que se percebe na escuta. Ou seja, o ouvinte não deve procurar a fonte (um violino, um sintetizador, um motor etc.) de um som, mas avaliar o som por seus caracteres efetivamente apreendidos.[79]

[79] Para tanto, Schaeffer chega a elaborar uma "morfologia" envolvendo "tessitura", "articulação", "espessura" etc. (1966, p. 598, 599, 608).

Neste ponto podemos apresentar a nossa principal crítica à ideia de paisagem sonora. Trata-se de um conceito que quer identificar unidades/objetos sônicos, claramente distintos, em uma massa sonora complexa e dinâmica, revelando o que sugere ser sua filiação a um referencial visual-orientado. Isso porque a representação visual de uma paisagem implica, exatamente, a identificação e a distinção dos diversos objetos que a compõem. Nesse sentido, uma bela representação pictórica de uma paisagem implica a reprodução atenciosa dos elementos e objetos que a compõem. É essa ordenação representacional que garantirá a qualidade do quadro ou da fotografia que retrata uma porção de terra ou de espaço, seja urbano, rural ou natural.

A vinculação da expressão paisagem sonora com o campo visual pode ser notada, ainda, quando se busca as origens da palavra paisagem. *Landscape* (paisagem em inglês) vem do termo holandês *landschap*, que originalmente significava a organização de terras de uma maneira que refletisse certa estética ou utilidade. O sufixo *-schap* é equivalente ao sufixo inglês *-ship*, indicando condição ou qualidade, enquanto *land* significa terra. Portanto, *landschap* pode ser interpretado como a condição ou qualidade da terra. *Landschap* foi adotado em várias línguas europeias com variações leves, como *landscape* em inglês, *landschaft* em alemão e *paysage* em francês. A palavra *paisagem* em português é derivada diretamente da francesa *paysage*, que entrou no idioma no século XVII. *Paysage* por sua vez vem do francês médio *paisage*, uma variação de *païs*, que significa *país* em português moderno. A raiz *païs*, contudo, é derivada do latim *pagus*, que originalmente significava uma área rural ou *distrito*. A evolução da palavra reflete uma mudança no foco de uma área rural específica para uma representação mais ampla de uma cena ou vista. Assim, paisagem é usada para descrever a aparência visual de um ambiente, seja ele natural ou alterado pela atividade humana (Naveh; Lieberman, 1994).

Com essa clara filiação a uma cultura visual, a ideia de paisagem, ainda que qualificada por seu adjetivo como sonora, revela um modo de apreciação sônica de um ambiente que busca identificar objetos e sons individualizados, como "a menor partícula sônica" detectável. Entretanto, o que a prática de escuta em ambiências sonoras complexas, como as manifestações musicais estudadas, permite entreouvir é uma sobreposição de sons, ruídos e música, tornando impossível a indiferenciação da massa sonora em unidades menores ou mínimas. Nesses casos, os sons e ruídos revelam-se muito mais como expressões sonoras oscilantes e lábeis, como um espectro. Considerando essa expressão sonora errática e espectral, que se apresenta inevitavelmente em ambientes sonoros complexos, optamos pela expressão "espectro sonoro geográfico", tal como enunciado, como alternativa à "paisagem sonora".

É curioso que, lendo Schafer em profundidade, compreende-se que ele estava atento à dificuldade de experimentar escutas claras e distintas de objetos sônicos individualizados, quando se trata de espaços sonoros amplos e/ou complexos. A propósito, Hildergard Westerkamp, parceira de Schafer na difusão da ideia de ecologia acústica e em iniciativas como o *World Soundscape Project*, observara:

> [...] quando se lê realmente o seu [de Schafer] trabalho em profundidade, a premissa de ouvir o mundo e pesquisar o ambiente sonoro revela profundas complexidades sobre como as paisagens sonoras são vivenciadas e interpretadas. Nunca é preto e branco (Westerkamp *apud* Oliveira; Martinho, 2021, p. 246).

Entendemos, portanto, tal como destacou Westerkamp, que não se trata de uma análise sonora que pode ser feita em termos de preto e branco, como a ideia de paisagem sonora sugere. Os tons de cinza estarão sempre presentes quando buscamos auscultar as manifestações sônico-musicais densas, que ocorrem no seio de uma grande cidade, como o Rio de Janeiro, misturando sons e ruídos de diversas naturezas ao repertório de uma manifestação musical, como o Baile Black Bom, no centro da cidade, por exemplo.

A proposta por escutar os espaços das manifestações musicais estudadas com a ideia de espectro sonoro geográfico busca, fundamentalmente, dar conta das nuances e labilidades contidas em ambientes sônicos complexos. Isso fica audível quando consideramos, por exemplo, músicas que são experimentadas como ruídos, seja por condições psicossociais, seja por condições materiais. Ou quando, também por condições materiais, o eco e a reverberação do deslocamento das ondas graves da música executada golpeiam paredes dos prédios contíguos aos locais das manifestações musicais, produzindo experiências, para além de auditivas, táteis, corporalmente difusas e atordoantes. Nestes casos, se as manifestações sonoras ainda estiverem em desacordo com algumas leis municipais, a experiência de incômodo sonoro ganha outras dimensões e pode ser vivenciada com outros significados. Ao mesmo tempo, as vibrações sônicas irradiadas pelas manifestações musicais podem atrair pelo seu potencial festivo e aglutinador, assim como promotor de atividades gastronômicas e etílicas diversas, promovendo, por sua vez, mais camadas sonoras que complexificam ainda mais o espectro sonoro geográfico investigado. Ou seja, em última instância, o espectro sonoro geográfico tenderá a se abrir para contextos sônicos e socioculturais maiores, amplificando e reverberando camadas sônicas por vezes inaudíveis quando escutadas a partir de uma paisagem sonora.

Dos espectros às atmosferas (e de volta aos espectros)

Incorporar a ideia de espectro sonoro geográfico às pesquisas empíricas e etnográficas acerca das experiências musicais em grandes metrópoles como Rio de Janeiro, São Paulo, Salvador e Recife é mais do que um modo de direcionar a atenção para além da precedência da visualidade que emerge do conceito de paisagem sonora. Trata-se também de investigar sensorialmente a própria tessitura de situações experienciais urbanas, mediadas por apresentações musicais e pelos sons e ruídos delas decorrentes, observando-as como cenários dinâmicos e fluidos, configurados na copresença entre a pessoa perceptora e o objeto de sua percepção – uma performance musical, seus sons, seus ruídos, suas dissonâncias, suas vibrações –, em um contexto em que ambos os polos da relação são integralmente fundamentais para sua conjugação (Griffero, 2019). Esse adensamento teórico da aplicação do conceito de espectro sonoro geográfico busca expandi-lo, conectando-o com outra ferramenta conceitual que será importante para a pesquisa ora desenvolvida: a atmosfera.

Ao partir da adaptação da acepção meteorológica do termo, que denota a qualidade de envelopamento de um planeta por uma camada de gases, a interpretação afetiva do conceito nos permite explicitar as qualidades sensoriais de um espaço, evento, situação ou período de tempo – podemos, por exemplo, lançar mão do conceito de atmosfera para elucidar a experiência emocional e afetiva de um edifício, de uma reunião, de um festival, de uma paisagem, de uma década, até mesmo da pobreza (Böhme, 2013).

Mais especificamente, a atmosfera opera como um dispositivo heurístico a partir do qual nos tornamos capazes de investigar empiricamente afetos que emergem de situações cujas complexidades demandam que atentemos mais para as nuances fenomenais da realidade do que para sua materialidade propriamente dita (Griffero, 2019).

Assim, a atmosfera é um conceito que, dada sua intangibilidade inerente, realçada sobretudo quando contrastada à maneira totalizante como atmosferas unificam uma diversidade de impressões em uma síntese afetiva (Böhme, 2013), equilibra-se constantemente no espaço intermediário. Um conceito que dilui tensões e dicotomias, oposições rígidas entre sujeito e objeto, mente e matéria, visão e audição, facilitando apreensões tanto sensíveis quanto objetivas da multissensorialidade com que se formatam as experiências sensoriais (Furtado; Pereira, 2023), vivências afetivas estas que são fluidas e mutáveis por natureza, sendo a causa em si das influências que geram, tal como o vento o faz (Griffero, 2019). Atmosferas, mais precisamente, são produzidas pelas relações entre entidades de diversos tipos – entidades humanas, não humanas, objetos, elementos naturais – que, por sua vez, têm suas movimentações e agências possibilitadas ou limitadas pela própria atmosfera que construíram em conjunto, em um movimento recursivo (Furtado; Pereira, 2023).

Neste sentido, quando tratamos de atmosferas de cidades, da experiência sensorial vivenciada em ambientes urbanos, o desafio é duplo. Em primeiro lugar, deparamo-nos com a dificuldade de apreender atmosferas em termos racionais já que, como nuvens, atmosferas estão sempre se formando e decompondo, aparecendo e desaparecendo em um movimento constante, dinâmico, nunca encerrado (Schroer; Schmitt, 2018).

Por mais que vivamos em situações atmosféricas, movimentemo-nos por elas e mesmo que tratemos delas conscientemente, atmosferas são elusivas; são um elemento efêmero, mas inescapável de nossos ambientes experienciais e conceituais cotidianos (Sumartojo; Pink, 2018). Em seguida, o desafio se aprofunda porque devemos tentar abarcar as afetações aglutinadas no cerne de uma atmosfera, bem como a multiplicidade de suas fontes. Devemos atentar, por exemplo, para os modos como, entre uma miríade de estímulos, os sons, ruídos e barulhos, conscientemente percebidos ou não, são mobilizados em conjunção à sensação de estar em movimento e à interação com os elementos arquitetônicos e estéticos de uma cidade, base do que denominamos anteriormente como experiências cinéticas urbanas (Furtado; Pereira, 2023). Dito de outro modo, experiências cinéticas urbanas, analisadas a partir da visada atmosférica, não nos incentivam a focar em um estímulo sensorial em detrimento do outro ou a enfatizar a importância da percepção do sujeito sobre as qualidades afetivas que emanam dos objetos e situações percebidos – seus êxtases, ou o modo como objetos irradiam suas propriedades, para empregar a terminologia de Böhme (2013). Ao revés, experiências cinéticas urbanas e atmosferas nos incentivam a nos concentrar precisamente sobre o que há *entre*, complexificando o individual e o coletivo, o pessoal e o público, algo que também se aplica às experiências de performances musicais e seus ruídos derivados em ambientes urbanos, visto que a música e o som são importantes vias de acesso para a investigação de experiências atmosféricas:

> [...] descreve um "sentimento" que fundamentalmente excede o corpo individual ou o sujeito consciente, pertencendo primariamente, em vez disso, à situação mais ampla na qual uma multiplicidade de corpos converge. O conceito de atmosfera então desafia a noção de sentimentos como aspectos privados

> ou mesmo como meros estados mentais de um sujeito perceptor, construindo, em vez disso, sentimentos como aspectos espacialmente estendidos, ambientais, coletivos, materialmente tangíveis, culturalmente influenciados ou "assubjetivos" [...]. Por esta razão, atmosferas podem ser encontradas em, ou de fato como, o mundo, independentemente de como um indivíduo pode se sentir *sobre* ele. Pensar a música e o som como atmosfera desta forma significaria não mais considerar afetos musicais em relação a audições personalizadas ou corpos individualizados, mas indagar acerca das "técnicas culturais" através das quais a música e o som são (tornados) ambientais e através das quais a música e o som modulam espaços, coletivos, situações e relações (Riedel, 2020, p. 4, tradução nossa).

Em outras palavras, mais do que pensar na música e no som como elementos cogeradores de atmosferas (Böhme, 2013), a própria constituição sônica, afetiva e material decorrente de sua experimentação deve nos instigar a, antes de mais nada, compreender a música e o som *como atmosferas em si*. Isso quer dizer que não devemos nos limitar aos modos como sonoridades e dados acústicos variados, provenientes da atuação de uma multiplicidade de entidades distintas, humanas e não humanas, são elementos essenciais para a formatação da atmosfera nas cidades e para nossas experiências cinéticas urbanas (Furtado; Pereira, 2023). Destarte, considerando as maneiras dinâmicas como músicas e sons, assim como ruídos irritantes e barulhos indesejados, são performados e interrompidos, intencionalmente ou não, em ambientes urbanos, colocamo-nos diante das modalidades e mediações que são vitais para situações atmosfericamente carregadas, que são vitais para as formatações e decomposições dinâmicas de relações atmosféricas, mediadas por práticas diversas, que vão desde a performance e reprodução de sons à imersão, escuta e/ou silenciamento dos mesmos (Riedel, 2020).

Orientar a pesquisa atmosférica segundo a ideia de relações atmosféricas, sobretudo quando focada em experiências sonoras e musicais, é, antes de mais nada, uma forma de transcender entendimentos restritivos que confinam a escuta à percepção individualizada de um corpo, pautado pela rigidez da dicotomia sujeito-objeto. Para além disso, é também, em consequência, uma forma de direcionar nossa atenção para os modos como ritmos, ressonâncias e reverberações não são definidos apenas por percepções sensoriais individuais, mas principalmente pelas maneiras como tais manifestações acústicas e sônicas modulam toda uma situação ou um ambiente, forjando uma relação entre todos os corpos ao seu alcance – relação esta que é simultaneamente sensorial, cultural, histórica, material e simbólica (Riedel, 2020).

Através do conceito de relações atmosféricas, aproximamo-nos do que consideramos ser a capacidade primordial de uma pesquisa acerca de atmosferas, ou mais especificamente de espectros sonoros geográficos, em nosso caso: identificar empiricamente as configurações que constituem atmosferas; quais efeitos são produzidos e que traços demarcam sua esfera de influência; e o que elas tornam possível ou não, recursivamente, para os atores e as agências que as forjam (Sumartojo; Pink, 2018). Ao partirmos das estruturas, mediações e operações que invocam e perpetuam relações atmosféricas em suas quatro propriedades fundamentais, a saber, suas dinâmicas de modulação, suas relações meteorológicas, seus limiares afetivos e sua fluidez (Riedel, 2020), esperamos operacionalizar o conceito de espectro sonoro geográfico como uma contribuição rentável para as pesquisas etnográficas das experiências musicais e sonoras, avançando uma perspectiva teórica e prática integralmente consciente dos múltiplos aspectos que configuram uma experiência sensorial.

Aqui, é importante debatermos as possíveis metodologias aplicáveis à investigação empírica de performances musicais e eventos sonoros orientada pela noção de espectro sonoro geográfico. Uma vez mais, recorremos ao campo de estudos das atmosferas em sua dimensão afetiva para identificar as abordagens metodológicas que melhor servirão aos nossos propósitos. Nisto, devemos entender as explorações etnográficas de experiências atmosféricas, musicais ou não, como tentativas de capturar, narrar e descrever tanto o que as atmosferas produzem quanto a experiência individual de imersão do pesquisador. Atmosferas, de fato, demandam métodos de pesquisa que se equilibrem entre as práticas e os atores (Shaw, 2018). Que mergulhem, dito de outro modo, na própria natureza mereológica das relações atmosféricas. Nesse sentido, como argumentam Schroer e Schmitt (2018), o pesquisador das atmosferas – ou dos espectros sonoros geográficos – deve cultivar sua sensorialidade e atenção para identificar sua posição como intérprete de situações atmosféricas, mas também sua agência como cocriador das relações atmosféricas que objetiva examinar criticamente. Isso quer dizer que os pesquisadores que tentam compreender atmosferas estão sempre sujeitos aos modos como suas interpretações pessoais podem ou não convergir com as interpretações de terceiros em relação a uma mesma vivência atmosférica, considerando, ainda, que alguns dos elementos ou até mesmo a totalidade da situação atmosférica pode ser perdida, ou não apreendida (Shaw, 2018).

Trata-se de um equilíbrio delicado entre a experiência subjetiva e pessoal do pesquisador e os modos como sua própria presença em uma relação atmosférica a reconfigura. Isso deve ser levado em conta sobretudo quando aplicam-se métodos como entrevistas semiestruturadas para pesquisas de atmosferas, como planejamos adotar na parte empírica da nossa pesquisa, inspirados pelo trabalho de Anette Stenslund (2018). A autora, ao não especificar deliberadamente sua acepção do conceito de atmosfera aos seus entrevistados, busca tanto limitar ao máximo sua influência enquanto pesquisadora na relação atmosférica quanto abarcar e capturar a variedade de formas como as experiências atmosféricas são vivenciadas e percebidas por seus entrevistados.

Para o pesquisador de atmosferas ou de espectros sonoros geográficos, a tarefa fundamental é, em síntese, interrogar experiências e relações atmosféricas para apreender não só de que maneira modulações afetivas e sensoriais configuram conexões entre atores, espaços, tempos e eventos, como também que possibilidades existem para intervir no mundo (Sumartojo; Pink, 2018). Pesquisar experiências atmosféricas deste modo significa produzir conhecimento *em* atmosferas, como partes integrantes que somos de atmosferas, uma orientação que estimula a opção por métodos como entrevistas e etnografias e nos leva a indagar: como experimentamos e produzimos saber em atmosferas; o quanto podemos descobrir a partir das experiências do outro e seus modos de saber em atmosferas; como podemos imaginar atmosferas; e as técnicas que podemos empregar para usar nossa própria sensibilidade e para colaborar com outros para produzir tais modos de saber. Essa é a dimensão frequentemente implícita, não representacional e sensorial/afetiva de nossas vidas em atmosferas. Trabalhar a partir dessa posição requer um afinamento cuidadoso com nossas próprias experiências e as dos outros e demanda abordagens metodológicas que respeitem este fato.

> [...] também devemos trabalhar de um modo emergente e processual, que não tencione definir ou pressupor resultados específicos. Em vez disso, devemos construir nosso conhecimento passo a passo à medida que compreendemos como outras pessoas experimentam o mundo, e como essas experiências se tornam significativas e quais são seus significados. Isto inclui a nós mesmos como pesquisadores autoetnográficos que têm suas próprias memórias, imaginários e modos de perceber o mundo que inevitavelmente trazemos para os contextos de pesquisa (Sumartojo; Pink, 2018, p. 11, tradução nossa).

Considerações finais

Este estudo apresentou fundamentos teóricos de uma pesquisa em processo sobre os espectros sonoros geográficos das manifestações musicais da cidade do Rio de Janeiro, mais especificamente do Baile Black Bom, da Roda de Samba que Elas Querem e da Roda da Moça Prosa, todas ocorrendo na área central da cidade do Rio de Janeiro.

O arcabouço teórico apresentado sugere que, além da música em si, há ricas camadas de sons e ruídos que, sob a escuta do incômodo, assim como do espectro sonoro geográfico e da atmosfera, permitem a audição de um complexo sônico denso, que influencia significativamente experiências e vivências locais, assim como as percepções estética e sensorial ambiental. Assim, esta fase teórica da pesquisa já pode sugerir uma necessidade de abordagens mais amplas, trans e interdisciplinares, nas políticas culturais e urbanísticas que tratem das referidas manifestações musicais e similares.

O conceito de espectro sonoro geográfico, assim como o de atmosfera, comparecem como ferramentas valiosas para entender e mapear complexidades acústicas e sensoriais das cidades. Este ferramental permite uma análise mais nuançada dos elementos sonoros que compõem as ambiências urbanas, destacando a interação entre elementos musicais e não musicais, e como estes afetam as interações sociais e, possivelmente, sentidos e significados que seus habitantes compõem dos espaços e vivências que experimentam na frequentação das referidas manifestações.

A pesquisa, em diálogo com a pesquisa de Trotta sobre música que incomoda (Trotta, 2020, 2023), também revelou a importância das condições psicossociais na percepção não apenas musical, mas sonora, em que gostos e preferências individuais, juntamente com as características do ambiente, moldam experiências diárias de diferentes ordens dos cidadãos. Tal entendimento chama a atenção para a necessidade de considerar preferências e sensibilidades locais ao planejar eventos e intervenções urbanas, garantindo que estes sejam inclusivos e respeitem a diversidade sonora e cultural das cidades.

Além disso, nosso estudo corrobora com a literatura existente ao confirmar que os ambientes sonoros não apenas refletem, mas também influenciam a cultura e as práticas sociais. A música e os sons de uma cidade não são apenas elementos que compõem um "pano de fundo", mas agentes ativos na formação do espaço urbano e na identidade cultural de seus habitantes, agindo como atmosferas urbanas. Portanto, políticas públicas eficazes devem integrar o conhecimento dos espectros sonoros geográficos distintos para fomentar ambientes e eventos culturais mais plurais e diversos.

Por fim, esperamos em breve aportar novos subsídios para a pesquisa em andamento, com a imersão etnográfica nas manifestações musicais elencadas anteriormente, escutando-as a partir do conjunto de ferramentas teóricas e posturas investigativas que este estudo apresentou e que, ao mesmo tempo, serve-nos como diapasão metodológico e conceitual para os movimentos de nossos corpos e mentes em campo.

Referências

ANDERSON, B. Affective atmospheres. *Emotion, Space and Society*, Amsterdã, v. 2, p. 77-81, 2009.

BÖHME, G. The art of the stage set as a paradigm for an aesthetics of atmospheres. *Ambiances*, Grenoble, p. 1-9, 2013.

BÖHME, G. *Atmospheric Architectures:* The Aesthetics of Felt Spaces. Londres & Nova Iorque: Bloomsbury, 2017a.

BÖHME, G. *The Aesthetics of Atmospheres*. Londres: Routledge, 2017b.

FERNANDES, C. S.; HERSCHMANN, M. (orgs.). *Cidades Musicais*: Comunicação, Territorialidade e Política. Porto Alegre: Sulina, 2018.

FURTADO, R. G.; PEREIRA, V. A. Experiência Cinética Urbana e Atmosferas Afetivas. *Asas da Palavra*, Belém, v. 20, p. 180-201, 2023.

GRIFFERO, T. Is There Such a Thing as an "Atmospheric Turn"? Instead of an Introduction. *In*: GRIFFERO, T.; TEDESCHINI, M. (eds.). *Atmosphere and Aesthetics*: A Plural Perspective. Londres: Palgrave Macmillan, 2019. p. 11-62.

MCCORMACK, D. Engineering affective atmospheres on the moving geographies of the 1897 Andrée expedition. *Cultural Geographies*, Thousand Oaks, v. 15, p. 413– 430, 2008.

NAVEH, Z.; LIEBERMAN, A. *Landscape ecology*: theory and application. New York: Springer-Verlag, 1994.

OLIVEIRA, M.; MARTINHO, C. Entrevista com Hildegard Westerkamp: "Quando Começamos a Ouvir o Mundo Estamos a Tratar da Vida Toda". *Revista Lusófona de Estudos Culturais*, v. 8, n. 1, p. 243-253, 2021. Disponível online em: https://rlec.pt/index.php/rlec/article/view/3323. Acesso em: 3 abr. 2024.

RIEDEL, F. Atmospheric relations: Theorising music and sound as atmosphere. *In*: RIEDEL, Friedlind; TORVINEN, Juha (eds.). *Music as Atmosphere*:

Collective Feelings and Affective Sounds. Londres & Nova Iorque: Routledge, 2020. p. 1-42.

SCHAEFFER, P. *Traité des objets musicaux*. Paris, França: Éditions du Seuil, 1966.

SCHAFER, R. M. *A afinação do mundo*. São Paulo: UNESP, 2012.

SCHROER, S. A.; SCHMITT, S. B. Introduction: Thinking through atmospheres. *In*: SCHROER, Sara Asu; SCHMITT, Susanne B. (eds.). *Exploring Atmospheres Ethnographically*. Londres: Routledge, 2018. p. 1-11.

SHAW, R. The making of pub atmospheres and George Orwell's Moon Under Water. *In*: SCHROER, S. A.; SCHMITT, S. B. (eds.). *Exploring Atmospheres Ethnographically*. Londres: Routledge, 2018. p. 30-44.

STENSLUND, A. The harsh smell of scentless art: On the synaesthetic gesture of hospital atmosphere. *In*: SCHROER, Sara Asu; SCHMITT, Susanne B. (eds.). *Exploring Atmospheres Ethnographically*. Londres: Routledge, 2018. p. 153-171.

SUMARTOJO, S.; PINK, S. *Atmospheres and the Experiential World*: Theory and Methods. Londres & Nova Iorque: Routledge, 2019.

TROTTA, F. *Annoying Music in Everyday Life*. Londres: Bloomsbury Academic, 2020.

TROTTA, F. Gosto musical, moral incômodos. *MATRIZes*, v. 17, n. 2, 2023. Disponível em: https://doi.org/10.11606/issn.1982-8160.v17i2p25-48. Acesso em: 26 jun. 2024.

TRUAX, B. *Handbook for Acoustic Ecology*. Vancouver: Simon Fraser University Press, 1978.

Elas na escuta: cartografia digital de mulheres em espaços incomuns na música

Beatriz Polivanov
Beatriz Medeiros

Introdução

"Energia Feminina vai florescer nesse festival. Vocês sabiam que esse ano só tem mina no online?" Neste texto em seu post no Instagram, a DJ Heloah está divulgando sua participação em um evento conhecido que ocorre na região serrana do Rio de Janeiro, o festival de música Rock the Mountain. A artista chama a atenção para o fato de que, na pista onde irá tocar, somente haverá artistas mulheres se apresentando[80], algo que vai na contramão da grande maioria dos festivais de música, dominados pelos homens.

Não só nos principais eventos musicais, mas também nas premiações, observa-se uma predominância masculina tanto entre os artistas que se apresentam quanto dentre os premiados (Bain, 2019; Youngs, 2019). Além disso, como argumentamos em trabalho anterior (Polivanov; Medeiros, 2020), as mulheres também são deixadas de lado em parte relevante da bibliografia sobre a música.

Observamos aqui mais especificamente que, quando se trata de certas funções dentro da cadeia produtiva da música – como DJs, bateristas e produtoras musicais –, sua participação é ainda menor se compararmos a outras, como de cantoras, levando ao que Medeiros (2023) cunhou como "espaços incomuns na música" para as mulheres.

[80] O line-up de um evento é a programação com os nomes dos/as artistas que irão se apresentar nele, em geral informando também os horários em que cada um irá performar.

Desse modo, visamos trazer com este trabalho contribuições de ordem tanto epistemológica quanto empírica no que concerne a modos específicos sobre como a desigualdade de gênero opera na indústria da música, a partir do olhar/escuta voltado para mulheres e pessoas de gênero não binário que atuam nesses "espaços incomuns". Buscando atentar para suas potências e estratégias e tomando as "mídias conectivas" (Van Dijck, 2012) como campo central de disputas por visibilidade/audibilidade, nossa questão central de pesquisa é: quais são algumas das agentes que têm se destacado nesses espaços incomuns e como têm se apropriado das "mídias sociais" com vistas a se autoapresentarem e divulgarem seus trabalhos?

Como toda pesquisa acadêmica, fizemos alguns recortes importantes com o intuito de torná-la factível, dentre os quais destacamos: a) estamos trabalhando com a categoria "mulheres" e "pessoas de gênero não binário", reconhecendo a importância dos estudos de gênero que vão apontar os limites reducionistas e problemáticos das categorias "homem" e "mulher" (Butler, 1999), ainda que não façamos aqui uma problematização mais densa sobre eles; b) optamos por focar em artistas que são oriundas ou residentes no momento no estado do Rio de Janeiro, tendo em vista tanto a relevância do local como polo agregador de "cidades criativas da música" (Fernandes; Herschmann, 2018) quanto o fato de ambas as pesquisadoras serem também desta localidade, possibilitando em etapas futuras da pesquisa a observação participante de shows/gigs e eventos presenciais; c) escolhemos a plataforma de rede social Instagram como campo de observação, uma vez que, em nossas pesquisas recentes, ela ainda tem se mostrado como a mais apropriada pelas agentes estudadas em sua presença digital cotidiana; d) delimitamos um recorte temporal dos últimos seis meses – isto é, de setembro de 2023 a março de 2024 – para nossas observações do campo, visando trazer dados os mais recentes possíveis; e) devido às trajetórias de nossas pesquisas recentes, acabamos por focar mais em cenas de rock e música eletrônica – incluindo o funk como "música eletrônica popular brasileira" (Pereira de Sá, 2007) –, entendendo que elas são marcadas historicamente por participantes majoritariamente masculinos ocupando o lugar de artistas, enquanto a participação feminina fica mais relegada ao lugar de público (Farrugia, 2012).

Como abordagem metodológica, inspiramo-nos na cartografia e na Teoria Ator-Rede (TAR) a partir de Bruno Latour (2012), no sentido de buscarmos seguir, dentro da macrocontrovérsia da desigualdade de gênero na indústria musical, algumas/ns agentes que, para nós, têm se destacado no escopo que definimos para o trabalho.

Desse modo, tendo como foco 28 artistas que atuam no estado do Rio de Janeiro, nosso objetivo principal é gerar uma cartografia da atuação online de mulheres e pessoas de gênero não binário que ocupam "espaços incomuns na música", focando na plataforma Instagram. O intuito é mapear como elas se autoapresentam e promovem seus trabalhos online, considerando três eixos: a) corporeidades – que corpos femininos são esses e como são atravessados por múltiplas "avenidas identitárias" (Akotirene, 2019); b) sonoridades – que sons produzem –; e c) territórios onde atuam. Visamos entender como essas práticas contribuem para a ocupação desses espaços incomuns e para a construção de uma ação política. Nosso intento é, assim, cartografar não uma cena musical específica, mas as performances digitais de artistas femininas que buscam ser visíveis e audíveis como parte relevante, mas ainda pouco reconhecida, da "força movente da música" (Herschmann; Fernandes, 2023), ainda que tenhamos como foco artistas vinculadas a cenas do rock e eletrônico. Para tal, na seção seguinte iremos apresentar com mais profundidade a noção de "espaços incomuns na música" para as mulheres. Em seguida, compartilharemos os modos através dos quais nossos dados de pesquisa foram produzidos, para na sequência fazermos as discussões sobre eles e apresentarmos nossa cartografia em construção.

Sobre os espaços incomuns na música para mulheres

Como já demonstrado em pesquisas anteriores (Berkers; Schaap, 2019; Medeiros, 2021; Polivanov; Medeiros, 2020) e, de maneira empírica, em relatórios de investigação como os de Einsenlohr *et al.* (2020), Hernandez, Smith e Pieper (2022) e Liska (2019), a determinação de papéis de gênero relacionados à função exercida na indústria musical é um problema generalizado – ou seja, que não se pauta pelo gênero/cena musical ou região do mundo. Essas delimitações são processos histórico-culturais marcantes para a presença feminina nos espaços públicos, culturais e no mercado de trabalho, processos constituintes da "normativa somática" (*somatic norm*), como demonstrado por Nirmal Puwar (2004).

Puwar, em seu livro *Space invaders: race, gender and bodies out of place* (2004), aponta que existem mudanças aparentes – ainda que lentas e desiguais – nas organizações sociais e em diferentes setores do mercado de trabalho, incluindo as posições de alto cargo. No entanto, essas mudanças ainda não são o suficiente para lidar com a normativa somática que delimita os espaços de atuação na sociedade a partir do gênero e da raça. Ao contrário, a presença de mulheres não brancas nesses espaços traz consigo um paradoxo: ainda que haja essa ocupação, essas pessoas são "invasoras de espaço". Assim,

> espaços sociais não são vazios e abertos para a ocupação de qualquer corpo. Existe uma conexão entre corpos e espaço que é construída, reproduzida e contestada com o tempo. Enquanto qualquer um pode, em teoria, entrar [nesses espaços], apenas alguns tipos de corpos são tacitamente definidos como ocupantes "naturais" de específicas posições. Alguns corpos são considerados como tendo o direito de pertencer enquanto outros são marcados como invasores que são, de acordo com como espaços e corpos são imaginados (politicamente, historicamente e conceitualmente), estabelecidos como estando "fora do lugar" (Puwar, 2004, p. 8, tradução das autoras[81]).

[81] No original: "social spaces are not blank and open for any body to occupy. There is a connection between bodies and space, which is built, repeated and contested over time. While all can, in theory, enter, it is certain types of bodies that are tacitly designated as being the 'natural' occupants of specific positions. Some bodies are deemed as having the right to belong, while others are marked out as trespassers, who are, in accordance with how both spaces and bodies are imagined (politically, historically and conceptually), circumscribed as being 'out of place'."

O que Puwar chamava, então, de "invasoras de espaço", dialoga diretamente com aquilo que estamos apresentando neste trabalho para mulheres que ocupam os "espaços incomuns na música". Ainda que determinações de funções baseadas em construtos sociais relacionados aos papéis de gênero sejam comuns em diferentes mercados e áreas de atuação (Hirata, 2001), na indústria musical observamos uma limitação feminina tanto em funções de *backstage*, quanto no *frontstage*. Essa limitação tem especificidades no que tange a diferentes gêneros e cenas musicais aos quais artistas se subscrevem (Polivanov; Medeiros, 2020). Assim, no rock – especialmente em subgêneros como heavy metal, hardcore e punk –, mulheres são menos vistas como instrumentistas, produtoras e membros do corpo técnico de produção e aparecem muito mais facilmente como parte do público consumidor e audiência (Riches; Lashua; Spracklen, 2014) e, quando em bandas, como vocalistas (Medeiros, 2024). De igual maneira, na música eletrônica, existe uma evidente falta de presença feminina como DJs e produtoras musicais (Farrugia, 2012). Esses são alguns dos espaços definidos por gênero e há, portanto, a desnaturalização da presença feminina neles. Mulheres que atuam como instrumentistas, produtoras, DJs, entre outras funções definidas como "naturalmente" masculinas, são tidas como invasoras de espaço nos espaços incomuns na música.

Essa baixa presença acarreta consequências difíceis de serem contornadas, já que acabam por reforçar alguns estereótipos: sexualização de seus corpos em prol do ganho de visibilidade e capital; contentamento com funções marcadamente femininas, como o vocal; e uma maior cobrança e escrutínio por parte de homens na cena que questionam suas qualidade e conhecimentos (Abtan, 2016; Schaap; Berkers, 2014).

Esses indicativos demonstrados em diferentes meios teóricos e percebidos por mulheres tanto no rock como na música eletrônica dão espaço para a conceitualização e o debate da noção de "espaços incomuns para mulheres na música", sua presença e atuação. O termo é uma nomenclatura para a definição de um processo social que marginaliza mulheres atuantes no mercado musical. Os espaços incomuns nem sempre são percebidos, mas são naturalizados a partir da perspectiva masculinista do mercado. Ainda assim, eles vêm sendo combatidos por mulheres que os sentem com a percepção da falta de representação, a sensação de insegurança em determinados espaços, os constantes questionamentos relacionados aos seus conhecimentos e qualidades como profissionais e a personificação estereotipada generalista – como, por exemplo, a groupie, a namorada e a garota da banda. Dessa maneira, ainda que uma instrumentista, produtora, DJ, roadie etc., não sinta que está realizando uma atividade incomumente delegada a mulheres, as predeterminações histórico-culturais e as expectativas sociais calcadas nos papéis de gênero indicam a função como não usual.

Entendendo que a indústria musical, em especial o rock e a música eletrônica, é um território dominado pela masculinidade, mulheres precisam se esforçar e, em alguns casos, expor-se mais para conseguir espaço, legitimidade e respeito entre seus pares. De acordo com um estudo realizado por Clawson ainda em 1999, as bandas de rock são espaços onde a masculinidade é o imperativo comum. Dessa maneira, a guitarra – que seria o instrumento mais chamativo e representativo do gênero musical – é um instrumento mais escolhido por homens: um "instrumento masculino por excelência". Similarmente, a bateria expressa sua presença a partir do alto som e vigor físico associado à sua manipulação e, de acordo com a construção social ligada a essas características, acaba sendo muito mais facilmente vinculada ao gênero masculino (Smith, 2014). Assim, Clawson indica que, em alguns subgêneros do rock, o lugar como baixista é mais comumente ocupado por mulheres – em comparação a guitarra e bateria –, já que não ocupa essas instâncias de demonstração de poder masculino na formação da banda.

Essa limitação que coloca mulheres bateristas e guitarristas, por exemplo, como ocupantes desses espaços incomuns na música traz consequências que são perceptíveis e sentidas por elas. Na pesquisa realizada por Medeiros (2023), é possível ver que mulheres se sentem mais pressionadas pelo perfeccionismo para provar sua qualidade de artistas no rock. Isso também foi percebido por um estudo publicado por Schaap e Berkers (2014) que notou que mulheres performers no heavy metal recebem mais conselhos técnicos por parte de homens do que homens performers. A mesmíssima questão é apontada por Farrugia (2012), Abtan (2016) e Polivanov (2020) quanto às mulheres que atuam como DJs em cenas de música eletrônica. Elas também são mais cobradas e têm suas capacidades mais questionadas e testadas pelos seus pares. Segundo as/os autoras/es, a baixa presença feminina nessas ocupações também causa o processo de transformação dessas mulheres em símbolos (*tokenism*); ou seja, elas não são entendidas como artistas e performers, mas como *mulheres* artistas e performers, o que causa generalização e preconceitos direcionados a elas com relação à sua qualidade como membras de bandas ou pessoas criativas.

A presença feminina em espaços incomuns na música para mulheres, portanto, gera consequências justamente pelo olhar masculinizado que é voltado a determinadas funções. Em contrapartida, algumas mulheres desenvolvem estratégias de sobrevivência e ascensão nesses espaços, objetivando inclusive a *normalização* da presença feminina. Observamos, por conseguinte, que a criação de redes de apoio focadas em educação e capacitação musical e a divulgação do trabalho feminino e criação de eventos musicais em que as habilidades de mulheres serão valorizadas e celebradas é uma das estratégias mais presentes na contemporaneidade e que permeia tanto espaços online quanto offline (Medeiros, 2023).

Na presente pesquisa focamos no aspecto da divulgação de seus trabalhos e nos modos de autoapresentação que vêm sendo empregados por artistas femininas em seus perfis em plataformas de redes sociais e que são, argumentamos, uma maneira de lidar com os espaços incomuns na música para mulheres.

Procedimentos metodológicos

Como apontado na introdução, temos como inspiração metodológica neste trabalho a Teoria Ator-Rede (Latour, 2005). Ponderamos, contudo, que não estamos defendendo que nosso trabalho siga efetivamente todas as etapas e preceitos da TAR e das abordagens neomaterialistas (Lemos, 2020). Inclusive propomos um "peso" maior às agentes humanas em nosso percurso cartográfico, afastando-nos de certo modo de uma "ontologia plana" (Latour, 2012). Mas nos inspiramos principalmente pela ideia de seguirmos as agentes e atentarmos para atores não humanos – como fotos, vídeos, hashtags e taggeamentos – e suas linguagens/gramáticas agenciadas pelo Instagram, que nos parecem trazer aspectos relevantes sobre as estratégias usadas pelas artistas em busca de visibilidade/audibilidade.

Com o objetivo de mapear os processos de divulgação e autoapresentação de artistas que atuam nas cenas de música eletrônica e rock do Rio de Janeiro, realizamos um levantamento dos *perfis públicos* de 28 mulheres – 15 mais vinculadas à primeira cena e 13 mais inseridas na segunda, ainda que entendamos, claro, que há fluidez nesses pertencimentos, sendo possível que algumas transitem ainda por outras cenas[82]. Realizamos um processo de levantamento que se iniciou seguindo algumas das agentes que julgamos relevantes dentro da temática a partir de participantes de nossas pesquisas anteriores e depois se expandiu a partir de um percurso que entendemos como de "perambulação digital". Ou seja, a partir dos perfis que já conhecíamos, começamos a encontrar novas referências através de marcações (tags) em posts, indicações da própria plataforma Instagram por perfis semelhantes, a partir da lista de seguidores das artistas e ainda por matérias jornalísticas publicadas online. Assim, não temos a pretensão nem o objetivo de gerar, neste momento, uma vasta cartografia que vise elencar a quase totalidade de mulheres artistas em espaços incomuns nas cenas de rock e música eletrônica no Rio de Janeiro. Mas visamos construir um mapeamento inicial que apresente uma parte de uma rede de agentes mais ampla.

[82] A autora Melina Santos Silva argumenta, a partir de sua relevante pesquisa sobre as cenas de rock angolanas, como tendemos a separar cenas e gêneros musicais a partir "de binarismos referentes aos sistemas de classificações e de lógicas do conhecimento inseridas nas [suas] categorias de reconhecimento" (Santos Silva, 2023).

Os perfis selecionados no presente artigo foram de mulheres que atuam naquilo que entendemos como espaços incomuns na música nessas duas cenas: DJs, produtoras musicais, bateristas, baixistas, guitarristas, entre outras. Algumas delas exercem mais de uma função, como é o caso de DJs que são também produtoras musicais e de artistas multi-instrumentistas. Em alguns poucos casos, elas atuam em espaços normatizados como aceitáveis para a presença feminina, como é o caso de vocalistas. No entanto, essas também estão na posição de multi-instrumentistas, guitarristas, baixistas etc., o que, para nosso entendimento, as coloca como presentes nesses espaços incomuns.

Após selecionadas as 28 artistas, fizemos a coleta de uma postagem de cada uma delas na plataforma Instagram, totalizando, assim, 28 postagens, dentro do recorte temporal dos últimos seis meses, conforme mencionado na Introdução deste artigo. A intenção é que esse seja o princípio de uma cartografia mais abrangente e que, a partir disso, possamos contribuir para a discussão latente sobre gênero, música e a criação de "*territorialidades* habilitadas a ressignificar e potencializar a experiência urbana" (Fernandes; Herschmann, 2020, p. 165) também nos espaços digitais. Partimos, assim, da premissa de que os posts no Instagram nos dão a ver/ouvir performances das artistas, que ganham um patamar de alcance mais amplo a partir da mediação tecnológica.

Feita a coleta das 28 postagens, utilizamos a plataforma Google Formulários e o software Excel para manualmente organizarmos os dados e criarmos categorias de análise que pudessem nos trazer subsídios empíricos sobre as corporeidades, sonoridades e territorialidades dessas artistas a partir de elementos tanto discursivos quanto materiais. O formulário, preenchido pelas próprias pesquisadoras, continha o total de 20 questões, sendo as cinco primeiras relacionadas aos dados pessoais das artistas (nome, nome de usuário, número de seguidores[83], profissão na indústria musical e cena musical à qual se vincula). É importante desta-

[83] Aferidos no período entre 4 e 12 de março de 2024, quando se deu a coleta dos dados.

car que nas duas últimas "perguntas" era possível selecionar mais de uma resposta, considerando que as mulheres presentes na cartografia muitas vezes atuam com mais de uma função musical e em mais de um gênero/cena musical.

Cabe apontar que as publicações no Instagram atualmente podem ser de três tipos: reels, stories ou posts. Nesta fase da pesquisa, optamos por focar somente em posts, tendo em vista que são menos efêmeros que os outros dois tipos. Assim, as demais questões do formulário preenchidas pelas pesquisadoras traziam informações sobre: data da postagem; link para a mesma; se se tratava de uma publicação fixada ou não[84]; texto do post reproduzido na íntegra; se se tratava de uma postagem com uma única imagem ou carrossel[85]; que formato/linguagem tem a imagem postada (algumas opções são: foto, vídeo, flyer, entre outras); quais recursos discursivo-materiais específicos da cultura digital a postagem traz (como hashtags, tagueamento de outros perfis, geolocalização e música "embedada") e três perguntas de campo aberto para que as pesquisadoras pudessem fazer anotações livres sobre os três eixos que guiam o trabalho. A seguir, apresentamos os dados levantados e a discussão dos mesmos.

Discussão de dados

As categorizações aqui propostas não são estanques, mas aparecem como formaturas que nos auxiliam na compreensão do que deve ser ob-

[84] Uma postagem fixada no Instagram é uma publicação específica que um/a usuário/a escolhe destacar em seu perfil, mantendo-a no topo de sua página por um período de tempo prolongado. Quando uma postagem é fixada, ela fica acima das outras postagens mais recentes no perfil do/a usuário/a, tornando-se um dos primeiros conteúdos que os visitantes verão ao acessar o perfil. Isso dá destaque a uma mensagem que se deseja evidenciar para o público.

[85] A funcionalidade "carrossel" permite aos usuários postar até dez fotos ou vídeos em uma única publicação, como se fosse uma apresentação de slides, onde os seguidores podem deslizar para a esquerda ou para a direita para ver todas as imagens ou vídeos incluídos na publicação. Lembramos que uma marca da "gramática" do Instagram é a centralidade da imagem e, portanto, qualquer publicação na plataforma tem que ter ao menos uma foto ou vídeo (não pode ser somente um texto ou conteúdo sonoro, por exemplo). No caso dos posts com carrossel, analisamos somente a primeira imagem postada, mantendo o total de 28 itens de análise.

servado nessas performances online e no que define seus "engajamentos performativos" (Souza; Balieiro, 2021), ou seja, ações criativas que influenciam e são influenciadas pela rede. Antes de passarmos aos três eixos centrais, julgamos relevante trazer outras informações sobre as artistas e suas postagens.

Como mostra o Gráfico 1 a seguir, as mulheres atuantes na cena de música eletrônica tendem a ter mais seguidores do que as mulheres das cenas de rock investigadas. Esse dado levanta uma hipótese de que, possivelmente, artistas da música eletrônica estão mais presentes nos espaços online – de uma maneira geral – do que aquelas envolvidas com o rock. Ademais, tem havido uma popularização crescente da música eletrônica a partir principalmente dos anos 2010 no Brasil. Acrescenta-se ainda que em particular a participante 2, DJ e produtora musical, possui elevado número de seguidores (também) por ser filha de um músico nacional de grande renome, já falecido.

Gráfico 1 – Número de seguidores no Instagram por perfil.

Fonte: Elaborado pelas autoras.

No que tange às publicações, entendemo-las aqui como "rastros digitais" multilinguísticos que materializam corpos, sons e territórios em ambientes de plataformas como o Instagram. Apropriando-nos em parte das categorias analíticas propostas por Van Dijck para observar as mídias conectivas pela perspectiva da TAR, entendemos tais plataformas como construtos sociotécnicos e buscamos atentar para três de seus elementos/agentes: a tecnologia em si, os usuários/usos e o conteúdo. Contudo, ao contrário de percorrermos um caminho de explicitar cada um dos três separadamente em nossa análise, como o faz Van Dijck, buscamos aqui compreender como operam juntos no processo de dar a ver/ouvir corpos, sons e territórios, nossos três eixos norteadores. Ademais, concordamos com a perspectiva de Pereira de Sá, trazida em discussões orais acadêmicas, de que à noção de conteúdo no livro de Van Dijck deveria ser adicionada também a de formato/linguagem deles, buscando justamente atentar para as especificidades materiais das "audiovisualidades musicais" contemporâneas.

Conforme indicado, os posts aqui analisados foram realizados entre os dias 11 de setembro de 2023 (data da primeira publicação) e 6 de março de 2024 (data das últimas publicações). Observamos uma maior quantidade de posts em fevereiro de 2024, mês em que a maioria das artistas estava retomando os seus trabalhos, ou divulgando eventos musicais em decorrência do Carnaval (Gráfico 2).

Gráfico 2 – Datas das publicações no Instagram.

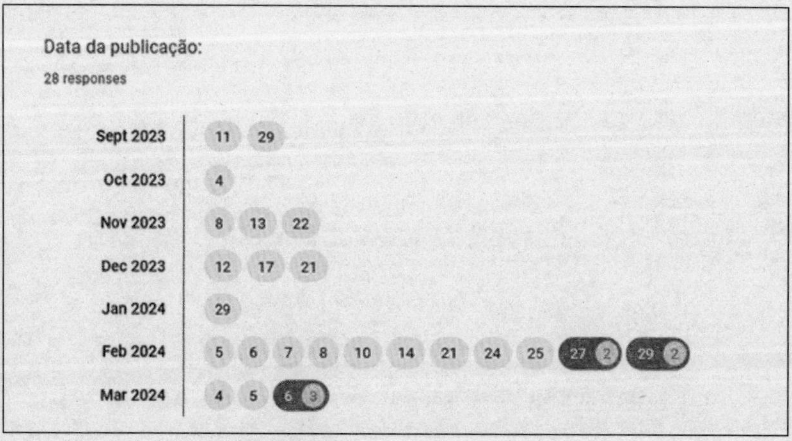

Fonte: Elaborado pelas autoras.

No que se refere às imagens analisadas, propusemos uma categorização quanto ao seu formato/linguagem, obtendo os seguintes resultados: 12 fotos; 7 vídeos (dentre os quais observamos cinco vídeos de performances ao vivo[86], um videoclipe[87] e um que denominamos videoarte[88]); 7 flyers ("folhetos" para divulgação de eventos) e dois que identificamos como "outros" por não se enquadrarem exatamente em nenhuma das subcategorias anteriores (uma foto com trechos escritos de entrevista dada por uma DJ e uma colagem de fotos com o texto "clubber periférica" de outra DJ). Ainda que nossa base de dados seja estatisticamente irrelevante, sob uma perspectiva qualitativa, tais dados parecem nos apontar para algumas especificidades das audiovisualidades publicadas pelas artistas, como a não centralidade do videoclipe como produto midiático por excelência nessas cenas e a importância dos flyers como peças de divulgação nas mesmas.

No que tange aos textos das postagens, observamos, além do discurso em si, os recursos discursivo-materiais que são estratégias interessantes para a demarcação territorial que mostra onde essas artistas estão atuando, as redes formadas por elas e as suas conexões com as sonoridades – desde gêneros e estilos musicais até materialidades e estéticas. Dessa maneira, e como é possível observar no Gráfico 3 a seguir, apenas uma das postagens não utilizou nenhum desses recursos. A maioria (60,7%) utiliza a marcação (ou *taggeamento*) de outros perfis e a geolocalização (35,7%) como estratégias performáticas em seus perfis.

[86] Como este, disponível em: https://www.instagram.com/p/C3oyuIypuHZ/. Acesso em: 2 abr. 24.
[87] Disponível em: https://www.instagram.com/p/CzZcwEvv-AE/. Acesso em: 2 abr. 24.
[88] Disponível em: https://www.instagram.com/p/CowWd6GrGAA/?hl=en&img_index=1. Acesso em: 2 abr. 24.

Gráfico 3 – Recursos utilizados nos textos das publicações no Instagram.

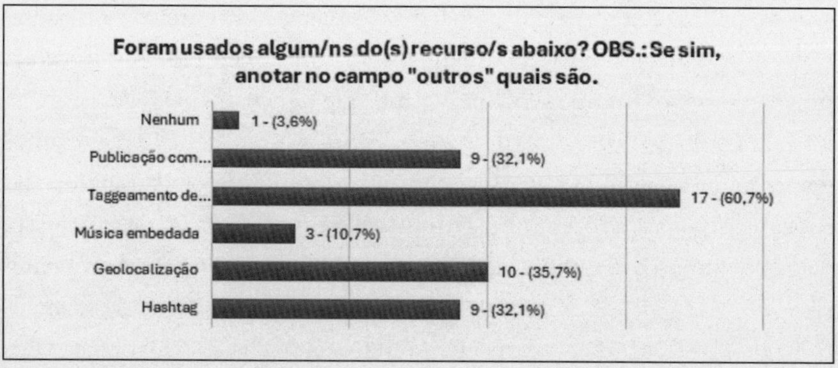

Fonte: Gráfico gerado por Google Formulários com base em dados produzidos pelas autoras.

A partir dessa apresentação dos dados produzidos pela pesquisa, iremos agora nos deter mais especificamente nos três eixos centrais, discutindo sobre o que os posts dão a ver/ouvir sobre as corporeidades das artistas, as sonoridades que elas (re)produzem e os territórios onde performam.

a) Corporeidades

De início destacamos que, dentre as imagens dos 28 posts analisados, 25 continham de fato os corpos das artistas presentes, em fotos de divulgação, bastidores ou vídeos nos quais eles estão performando, dentre outros. Apenas três imagens não os traziam, sendo uma delas um flyer somente com os nomes de artistas que iriam se apresentar em um festival de música (post mencionado no início do texto) e informações gerais sobre ele; outra com a foto do gato de uma guitarrista e outra com um videoarte feito por outra guitarrista.

Dentre as 25 imagens com visibilidade para os corpos das artistas, destacamos que, segundo nossa percepção, 14 são de mulheres brancas, nove de mulheres negras, uma de mulher parda e uma amarela. Temos consciência de que se trata de nossa percepção, enquanto pesquisadoras brancas, sobre suas raças, não se tratando de autodefinições, o que pode ser, evidentemente, contestado. Ainda assim, acreditamos ser relevante fazermos um esforço de racializarmos tais corpos, atentando para a dimensão da interseccionalidade que vai trazer à tona as diversas opressões que afetam as diferentes mulheres a partir das múltiplas "avenidas identitárias" (Akotirene, 2019) que as atravessam. Nesse sentido, somos inspiradas pela valiosa contribuição que a pesquisadora Fernanda Carrera traz de observarmos – e denunciarmos – as "matrizes de opressão que atravessam os corpos e os sujeitos" como algo "fundamental para a compreensão dos efeitos comunicacionais por eles engendrados" (2023, p. 1). Ainda que não logremos aplicar efetivamente, neste trabalho, a ferramenta teórico-metodológica da roleta interseccional criada pela autora, buscamos não tomar a categoria "mulheres" como algo dado e homogêneo, atentando para o lugar de privilégio que as artistas brancas ocupam na sociedade em relação às não brancas, sendo "privilegiadas apesar de" serem mulheres, em diálogo com a noção de "otherwise privileged" de Kimberlé Crenshaw[89]. Assim, destacamos o perfil da guitarrista da banda Texuga, cujas postagens denunciam constantemente o racismo. A artista inicia sua autoapresentação no Instagram do seguinte modo: "O lixo vai falar, e numa boa ✊🏿🌈👩⚕️".

É importante destacarmos, assim, a potência de vermos mulheres negras, pardas e amarelas atuando como guitarristas, baixistas e bateristas de bandas ou atuando como DJs em pistas de dança. Lembramos o apagamento das mulheres negras na história do rock e da música eletrônica dançante/de pista, que foi criada e popularizada por pessoas negras, pardas, cuir e imigrantes, mas que até hoje se mantém como lócus de desigualdade de gênero e raça (além de classe) no que tange a quem ocupa seus espaços centrais – muito calcado na figura do DJ.

Interessa-nos, ainda, discutir o que os corpos femininos das artistas estão fazendo nas postagens, o que eles estão performando nos espaços incomuns da música para as mulheres. Em nosso percurso cartográfico,

---

89 Ademais, em trabalhos futuros visamos refletir também sobre os desafios que as artistas do corpus identificadas como mulheres trans ou de gênero não binário enfrentam nessas cenas musicais.

que poderia nos levar a múltiplos caminhos de análise, destacamos a relevância dos olhares delas para as câmeras, seja nas gravações das performances "ao vivo", seja nas fotos, parecendo nos convidar a fugir do "male gaze", a olhar para elas para que possamos escutá-las melhor, conforme ilustram as imagens a seguir:

Imagem 1 – Fotos de artistas com olhar para a câmera

Fonte: Instagram

Nas postagens, as corporeidades aparecem também discursivamente. Enfatizando a dimensão do gênero feminino, destacamos termos usados como "energia feminina", "mina/s", "mulherada", "garotas" e "gatas extraordinárias", que remetem a uma ideia de sororidade e de convocação para que elas se apoiem na divulgação de seus trabalhos, aspecto que aprofundaremos em análises futuras.

b) Sonoridades

Um dado emergente no nosso levantamento é o envolvimento das artistas em múltiplas cenas musicais. Assim, os gêneros "música eletrônica" e "rock" são tomados aqui como "guarda-chuvas", enquanto, na práxis do fazer musical, eles – e outros – se embaralham. Um exemplo desse intercâmbio de gêneros musicais pode ser observado na postagem da participante 23, baterista atuante na cena de rock com bandas de hardcore e pop-rock, mas que, no período do Carnaval, estava trabalhando com blocos e bandas de marchinha de carnaval de rua: "CUIDAAAA!!!

Agendinha de Carnaval pra gente gerar junto: [...] bebam água, usem camisinha, E se beber não dirija! ".

Esse intercâmbio de gêneros musicais para determinadas artistas e, devemos destacar, em especial para aquelas que se encaixam em espaços incomuns, como é o caso da bateria, pode ser explicado a partir de três eixos: a mudança na perspectiva de gêneros musicais como categorias fixas, a mudança na cobrança da "fidelidade" de um artista a um único gênero musical como forma de legitimação de autenticidade e a necessidade de estar em espaços diferentes para ganhar visibilidade e, consequentemente, dinheiro pelo trabalho desempenhado. Os três eixos encaixam-se na proposta de descategorização de gênero musical como apresentada por Silva (2021, p. 2): "A descategorização da música não é sinônimo de eliminação dos sistemas de classificação musical, mas proporcionaria uma abordagem mais próxima das vivências e dos conhecimentos dos atores sociais".

Seguindo a perspectiva da autora, a descategorização dos gêneros musicais é um processo que parte do próprio pensamento decolonial em observação de produtores e artistas musicais angolanos que, apesar de negarem o enquadramento musical nas mesmas categorias Eurocêntricas de música, não produzem canções de rock que rompem com os gêneros musicais canônicos. Por uma demanda do próprio campo e dos atores presentes nele, Silva então propõe-se a pensar na possibilidade de uma práxis decolonial de fazer musical não tão determinante pelas regras de gênero, como as propostas por Frith (1996), por exemplo, mas uma que fuja da "lógica dicotômica de sistematização de gêneros musicais" (Santos Silva, 2021, p. 11).

Ainda que, para o presente artigo, não tenhamos questionado como as artistas se sentem ao serem enquadradas em um gênero/cena ou em outro/a, a *movimentação entre gêneros* parece ser uma demarcação dessa necessidade da descategorização de gêneros e está diretamente conectada com o que observamos como sonoridades em muitas das publicações. A esse respeito, destacamos o post de uma das DJs, aproximando o funk da música eletrônica:

> "Clubber Periférica" diz muito sobre mim como artista, principalmente nesse momento. Dentro de mim existe essa dualidade entre a música eletrônica no geral e a vivência com funk, seja ouvindo em casa, na favela que eu moro, na festa que eu frequento. Trago nesse projeto minha visão de como isso se encaixa, culturas interligadas que fazem eu me sentir representada por serem diferentes (Participante 12).

Sua fala aponta também para os territórios musicais por onde transita – casa, favela, festa. Assim, passamos à discussão sobre o fluxo e a ocupação dos espaços dessas mulheres no que envolve as cenas e a própria cidade que habitam.

c) Territórios

O eixo categórico de território funciona de duas maneiras nessa cartografia: como *marcação geográfica*, uma perspectiva mais literal de território seguindo a geolocalização utilizada nas publicações, e a presença delas em *espaços diversos de fruição musical/artística,* representados por subcategorias que serão elencadas a seguir.

Nem todas as publicações utilizam o recurso da geolocalização, mas entendemos que essa estratégia é uma forma de demonstrar sua presença e, de certa forma, definir a cena em que elas se enquadram. A maioria das indicações de marcação geográfica (Imagem 2) encontra-se na região mais central da cidade do Rio de Janeiro, com duas entradas no bairro de Vila Isabel, quatro na região portuária do Rio e três nas imediações do bairro da Lapa. As três regiões têm como característica serem espaços muito frequentados na noite carioca e abrigarem uma grande quantidade de bares, casas de festa, restaurantes e outros espaços possíveis para shows.

Imagem 2 – Mapa do Rio de Janeiro com a indicação de espaços onde performam as artistas.

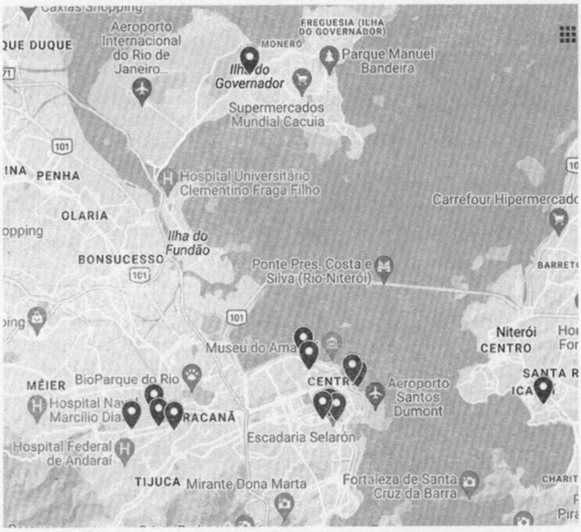

Fonte: Google Maps com marcação de locais elaborada pelas autoras.

Além dessas regiões, é possível observar duas marcações na região metropolitana no estado do Rio de Janeiro: uma na Ilha do Governador, bairro da Zona Norte do Rio, e uma na cidade de Niterói. A multiplicidade de locais nos quais essas mulheres se apresentam faz parte da construção de "territórios sônico-musicais" (Herschmann; Fernandes, 2014) na região do Rio de Janeiro.

Marcações que não entraram na imagem, mas que também foram realizadas por artistas em suas publicações, demarcavam espaços fora do Rio de Janeiro. Foram elas: uma em Barra Mansa (RJ), uma em Salvador (BA), uma em Fortaleza (PE), uma em Goiânia (GO), uma em Petrópolis (RJ) e uma em São Paulo (SP). Fora do Brasil também houve um indicativo de geolocalização em Londres (Reino Unido). É importante recordar que, para a seleção desses perfis, utilizamos como critério que as artistas fossem originalmente do estado do Rio de Janeiro, ou que atuassem de maneira constante na cena da região. No entanto, observamos que a presença delas em espaços que vão além da cidade ou do estado do Rio de Janeiro é uma demonstração da polinização de seus fazeres musicais e da progressão de suas carreiras como musicistas em escala glocal (Herschmann; Fernandes, 2014).

Indo além da definição de territorialidade como marcação geográfica, também observamos outras subcategorias de território onde as "territorialidades sócio-musicais" (Herschmann; Fernandes, 2014) se fazem presentes através das postagens. Das 28 publicações analisadas, 24 possuem indicativos dessas subcategorias, em sua imagem ou texto:

Tabela 1 – Subcategorias de territorialidades sócio-musicais

Casa de eventos	10
Espaço doméstico	6
Festival	3
Bar/Restaurante	1
Espaços múltiplos	1
Estúdio de gravação	1
Navio	1
Premiação	1

Fonte: Elaborada pelas autoras

Não surpreendentemente, a maior quantidade de publicações recai na subcategoria de casa de eventos. Essas publicações são vídeos e fotos dessas mulheres performando ao vivo, ou em cima de palcos, ou de frente a uma plateia, ou em um momento nos bastidores de algum show. Com essas publicações e marcando esses espaços, essas mulheres se materializam a partir de memórias ou de anúncios de seus trabalhos nos espaços incomuns da música. Elas utilizam suas imagens em cima dos palcos, com instrumentos, ou mesmo vídeos enquanto tocam para um público como maneira de reforçar a ocupação nesse espaço musical. Esse é o início do processo de naturalização de suas presenças, assim como debatemos anteriormente. O mesmo processo perpassa as publicações com a demarcação de festivais, estúdios de gravação e premiação[90], ainda que menos numerosas em nosso corpus.

Considerações finais

O presente artigo partiu da noção de "espaços incomuns na música" para mulheres e pessoas de gênero não binário, realizando uma cartografia dos perfis de 28 artistas presentes nas cenas de música eletrônica e rock do Rio de Janeiro, a partir de três eixos temáticos: corporeidades, sonoridades e territórios. Dentro desses eixos buscamos observar como se dão os "engajamentos performativos" encadeados por essas artistas em suas publicações a partir de um olhar/escuta atento aos conteúdos audiovisuais e discursivos.

Em se tratando de corporeidades, observamos publicações exaltando atividades femininas e a agência de mulheres nas cenas. As artistas se colocam à frente e evidenciam seus trabalhos e de outras mulheres, realizando um apoio mútuo. Debates relacionados à raça e à presença de mulheres negras nas cenas também são latentes em algumas publicações e dão o tom da luta interseccional travada por elas.

Com relação a sonoridades, observamos desde movimentações de associação a gêneros musicais específicos até a promoção dos trabalhos musicais dessas artistas. Algumas publicações também nos desafiaram a pensar na fluidez das categorizações de gêneros musicais e como várias artistas frequentam espaços que em alguns pontos da história poderiam ser vistos como controversos.

Trabalhando as territorialidades, foi possível mapear através das publicações os espaços de atuação dessas artistas, bem como outros espaços de interesse múltiplo, como é o caso dos espaços domésticos, por exemplo. A partir desse eixo, é possível ter uma noção do espalhamento

[90] Ainda mais interessante, a publicação conectada com a premiação parte para a legitimação, já que é uma indicação a um dos prêmios do Women's Music Event Awards, a primeira premiação musical inteiramente feminina do Brasil.

dessas mulheres não apenas no estado do Rio de Janeiro, como nacional e internacionalmente, mostrando até onde seus fazeres musicais alcançam.

Apontamos ainda que, congregando os três eixos de análise, as materialidades dos posts trazem também o que podemos chamar de *"evidenciações de redes"*, observadas a partir de imagens (por exemplo, publicações de fotos com outras/os artistas e bandas) e textos (com a marcação de perfis e a menção nominal de artistas e bandas conhecidos). Elas são um indício da presentificação corpórea-sonora-territorial dessas artistas em cenas musicais. Assim, essas mulheres não apenas se inserem em circuitos culturais (Janotti Jr.; Pereira de Sá, 2013) relevantes da cidade/estado, como também nos espaços incomuns da música.

Por fim, diversas outras categorias de análise, triangulações de dados e questionamentos emergiram dessa cartografia, mostrando a riqueza, amplitude e diversidade do campo e das artistas. Contudo, deixamos essas para trabalhos futuros.

Referências

AKOTIRENE, Carla. *Interseccionalidade.* São Paulo: Pólen Produção Editorial LTDA, 2019.

BAIN, Vick. *Counting the Music Industry*: The Gender Gap – Summary of the key finds. United Kingdom: Arts Council England, 2019. Disponível em: https://drive.google.com/file/d/1n5_he8K-ZdAt_dNMnx1WsUyDo1oUJsjP/view. Acesso em: 15 abr. 2024.

BERKERS, Pauwke; SCHAAP, Julian. *Gender Inequality in Metal Music Production.* Bingley: Emerald Publishing, 2018.

BUTLER, Judith. *Gender Trouble.* 2. ed. Nova York: Routledge, 1999.

CARRERA, Fernanda. Roleta interseccional: proposta metodológica para análises em Comunicação. *ECompós*, v. 24, 13 out. 2021.

CLAWSON, Mary Ann. When women play the bass: Instrument Specialization and Gender Interpretation in Alternative Rock Music. *Gender & Society*, v. 13, n. 2, p. 193-210, 1999.

EISENLOHR, Elisa; GUZZO, Pedro Henrique; REZENDE, Jair *et al.* Por elas que fazem música. São Paulo: União Brasileira de Compositores, 2020. Disponível em: https://www.ubc.org.br/anexos/publicacoes/Por-Elas-Que--Fazem-a-Musica-2020.pdf. Acesso em: 26 jun. 2024.

FARRUGIA, Rebekah. *Beyond the Dance Floor*: Female DJs, Technology and Electronic Dance Music Culture. [*s.l.*]: Intellect Books, 2012.

FERNANDES, Cíntia; HERSCHMANN, Micael. Música, sons e dissensos: a potência poética feminina nas ruas do Rio. *MATRIZes*, v. 14, n. 2, p. 163–179, 2020.

FERNANDES, Cíntia; HERSCHMANN, Micael (org.). Um debate relevante envolvendo ideias fora do lugar? *In*: *Cidades musicais*: comunicação, territorialidade e política. Porto Alegre, RS: Sulina, 2018. p. 7–15.

HERNANDEZ, Karla; SMITH, Stacy; PIEPER, Katherine. *Inclusion in the Recording Studio?* Gender and Race/Ethnicity of Artists, Songwriters & Producers across 1,000 Popular Songs from 2012-2021. Los Angeles: USC Annenberg and Spotify, 2022. Disponível em: https://assets.uscannenberg.org/docs/aii-inclusion-recording-studio-20220331.pdf. Acesso em: 26 jun. 2024.

HERSCHMANN, Micael; FERNANDES, Cíntia. *A força movente da música*: cartografias sensíveis das cidades musicais do Rio de Janeiro. Porto Alegre, RS: Sulina, 2023.

HERSCHMANN, Micael; FERNANDES, Cíntia. *Músicas nas ruas do Rio de Janeiro.* [s.l.]: Sociedade Brasileira de Estudos Interdisciplinares da Comunicação – Intercom, 2014.

HIRATA, Helena. Globalização e divisão sexual do trabalho. *Cadernos Pagu*, n. 17-18, p. 139-156, 2002.

LATOUR, Bruno. *Reagregando o social: uma introdução à teoria do Ator-Rede. Salvador*: EDUFBA, 2012; Bauro: EDUSC, 2012.

LEMOS, André. Epistemologia da comunicação, neomaterialismo e cultura digital. *Galaxia* (São Paulo, online), ISSN 1982-2553, n. 43, p. 54-66, jan.-abr., 2020. Disponível em: https://revistas.pucsp.br/galaxia/article/view/43970/31631. Acesso em: 26 jun. 2024.

LISKA, Mercedes. *Relevamiento Estadístico de la Actividad Musical*. Buenos Aires: Instituto Nacional de la Música, 2019. Disponível em: https://inamu.musica.ar/pdf/observatorio-informe-relevamiento-generos-con-anexo.pdf. Acesso em: 7 abr. 2021.

MEDEIROS, Beatriz. "Meninas não tocam percussão": o rock underground a partir da perspectiva de uma percussionista do saravá metal. *Tropos: Comunicação, Sociedade e Cultura*, v. 10, n. 2, 2021. Disponível em: https://periodicos.ufac.br/index.php/tropos/article/view/5022. Acesso em: 26 jun. 2024.

MEDEIROS, Beatriz. *The Sound of Sisterhood*: A Study of Female Musicians Building Networks Against Unusual Spaces in the Global South. Tese (Doutorado em Filosofia) – Cotutela entre PPGCOM da Universidade Federal Fluminense e Universität Tübingen, 2024. Disponível em: https://publikationen.uni-tuebingen.de/xmlui/handle/10900/151121. Acesso em: 15 abr. 2024.

PEREIRA DE SÁ, Simone. Funk carioca: música eletrônica popular brasileira ?! *In:* XVI COMPÓS, PPGCOM da UTP. *Anais* [...]. Curitiba, 2007.

POLIVANOV, Beatriz; MEDEIROS, Beatriz. Mulheres na indústria da música: do techno ao metal, do "norte ao sul". *In*: PEREIRA DE SÁ, Simone (ed.). *Territórios afetivos da imagem e do som*. [s.l.]: Selo PPGCOM/UFMG, 2020.

PUWAR, Nirmal. *Space invaders*: race, gender and bodies out of place. Oxford/New York: Berg, 2004.

RICHES, Gabrielle; LASHUA, Brett; SPRACKLEN, Karl. Female, Mosher, Transgressor: A "Moshography" of Transgressive Practices within the Leeds Extreme Metal Scene. *IASPM@Journal*, v. 4, p. 87-100, 2014.

SANTOS SILVA, Melina. O que significa descategorizar o gênero musical? *Revista Música Hodie*, v. 21, 2021. Disponível em: https://www.revistas.ufg.br/musica/article/view/66600. Acesso em: 7 set. 2023.

SANTOS SILVA, Melina. *We do rock too*: Formas de Criatividade do Movimento do Rock Angolano. Rio de Janeiro: Eduerj, 2023.

SOUZA, Patrick; BALIEIRO, Fernando. Linn da Quebrada e os engajamentos performativos com as mídias digitais: uma análise sociológica de uma trajetória artística dissidente de gênero. *Revista Estudos Feministas*, v. 29, n. 2, p. e67834, 2021.

VAN DIJCK, José. *Culture of Connectivity*: A Critical History of Social Media. Oxford: Oxford University Press, 2013.

YOUNGS, Ian. *Pop music's growing gender gap revealed in the collaboration age*. Disponível em: https://www.bbc.com/news/entertainment-arts-47232677. Acesso em: 15 abr. 2024.

As pistas do Rio Vermelho: a cena musical de house e techno no território da boemia em Salvador

Tatiana Rodrigues Lima
Cláudio Manoel Souza
Natan C. Silva

No lounge: uma conversa sobre o bairro e o método

Este texto busca repensar a emergência, as transformações e o estágio atual da cena de música eletrônica de pista em um bairro boêmio de classe média, o Rio Vermelho, em Salvador, mas, antes da imersão na vibe de luzes e batidas, propomos um lounge textual. No jargão da música eletrônica, o lounge é um ambiente com música para relaxar cujo DJ toca gêneros para ouvir em volume mais baixo com relação às pistas, permitindo que as pessoas conversem. E aqui conversamos brevemente sobre o bairro em foco e a metodologia de investigação. No item seguinte recombinamos referenciais teóricos, em um remix que tem como base o conceito de cena e os atravessamentos das territorialidades. Na batida dessas ideias, dialogamos com os estudos de música e comunicação e também com a geografia para chegar às pistas do Rio Vermelho, traçando um histórico das festas, casas noturnas e demais atores envolvidos. O percurso diacrônico nos instigou a refletir sobre as transformações ocorridas ao longo do tempo no item final, o nosso *after hours*[91] que é um *after years*.

O cenário do nosso lounge é, então, o próprio Rio Vermelho, um bairro com intensa vida noturna, localizado na beira-mar da cidade de

[91] O termo *after hours* designa as festas que têm início normalmente entre 4 horas da madrugada e 7 horas da manhã e se estendem até o meio-dia ou mais, prolongando a experiência dos frequentadores das festas eletrônicas na zona urbana.

Salvador, considerado um lugar de boemia e sede de bares e restaurantes dedicados ao entretenimento noturno em geral, que no início do século 21 começa a abrigar eventos de música eletrônica, passando a integrar de forma regular a cena de e-music soteropolitana[92], a despeito da vocação da capital baiana para os sons que tocam nos trios elétricos e para os gêneros do consumo do pop brasileiro e global.

O Rio Vermelho abriga moradores de classe média e atrai um público jovem e adulto interessado pela vida noturna. Há um fluxo frequente de turistas na Casa do Peso, situada na colônia de pescadores que é o epicentro da Festa de Yemanjá no dia 2 de fevereiro, e que mantém uma sala aberta à visitação e à recepção de oferendas para a Rainha do Mar; também em torno dos tabuleiros de algumas famosas baianas de acarajé da cidade[93] e ainda na casa onde viveram os escritores Jorge Amado e Zélia Gattai. O bairro possui galerias de arte, teatros, intervenções artísticas públicas como graffitis, mosaicos e esculturas; serviços e comércio comuns a bairros residenciais; biblioteca pública, brechós, sebos e livrarias.

De acordo com o Observatório de Bairros Salvador, em 2010 o bairro contava com uma população total de 18.334 habitantes, sendo em sua maior parte autodeclarada branca (43,54%) e do sexo feminino (55,73%). A renda média dos responsáveis por domicílio era de R$ 6.282,00, o triplo em comparação com os dados gerais da cidade de Salvador, que tem R$ 2.054,74 de renda média por domicílio e uma população majoritariamente formada por pessoas autodeclaradas pretas (27,80%) e pardas (51,68%).

O bairro mais meridional da cidade (Calabrese, 2016) está na região central, mas não no Centro Histórico; tem praias, mas em uma extensão menor do que nos bairros da chamada orla marítima. Território dos Tupinambás até o século XVI, o local "foi se transformando num povoa-

[92] Nos anos 2000 também havia no centro de Salvador boates em que ocorria a reprodução de música eletrônica, mas sem mixagem: no estilo playlist. Esses eventos atraíam e atraem outro segmento de público, de menor renda, com outras características identitárias, tendo dinâmicas de produção distintas, que requerem uma pesquisa igualmente detalhada, mas que não está no escopo deste trabalho.

[93] Dois exemplos são os quiosques das baianas Cira e Dinha. Ambas já faleceram, mas seus familiares mantiveram as receitas originais e os negócios.

do de pescadores e pobres lavradores (século XVII)" (Jesus, 2005, p.1). O período de maior transformação urbanística foi o início do século XX, quando houve a implantação dos transportes de lotação e de bondes elétricos, ligando o centro da cidade ao bairro que até então era um local de veraneio. Entre os anos 1950 e 1970, segundo Cook (2019, p. 29),

> diversos membros da classe artística encontraram abrigo no local, dos quais se destacam Antônio Risério, Caetano Veloso, Carlos Bastos, Carlos Lacerda, Carybé, Dorival Caymmi, Gey Espinheira, Hansen Bahia, Humberto Porto, João Ubaldo Ribeiro, Jorge Amado e Zélia Gattai, Lennie Dale, Luiz Caldas, Mário Cravo Júnior, Nildão, Panela, Paulinho Boca de Cantor e Pepeu Gomes. Em função disso, inúmeros visitantes ilustres eram vistos entrando e saindo das casas do Rio Vermelho com certa frequência – retroalimentando esse status.

Observa-se então uma forte especulação imobiliária, aumentando o valor dos imóveis próximos ao mar. "Desde meados do século XX, a orla do Rio Vermelho tem passado por um severo processo de apropriação, com a vertiginosa edificação de prédios de alto padrão, fato que resultou numa acelerada verticalização na costa" (Gusmão, 2017, p. 3). Começou uma elitização e gentrificação ainda em curso em Salvador, tendo como contrapartida um deslocamento populacional. "O entorno do bairro foi sendo cada vez mais ocupado por favelas, refletindo o modelo desigual de desenvolvimento econômico implantado na cidade" (Gusmão, 2017, p. 4). Isso e outros fatores, discutidos adiante, tornam a cena eletrônica do bairro excludente no que se refere à população negra e de baixa renda.

Observamos essa cena com atenção para seus protagonistas de uma perspectiva identitária interseccional e considerando também as demais agências dos atores humanos e não humanos envolvidos (Latour, 2012). Pesquisamos festas que tiveram regularidade acima de seis meses e casas dedicadas à música pista (clubes e boates). Foram realizadas pesquisas em sites jornalísticos e de música, levantamentos em plataformas de compartilhamento de áudio e nas redes sociais dos atores envolvidos, onde foram coletados flyers e outros materiais de divulgação. Após essa etapa, realizamos entrevistas semiestruturadas com os atores da cena e foi possível refletir sobre os fatos e os conceitos aqui discutidos.

Remixando conceitos: música eletrônica, cenas e territorialidades

Apropriamos no intertítulo acima a ideia de remix, um tipo de manipulação de conteúdos musicais bastante comum no universo sonoro aqui estudado. Remixar é fazer uma nova versão de uma música alterando elementos como a batida, os volumes dos sons, o andamento etc. Em se tratando do conceito de música eletrônica de pista, Débora Baldelli (2004, p. 7) sintetiza:

> a música eletrônica de pista, principalmente o que chamamos de mixagem, é, portanto, o conjunto de ações e reações do público e do DJ. A forma como a música é apresentada em cada pista de dança é composta por uma combinação única de pessoas que compõem o público e da forma como suas reações são interpretadas pelo DJ, adicionadas também a efeito de luzes, bebidas alcoólicas, e todo o conjunto de fatores.

A história da música eletrônica remonta às vanguardas e ao experimentalismo do início do século XX. Já a cena eletrônica brasileira surge na década de 1990, consolidando-se ao longo dos anos 2000 (Pereira de Sá, 2003). Os gêneros de pista que têm maior centralidade neste trabalho, house music e techno, foram criados nos anos 1980 nos clubes underground das cidades de Chicago e Detroit, respectivamente. A população negra e LGBTQIAPN+ teve agência central nessa expressão cultural, que se expandiu para outros centros urbanos. A house music é um estilo surgido em Chicago, no estado do Illinois (EUA), na primeira metade da década de 1980, reunindo elementos da soul music e principalmente da disco music, com a adição de baterias eletrônicas, tendo uma batida 4/4 constante e uma velocidade entre 110 e 128 bpm (batidas por minuto). Seu nome faz referência à Warehouse, a casa noturna onde esse gênero ficou conhecido.

Influenciada pela cena de Chicago, bem como pelo som do grupo alemão de *krautrock* Kraftwerk, emerge em Detroit, estado do Michigan (EUA), ainda nos anos 1980, a música Techno, que buscava criar nos ouvintes uma sensação maquínica a partir de ritmos, texturas e do minimalismo das letras, além de ter uma sonoridade com timbres mais profundos, contemplativos e soturnos (Pereira de Sá, 2003) e uma batida mais acelerada, seca e repetitiva, variando entre 120 e 140 bpm.

Estamos tratando, portanto, de gêneros musicais criados, produzidos e apresentados em centros urbanos com o objetivo de propiciar o entretenimento em festas. "Música eletrônica de pista (MEP) serve para dançar sem parar. Sem dúvida, é possível fazer muitas outras coisas ao som de MEP, mas é a imersão em uma experiência intensa de dança ininterrupta, mais que qualquer outra atividade, que define a especificidade da MEP" (Ferreira, 2008, p. 2). Dada sua origem no Norte Global, cabe responder: por que a existência da MEP no Rio Vermelho pode ser analisada neste trabalho como uma cena?

Para Straw (1997, p. 494), uma cena comporta "várias práticas musicais [que] coexistem interagindo entre si com uma variedade de processos de diferenciação". O termo foi utilizado inicialmente no jornalismo cultural para se referir a sociabilidades em torno de movimentos artísticos e vem sendo debatido de forma sistemática em estudos sobre a comunicação há duas décadas. Em uma entrevista a Janotti Jr. (2012, p. 3), Straw afirma:

> a noção de cena desenvolveu-se em duas direções nos últimos vinte anos. Em uma delas, 'cena' é um elemento em uma série lexical que inclui "subcultura", "tribo" e outras unidades sociais / culturais nas quais se supõe que exista música [...]. Em outra direção, recorre-se à "cena" para tentar teorizar a relação da música com a geografia, o espaço.

Nesta pesquisa são centrais para a discussão tanto o gênero abordado – a música eletrônica – quanto sua relação com o espaço geográfico. Entendemos a emergência dos eventos de música eletrônica no também chamado Red River como "uma *cena* [que] nos convida a mapear o território da cidade de novas maneiras enquanto, ao mesmo tempo, designa certos tipos de atividade cuja relação com o território não é facilmente demonstrada" (Straw, 2013, p. 12). Na cena mais ampla do Rio Vermelho – a cena boêmia e dos acontecimentos culturais – buscamos pensar a emergência de eventos de música eletrônica "a partir dos excessos de sociabilidade que rodeiam a busca de interesses, ou que fomentam a inovação e experimentação contínuas da vida cultural das cidades" (Straw, 2013, p. 13), promovendo territorializações e instaurando territorialidades.

A discussão espaço/lugar, território/territorialidade, oriunda da geografia, ganha uma perspectiva comunicacional em alguns estudos sobre a cultura musical. Herschmann (2018, p. 129) assinala que:

> as apropriações e agenciamentos que se produzem em diferentes localidades – que transformam espaços em "lugares" (Santos, 1996 e 2005) – podem não ser exclusivos dos atores pesquisados. Em razão disso é que se postula o termo "territorialidade" e não de "território": aliás, as noções de territorialidade ou até multiterritorialidade (Haesbaert, 2002, 2010 e 2012) parecem ser mais adequadas para analisar as dinâmicas que envolvem de modo geral os agrupamentos sociais.

Observamos que as primeiras festas de e-music ocorriam em lugares que abrigavam também shows e festas de outros gêneros, como descreveremos a seguir. Artistas, produtores e ouvintes da música eletrônica adotavam uma política de difusão das vertentes experimentais da e-music, promovendo uma territorialização que "é, igualmente, transindividualidade e a compartimentação da interação humana no espaço [...] é tanto um aspecto da territorialidade como da transindividualidade" (Santos, 1997, p. 215). Seguindo esse entendimento, os espaços onde ocorreram as primeiras festas tornaram-se *lugares*,

> no lugar – um cotidiano compartido entre as mais diversas pessoas, firmas e instituições – cooperação e conflito são a base da vida em comum. Porque cada qual exerce uma ação pró-

> pria, a vida social se individualiza; e porque a contiguidade é criadora de comunhão, a política se territorializa, com o confronto entre organização e espontaneidade. O lugar é o quadro de uma referência pragmática ao mundo [...], mas é também o teatro insubstituível das paixões humanas, responsáveis, através da ação comunicativa, pelas mais diversas manifestações da espontaneidade e da criatividade (Santos, 1997, p. 218).

Rogério Haesbaert aponta três vertentes básicas para a definição de território: a primeira é jurídico-política, na qual o território é visto como um espaço delimitado e controlado pelo poder público; a segunda é econômica, em que se encontra a dimensão espacial das relações econômicas de trabalho e capital; a terceira é culturalista, "onde prioriza a dimensão simbólico-cultural, mais subjetiva, em que o território é visto sobretudo como o produto da apropriação/valorização simbólica de um grupo sobre o seu espaço" (Haesbaert, 2001, p. 13). Esta terceira vertente será norteadora das discussões a seguir.

As pistas do Rio Vermelho: 2004-2009

Em atividade até os dias atuais, o coletivo Pragatecno está diretamente associado ao advento das festas de música de pista do Rio Vermelho. As duas primeiras festas com periodicidade semanal de música eletrônica no bairro de que tivemos notícia foram promovidas pelo grupo, que tinha uma atuação anterior em outras cidades brasileiras, cabendo situá-lo na cena nacional. Surgido em 24 janeiro de 1998, o grupo foi um dos pioneiros na produção e divulgação da música eletrônica no Brasil. O site oficial define o coletivo como "um núcleo de e-music no norte-nordeste. Sua ideia principal é procurar trazer à tona as novidades da cultura experimental, não comercial da música eletrônica e cibercultura, através da troca de informação entre DJs e produtores nessas regiões"[94].

[94] Disponível em: https://pragatecno.wordpress.com/pragatecno. Acesso em: 27 jun. 2022.

O coletivo começou em Maceió, onde foi criado pelos jornalistas Cláudio M. a.k.a. DJ Angelis Sanctus[95] e Gil Maciel, o designer Nasson Paulo e o arquiteto Henrique Gomes. Ao núcleo inicial, agregaram-se outros DJs e produtores, que se aproximaram a partir do site do Pragatecno e da lista de discussão Pragatecno Brasil. As atividades do Pragatecno passaram a ocorrer em Salvador a partir do ano de 2000, quando Cláudio M. se mudou para a cidade para fazer mestrado. Depois de circular em alguns eventos do município, ele conheceu DJs como Júlio César (DJ Drumn), Môpa, André Urso, Adriana Prates, Telefunksoul e Kikily, que formaram o núcleo do Pragatecno em Salvador. Vale ressaltar que havia outros coletivos e grupos que tocavam alguns gêneros e subgêneros da música eletrônica em Salvador como trance, dub, miami bass e drum'n'bass. No entanto, à medida que o Pragatecno ampliava sua atuação, criou-se uma certa rotina de eventos de house e techno. Em entrevista para este artigo, o DJ Môpa (Marcos Sandes) lembrou que os grupos e promoters em atividade na cidade costumavam se comunicar para que as datas das festas não coincidissem. Essa articulação, que visava não dividir o público, mostra que havia uma comunicação entre os produtores ligados aos diversos subgêneros da música eletrônica local, que envolvia, por exemplo, festas de psytrance em locais abertos e afastados do centro da cidade.

Para além das festas, o Pragatecno tinha a preocupação com a formação dos DJs e com a viabilidade de um circuito underground no Norte e Nordeste brasileiro. O interesse era criar uma comunidade conectada pelo gosto por música eletrônica, portanto, fomentar uma cena no sentido ideológico. Conforme Pereira de Sá e De Marchi (2008, p. 57), a atuação "no caso dos membros do Pragatecno ocorre não só em torno da música, mas de valores estéticos de vanguarda, baseados nas noções de experimentalismo, underground e de um sentido missionário de consolidação da cena de música eletrônica no Brasil".

[95] Cláudio M. é o nome artístico do coautor deste artigo, Cláudio Manoel Duarte de Souza, cujo nick de DJ é Angelis Sanctus. "a.k.a." é uma sigla para "also known as" (em português: "também conhecido como") bastante usada pelos adeptos da música eletrônica.

A festa inaugural do coletivo Pragatecno em Salvador foi o lançamento do volume 1 da coletânea *#SomBinário Pragatecno*, a primeira coletânea nacional de e-music em CD Duplo, no bar Idearium, próximo da praia da Paciência, no Rio Vermelho, em 2000. Em seguida, o coletivo promoveu uma festa mensal de nome Automática no centro da cidade, que destacava a vertente electro-house. O grupo não tinha uma divisão oficial de atividades, mas foi se delineando uma rotina em que Cláudio M. e Môpa coordenavam a montagem técnica e Kikily produzia o material gráfico de divulgação, enquanto os outros integrantes se revezavam nas demais atividades.

A festa semanal OpSom, promovida pelo coletivo Pragatecno e realizada na casa noturna Miss Modular (Rua Morro da Paciência, 3810, Rio Vermelho) às sextas-feiras das 22h às 3h, foi marcante para a cena, e ocorreu de dezembro de 2004 a abril de 2006. O repertório tocado era principalmente de house music com influências do jazz, soul e funk, passeando por várias vertentes como funkhouse tocado pelos DJs Gabão (hoje Gabo Oliveira) e Urso; deep house (DJ Angelis Sanctus), tech-house (DJ Adriana Prates), techno (DJ Santz), drum'n'bass, breakbeat, dub e jungle (DJs Telefunksoul e Drumn). A cada semana um DJ integrante do coletivo fazia o lounge e outro comandava a pista, em um sistema de revezamento. O grupo trazia também DJs convidados. Entre os envolvidos na organização havia apenas uma mulher, Adriana Prates. A maioria dos integrantes do coletivo era cisgênero e de classe média, e dois dos integrantes são negros, Telefunksoul e Urso. "A gente reconhecia que era uma cena masculina. Não é à toa que o segundo seminário do grupo tratou da inserção da mulher na cena eletrônica", observa Cláudio M. (depoimento oral em 2022).

O público da *Opsom* era predominantemente branco, de uma faixa etária entre 20 e 40 anos, composto de artistas do teatro, da música e de outras linguagens, jornalistas, além de profissionais liberais e estudantes universitários, cuja renda permitia circular por um bairro central da cidade, a despeito da pouca disponibilidade de transporte público, e também consumir nos clubes. Era uma política do Pragatecno cobrar ingressos acessíveis, a fim de difundir a cena. Comparando clubes de música eletrônica de uma cidade como São Paulo, por exemplo, o custo para os frequentadores das festas soteropolitanas era bastante inferior, o que não as tornava, entretanto, acessíveis às camadas populares, em função das questões relacionadas à mobilidade urbana e à identidade cultural como discutiremos adiante.

Com o fechamento do Miss Modular, o novo lugar territorializado pelo coletivo no Rio Vermelho foi o Boomerangue, que passou a abrigar a Festa Kick em sua programação semanal. A Kick marcou a "Sexta Eletrônica da Boomerangue e teve a primeira edição em 16 de março de 2007" (Marins, 2016, p. 54). O propósito era "dar um kick (chute) no cenário musical de Salvador, que estava muito parado nessa época", conta Cláudio M. Segundo ele, o conceito partiu do DJ André Urso. A festa começava às 23 horas com um lounge de downtempo e nu jazz até a meia-noite, quando se iniciavam os sets de house music, "com suas vertentes funky, minimal, deep, electro-house e breakbeats".

O Boomerangue (Rua da Paciência, 307) foi fundado pelos empresários Alex Góes (também músico) e Técio Filho, no intuito de ter uma casa noturna com ênfase na música alternativa à chamada axé music. A casa foi um dos principais espaços para a música independente de Salvador, tendo capacidade para 500 pessoas e estrutura de dois andares em que funcionavam dois palcos distintos. Uma notícia do *A Tarde On line* sobre uma edição especial da Kick, em comemoração aos dez anos do Pragatecno, traz detalhes sobre preço e programação:

> A entrada custa R$15, sem taxa de consumação mínima. Com o Flyer promocional da festa (disponível no site: www.pragatecno.com.br) o valor do passaporte ficará R$ 10,00. A classificação é 18 anos.
>
> Seis DJ´s, dentre eles o DJ convidado Benjamin Ferreira, de São Paulo, farão a animação da festa. Benjamin irá trazer o som da *house* e seus subgêneros (*minimal, electrohouse, funky, deep, discopunk, spacedisco*). A festa acontece simultaneamente

> nos três ambientes da casa (*Lounge* no 1º piso, pista do 2º piso e mezanino).
>
> No 1º piso, *chill out* com DJs Kikily, Cláudio M. aka Angelis Sanctus e Môpa. Já no 2º piso, a pista fica por conta dos DJ's André Urso, Gabão e Benjamin Ferreira (SP)[96].

A Kick foi noticiada também nos sites especializados. Segundo o *Overmundo*, a festa tinha "sempre 2 DJs em revezamento por noite"[97]. Os DJs Kikily e Cláudio M. dividiam as atividades de produção com Marcelo Moreno, que fazia o *door*[98].

> A gente conseguia pagar os DJs que tocavam na festa e fizemos uma poupança, que deu para comprar duas caixas de som amplificadas (chegamos a montar duas delas com madeira naval), um mixer, uma mesa de áudio e equipamentos de iluminação, o que deu autonomia para fazer festas em espaços menores sem depender de aluguel de som (Cláudio M., 2022, depoimento oral).

No dia 6 de junho de 2010, a Boomerangue encerrou as suas atividades, e o novo cenário das festas de música eletrônica foi a San Sebastian. A casa noturna voltada ao público LGBTQIAPN+, que foi inaugurada em setembro de 2009, era vizinha da Boomerangue no Rio Vermelho e "em outubro de 2010, os empresários André Magal e José Augusto Vasconcellos inauguraram a casa no mesmo endereço que era da Boomerangue" (Marins, 2016, p. 99). A partir desse momento a cena se complexifica com a entrada de novos atores: os clubes, seus proprietários e suas estratégias comunicacionais. As territorialidades e agências se ampliam, como discutido a seguir.

---

96 Disponível em: https://atarde.com.br/cultura/pragatecno-comemora-10-anos-com-festa-kick-na-boomerangue-112836. Acesso em: 27 jun. 2024.

97 Disponível em: http://www.overmundo.com.br/agenda/kick-a-festa-do-pragatecno/. Acesso em: 27 jun. 2024.

98 *Door* é o termo usado nos clubes em referência ao responsável pela portaria. Com base no conceito da festa, o door permite ou barra a entrada de pessoas.

Clubes dedicados e festas independentes: 2009-2014

A San Sebastian teve projeto arquitetônico de Marlon Gama e luz assinada por Lonardi Doná[99]. A iluminação das pistas era toda em LED e estava ligada à cabine do DJ através do sistema madrix, e com isso as batidas da discotecagem eram sincronizadas com o *light system*. Essas características apontam que a proposta da casa noturna era centrada na música de pista – o que a distingue da territorialização dos espaços também abertos a outros tipos de show musical feita anteriormente. A festa semanal mais tradicional da boate foi a Blessed, que acontecia aos sábados das 23h59 até o amanhecer. Havia um certo clima underground, em função do público LGBTQIAPN+, porém não se tratava da produção de um coletivo ou de outro tipo de grupo. DJs como Filipe Guerra, Felipe Carvalho, Anne Louise, Arthur Berenguer, Rogher Lobo e Oliver Dom Jack eram os residentes da Blessed, que na maioria das vezes tinha um convidado especial para completar o line-up. O tribal house era o subgênero mais tocado, juntamente com o electro-house e a música pop convencional.

Nesse período o Pragatecno reduziu sua participação nas pistas, dedicando-se mais a oficinas e lançamento de coletâneas, mas outros coletivos passaram a protagonizar eventos conceituais da e-music no Rio Vermelho. Um dos eventos de maior periodicidade foi a festa Funhouze, que começou em 2008 e teve várias edições em casas do Rio Vermelho, como a Boomerang, Farol do Rio Vermelho, San Sebastian, Commons Bar, Lebowski, Bar 155 e Europa Club, além de algumas edições especiais de Carnaval no Clube Espanhol, no bairro da Barra. Era uma festa que envolvia moda, música eletrônica e artes visuais, criada pelo jornalista e produtor Zedu Carvalho, que participava da cena trance de Salvador desde a adolescência e fez parte do coletivo Soonon-

[99] Lonardi Doná assinou também as luzes de alguns dos maiores clubes do Brasil, como a The Week, D-Edge, Pacha e Yacht.

moon[100] de 2004 a 2009. Em entrevista para esta pesquisa, ele contou que o nome Funhouze foi inspirado em uma casa de shows de São Paulo (Funhouse) e, para diferenciar, ele trocou o "s" pelo "z", primeira letra de seu nome artístico. Além das características estéticas, a Funhouze tinha a proposta de "educar" na cena eletrônica soteropolitana, com certa rotina e periodicidade.

O perfil do público na Funhouze era de jovens de classe média com idade entre 20 e 35 anos, "interessados pela cultura fora do *mainstream*", o que Zedu classifica como "alternativos". O produtor revelou que a festa "não tinha muita rentabilidade, não chegava propriamente a dar lucro", mas que sempre procurou remunerar bem os DJs e conseguia pagar todos os custos de produção. Zedu afirma que fazer a Funhouze em Salvador, com uma proposta "mais underground", sempre foi muito difícil, a despeito de a cidade já ter "um pioneirismo e uma importância muito grande na música eletrônica do nordeste brasileiro, por conta da atuação do coletivo Pragatecno". A última edição da festa ocorreu em 14 de abril de 2017, no Lebowski Pub (Rua da Paciência, 127). O evento foi descontinuado em função da mudança de Zedu Carvalho para São Paulo.

Outro produtor importante na cena desde esse período é o DJ e performer Jerônimo Sodré, que realizou festas como *Hi-lo, Manifesto* e *Climaxxx*. A festa *Hi-lo*, realizada por ele no Bar Desabafo (Rua da Paciência, 515, Rio Vermelho), teve edições de fevereiro a junho de 2010 e agregou os DJs oriundos da Pragatecno Môpa, Telefunksoul, Adriana Prates, Angelis Sanctus, e André Urso; além de Fábio Leal, Mascoto e dos DJs residentes, o próprio Sodré e Fabrício Camargo.

A *Hi-lo* começou em São Paulo, em um período em que Sodré morava na capital paulista. Quando retornou para Salvador, ele fez a parceria com o Desabafo para realizar a festa às sextas-feiras, o que ocorreu por oito meses consecutivos, até o fechamento da casa. Em entrevista para essa pesquisa, Jerônimo recordou que em São Paulo o perfil do público

[100] O coletivo Soononmon promovia festas de psytrance na Bahia, também chamadas de raves, eventos que ocorrem geralmente em espaços abertos, longe do ambiente urbano.

era predominantemente de clubbers e, em Salvador, o público era de uma geração que anteriormente já acompanhava os eventos do coletivo Pragatecno. Sodré conta que a festa nunca teve patrocínio de empresas ou marcas e que a produção era sempre realizada por ele e alguns colaboradores/parceiros, de forma que não gerava lucro, mas pagava os custos de produção. Segundo ele, um dos principais objetivos passou a ser acessar espaços variados e promover edições gratuitas, atraindo um público "dissidente e de uma classe mais popular". Sodré afirma que em suas festas já era possível observar a presença de uma nova geração de amantes da música eletrônica que se formava na cidade. Era um público "bem misto" e em sua maioria composto de pessoas LGBTQIAPN+. No início, a ênfase musical era house e techno, porque se pretendia cultivar uma cultura clubber em Salvador, segundo Sodré, mas com o passar do tempo os eventos foram se abrindo para "as influências e dinâmicas da música popular brasileira".

Houve na primeira metade da década de 2010 uma proliferação de festas pontuais (não contínuas) de música eletrônica no Rio Vermelho, concomitantemente à difusão global do gênero em grandes festivais e clubes. Marcas relacionadas à vida noturna, como cervejarias e fabricantes de whisky, já tinham começado a promover festivais de e-music de grande porte em São Paulo desde o ano 2000, quando ocorreu o pioneiro Skol Beats, na época, o maior festival do gênero na América Latina. O cenário nacional de adesão da classe média e de grandes patrocinadores repercutiu no Rio Vermelho, principalmente a partir de 2009, quando os empresários da noite que atuavam em outros pontos da cidade abriram casas noturnas no bairro.

Foi o caso dos baianos Fred Barreto de Araújo, Nagib Daiha, Rodrigo Palhares e Augusto Schumacher, que, em junho de 2009, abriram o clube Ego no hotel cinco estrelas Pestana do Rio Vermelho (Rua da Fonte do Boi, 216). Conforme o site *Leia Mais Bahia*, "referência na área de entretenimento, o grupo está à frente de festas que já se tornaram tradição dentro e fora da capital baiana, a exemplo do Camarote Oceania (Carnaval), Sunrise, Pacha Ibiza entre outros"[101]. Os empresários haviam implantado anteriormente a Madrre, uma casa noturna que funcionava na Pituba e foi um importante polo de e-music em Salvador[102].

O clube Ego era francamente direcionado às classes alta e média. Havia dois "camarotes VIP" e os frequentadores podiam "fechar pacotes que incluem a entrada da balada e a hospedagem no Hotel Pestana, com a opção de fechar o camarote batizado de *Absolut 100* e ter acesso exclusivo até o espaço, não precisando enfrentar fila, a partir de um elevador localizado nas dependências do local"[103]. A aposta era no público de alto padrão aquisitivo, como ocorria na Madrre, cujos faturamentos chegavam a R$ 100 mil (Costa, 2011, p. 124). A programação da casa, que funcionou de 2009 a 2013, incluía festas temáticas, que destacavam em seus títulos alguns gêneros da música eletrônica. São exemplos as festas I Love House Music, We Love E-Music e O Melhor da House Music. Todas elas tiveram a presença do DJ residente do clube, Enrico Masiero, que sempre executava a house e o electro-house em seus sets. Outras festas realizadas na casa foram Seduction, Equalizer, Absolut Party e a matinê Equilibrium, por onde passaram os DJs Tommy Oliver, Hashta, Felipe Monteiro e Renata Dias.

Com o encerramento do Ego em 2013, Rodrigo Palhares e dois sócios, os também DJs da dupla Jetlag Paulo Velloso e Thiago Mansur, abriram uma filial baiana do clube nova-iorquino Pink Elephant, franquia que estava em expansão no Brasil após abertura da primeira filial em São Paulo. De início, a proposta foi ocupar o mesmo espaço do Clube Ego no Hotel Pestana, mas as negociações não avançaram e a Pink Elephant Salvador foi inaugurada em 12 de abril de 2014 na "pirâmide" do Rio

[101] Disponível em: https://leiamaisba.com.br/2009/10/15/club-ego-inaugura-novo-conceito-de-entretenimento/. Acesso em: 20 abr. 2022.

[102] A Madrre de Salvador trouxe DJs nacionais e internacionais como o americano Ian Carey, o israelense Infected Mushroom, o alemão Inpetto e o belga Mark Ursa.

[103] Disponível em: https://leiamaisba.com.br/2009/10/15/club-ego-inaugura-novo-conceito-de-entretenimento/. Acesso em: 27 jun. 2022.

Vermelho (Rua Conselheiro Pedro Luiz, 113) contando com a presença de figuras públicas da cidade, como o então prefeito ACM Neto.

A Pink Elephant deu continuidade à proposta do Clube Ego, buscando o mesmo nicho de público de médio e alto padrão de renda, um público branco, heteronormativo, menos ligados às artes (ao contrário dos frequentadores da San Sebastian e das festas independentes citadas), que buscava o entretenimento nas pistas. Nessa perspectiva, os gêneros musicais mais populares, como a house, tiveram destaque nas noites da Pink. Festas como e-cult e Shut up and dance club foram as mais famosas. Em uma das suas edições, a Shut up... teve a presença dos DJs Luan Delucci, Hugo Haus e Roots, além do DJ mineiro Ftampa, que viria a ser o primeiro brasileiro a tocar no maior festival de música eletrônica do mundo, o Tomorrowland, na Bélgica, em 2016. Outros nomes importantes da cena eletrônica marcaram presença no clube, como os DJs Yves Larock (Suíça) e Mark Ursa (Bélgica).

Trânsitos entre atores independentes e os clubes: 2014-2023

Por volta de 2014, o grupo de amigos Paula Rocha, Gustavo Rocha, Ana Julieta Garcia e Gabriela Rabello resolveu realizar festinhas de música eletrônica em seus respectivos apartamentos. Esses eventos informais aconteciam com mais frequência no apê dos irmãos Gustavo e Paula, em Ondina, bairro vizinho ao Rio Vermelho, e ganharam o nome de Festa do Apartamento 31. Devido ao interesse do público, em maio de 2015, eles fizeram uma parceria com o Commons Bar (Rua Odilon Santos, 224, Rio Vermelho), passando a realizar mensalmente as festas Apartamento 31 até 2016. A festa também teve duas edições no Portela Café (Rua Itabuna, 304, Rio Vermelho). Os quatro fundadores do grupo atuavam como DJs residentes da festa, mas as DJs Paula Rocha e Ana Julieta tinham uma presença mais marcante nas pick-ups, tanto que se profissionalizaram e tocam em clubes da cidade até os dias atuais. A festa também contava com DJs convidados, tendo passado por suas pistas artistas como Jerônimo Sodré, Rodrigo Bouzon, Ian Fraguas, Anne Louise, Mauro Telefunksoul, Diego Thaens, Oliberato, Ubuntu e Ciro Frito. Os principais gêneros executados eram house, deep house e gangsta house, além de vertentes mais populares como funk, eletropop e pop.

Em virtude da projeção que a Festa do Apartamento 31 ganhou, surgiu em 2016 um convite do grupo empresarial da San Sebastian para que Paula Rocha assinasse o conceito do clube Berlim (Rua Oswaldo Cruz, 319, Rio Vermelho) e das suas futuras festas. As arquitetas e integrantes do coletivo Ana Julieta e Gabriela Rabello ficaram responsáveis pelo projeto arquitetônico da casa. O nome do clube fazia referência direta à capital da Alemanha, cidade notoriamente reconhecida pela sua ligação com a cultura underground e com a música eletrônica, tendo até os dias atuais clubes que são referenciais como Berghain e Tresor.

A proposta do Berlim era instalar o clima underground na capital baiana, como revelou a produtora Paula Rocha: "não é uma boate, é cultura *under*, é o novo, é o diferente, essa é a nossa ideia" (Rodrigues, 2016). A casa tinha capacidade para 450 pessoas e uma programação diversificada com gêneros que iam além da música eletrônica: rock, trap, hip hop, reggae e dub, por exemplo. De acordo com o jornal *Correio da Bahia*, "a premissa é unir diversas tribos, independente de orientação sexual" (Cruz, 2016). Berlim Sessions era a principal festa do clube, sendo tocados estilos como house, deep house, techno, tech-house, minimal e brazilian bass por DJs como Bhaskar, Paulo Eirado, Iago Belov, Marcelo Vor, Jorge Costa, Violet, Napoli, Sound Cloup, Muv, Dan Libório e Alternative Routes.

O espaço foi inaugurado em 10 de julho de 2016, com a Berlim Sessions, tendo como atração principal o DJ brasiliense Gabriel Boni. O line-up contou ainda com Toko e Rodrigo Bouzon, que é também produtor e passou a ser DJ residente do estabelecimento.

No mesmo ano de 2016, Bouzon criou uma festa que se tornaria um dos maiores festivais de música eletrônica do Nordeste, o Solaris Festival. As suas duas primeiras edições do evento, ainda como festa Sollares, ocorreram no Rio Vermelho, mais precisamente no rooftop do Hotel

Pestana, em fevereiro e março de 2016. Em seguida ocorreu uma parceria entre o clube Berlim e a festa Sollares, de forma que os "warm ups" – popularmente conhecidos como "esquentas" do festival – aconteciam no clube. Ainda assim, o Berlim fechou no primeiro semestre de 2017.

No mesmo ano ocorreu a estreia da festa Rite, uma iniciativa dos DJs Diego Thaens e Jerônimo Sodré, cuja proposta era criar uma espécie de "ritual de música eletrônica", conceito reiterado nos flyers do evento, que sempre trazem referências a uma imagem sagrada. As primeiras edições da festa eram realizadas aos domingos, iniciando às 17 horas. A partir da quinta edição, a festa passou para as sextas-feiras, começando às 22 horas. No total foram mapeadas oito edições da festa no clube XYZ (Rua João Gomes, 249, Rio Vermelho), até o fechamento do lugar, em decorrência de um incêndio[104]. Passaram pela festa nomes como Ângelo Reale, Luca Buzanelli, Eduardo Sampaio, Oliver Jack, Leo Martinez, Adriana Prates, Rodrigo Bouzon, Muv, Gustavo Gouveia, Moika, Yuri Vieira e Acaptcha. Em seguida, a cena continua com a festa *Inferninho baiano* no Portela Café, iniciada em março de 2018. Criada e produzida pelo DJ Rodrigo Bouzon, tinha como objetivo retomar o espírito underground do Berlim, enfatizando vertentes como o techno e o tech-house. Tocaram no Portela nomes do cenário nacional e internacional, com destaque para Ricardo Fahrat, Ciszak, L_cio, Flex b, Zac, Alex Stein, Blancah, Meca, Fran Bortolossi, Fernanda Pistelli, Antdot, Eli Iwasa, Renato Ratier, Valentina Luz, Brisotti e o português Louie Cut. Em junho de 2018 a festa fechou uma parceria com o novo clube do grupo da San Sebastian, o Amsterdam, que funcionava no Largo dos Aflitos, centro de Salvador.

As festas de e-music no Rio Vermelho foram interrompidas entre março de 2020 a setembro de 2021, por conta da pandemia do novo coronavírus (Covid-19). Após o período de distanciamento social, é possível observar o fechamento de alguns clubes e o surgimento de novas festas do gênero como: 909, Pulse, Open mind, assim como o retorno das festas

[104] Disponível em: https://g1.globo.com/ba/bahia/noticia/boate-no-rio-vermelho-em-salvador-tem-parte-interna-destruida-por-incendio.ghtml. Acesso em: 24 out. 2023.

Climaxxx e Vibes. O grupo San Sebastian retomou as atividades em novo endereço (Rua Conselheiro Pedro Luiz, 113, Rio Vermelho), rebatizando seu clube de San e mantendo as mesmas características de repertório e público da casa anterior.

After years: considerações sobre as transformações e limites da cena

Investigamos as territorialidades instauradas na cena eletrônica do Rio Vermelho (Figura1) e identificamos três momentos: 1) ocupação, entre 2004 e 2009, de casas noturnas não voltadas exclusivamente para a música de pista, principalmente pelo coletivo Pragatecno; 2) ampliação do público e maior projeção do gênero em nível global, estimulando o surgimento de clubes dedicados à música de pista e o ingresso de novos agentes (empresários da noite e produtores independentes) entre 2009 e 2014; 3) a coexistência dos dois modelos "interagindo entre si com uma variedade de processos de diferenciação" (Straw, 1997, p. 494) e com um trânsito dos atores entre produções independentes e atuação nos clubes até os dias atuais.

Figura 1 – Música eletrônica no Rio Vermelho (2004 a 2023).

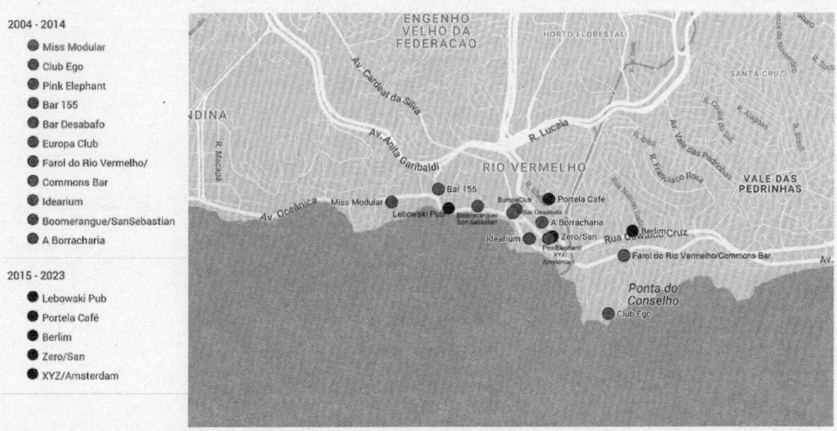

Fonte: Google Maps

Considerando que "cena é um meio de falar da teatralidade da cidade – da capacidade que a cidade tem para gerar imagens de pessoas ocupando o espaço público de formas atraentes" (Straw, 2013, p. 12), percebemos diferentes teatralizações. No momento inicial havia um caráter mais ideológico e underground em produções dos artistas do Pragatecno, motivados pelo desejo de ampliar o número de ouvintes de um gênero com o qual tinham vínculos identitários e afetivos, em uma iniciativa que extrapolava as festas, incluindo uma numerosa produção semiótica: flyers e outros produtos gráficos; djing, iluminação, decoração e outros elementos associados às performances; registros fotográficos e em vídeo dos eventos; gravações fonográficas; conteúdos para blogs, sites e redes sociais; seminários temáticos; mostras de vídeos etc. Vale destacar a formação de DJs, através de oficinas, além da edição e distribuição de fanzines com textos e títulos "propositadamente controversos, a fim de que o debate e as polêmicas ampliassem a atenção para a *e-music*", como revelou Cláudio M. Retomando referenciais teóricos do conceito de cena, Straw (2013, p. 12) destaca:

> Barry Shank (1994) sugeriu que uma cena pode ser definida como "uma comunidade excessivamente produtora de sentido" (p. 122). No interior de uma cena, afirmou ele, "produz-se muito mais informação semiótica do que é possível analisar de modo racional" (p. 122).

Compreendemos que, com o surgimento de espaços com programação e arquitetura voltados para a música de pista, a partir de 2009, confirmou-se uma territorialidade da cena eletrônica no Rio Vermelho, sinalizando que a e-music se tornou um nicho de mercado estável no bairro. Nesse momento o Pragatecno reposicionou-se e abriu outra frente: suprir a escassez de fonogramas de autoria dos DJs brasileiros. O coletivo lançou até os dias atuais sete coletâneas *#SomBinário*. As festas iniciais da Pragatecno inauguraram uma série de eventos de caráter mais próximo do underground por levarem às pistas subgêneros mais arrojados da e-music e pela forma de produção objetivando criar um território para dançar, ouvir e debater música. O modelo retorna nos anos seguintes com festas como Funhouze, HiLo e Apartamento 31, por exemplo. As atividades formativas de plateia e de DJs realizadas pelo Pragatecno e a atuação dos outros coletivos levaram alguns integrantes desses grupos à profissionalização, em que pese que alguns tenham mantido também outras fontes de renda em paralelo.

As casas noturnas San Sebastian, Ego e Pink Elephant traziam DJs cujos sets tinham vertentes pop da e-music e apostaram em públicos específicos: LGBTQIAPN+, no caso da primeira; as classes mais abastadas, no caso das duas últimas. Os objetivos foram predominantemente comerciais, o que as diferencia das produções independentes, que praticamente "se pagavam". As menções a gêneros musicais nos títulos das festas da Ego – house music, e-music – e o capital simbólico da Pink Elephant como filial de um famoso clube de Nova York, por exemplo, marcam posições mais mercadológicas do que ideológicas na cena.

Embora os ingressos para as festas dos coletivos fossem baratos em comparação aos praticados no bairro, isso não foi suficiente para incluir um público negro e/ou de menor renda na cena. A mobilidade urbana foi um fator de exclusão, mas é preciso considerar que o transporte (e o ingresso) são apenas parte dos custos para frequentar a noite, que implica no consumo de bebidas e de outros itens nas casas noturnas, uso de roupas em acordo com a moda praticada pelos agentes da cena etc. – elementos que nem sempre cabem no orçamento das pessoas com menor renda que, mesmo se "furam a bolha", não encontram com quem interagir. Integrar uma cena envolve fatores geográficos, econômicos, identitários, afetivos e relacionados à sensação de pertença à comunidade.

Referências

BALDELLI, Débora. A Música Eletrônica dos DJs e a Produção de uma 'Nova Escuta'. *In:* V CONGRESSO LATINO-AMERICANO DA ASSOCIAÇÃO INTERNACIONAL PARA O ESTUDO DA MÚSICA POPULAR. *Anais* [...]. Rio de Janeiro: UERJ, 2004.

CALABRESE, Federico. *Estudos de requalificação e projeto de valorização urbana do Bairro Rio Vermelho, em Salvador.* Dissertação (Mestrado Profissional em Conservação e Restauração de Monumentos e Núcleos Históricos) – Faculdade de Arquitetura, Universidade Federal da Bahia, Salvador, 2016.

CAMBRIA, Vincenzo. "Cenas musicais": reflexões a partir da etnomusicologia. *Revista da Associação Brasileira de Etnomusicologia*, v. 10, n. 1, 2017. Disponível em: https://www.abet.mus.br/wp-content/uploads/2022/04/0_vol_10_completo.pdf. Acesso em: 23 mar. 2024.

COOK, Bruna Arrowsmith. *Vermelho o bairro boêmio e a música independente de Salvador entre 1990 e 20015.* Trabalho de Conclusão de Curso (Produção em Comunicação e Cultura) – Faculdade de Comunicação, Universidade Federal da Bahia, Salvador, 2019.

COSTA, Juliana Cunha. *Segregação espacial e música eletrônica*: a cena cultural soteropolitana. Dissertação (Mestrado em Geografia) – Instituto de Geociências, Universidade Federal da Bahia, Salvador, 2011.

CRUZ, Gabriela. Berlin é nova balada alternativa no Rio Vermelho. *Correio da Bahia*, Salvador, 4 abr. 2016. Bazar. Disponível em: /https://www.correio24horas.com.br/entretenimento/bazar/berlin-e-nova-balada-alternativa-no-rio-vermelho-0416/. Acesso em: 5 out. 2023.

FERREIRA, Pedro Peixoto. Transe maquínico: quando som e movimento se encontram na música eletrônica de pista. *Horizontes antropológicos*, v. 14, p. 189-215, 2008.

GUSMÃO, R. Requalificação pela desqualificação: o discurso da reurbanização no "novo" Rio Vermelho. *Geousp – Espaço e Tempo* (Online), v. 21, n. 2, p. 531-549, agosto, 2017. ISSN 2179-0892.

HAESBAERT, Rogério. Da desterritorialização *à* multiterritorialidade. Rio de Janeiro. *In*: V CONGRESSO DA ASSOCIAÇÃO NACIONAL DE PÓS-GRADUAÇÃO E PESQUISA EM PLANEJAMENTO URBANO E REGIONAL – ANPUR, *Anais* [...]. v. 3, 2001.

HALL, Stuart. *A identidade cultural na pós-modernidade.* 12. ed. Rio de Janeiro: Lamparina, 2015.

HERSCHMANN, Micael. Das cenas e circuitos às territorialidades (sônico--musicais). *Logos* n. 49, v. 25, n. 1, PPGCOM UERJ Comunicação, Territórios e Re-Existência – 2. Rio de Janeiro: UERJ, 2018. Disponível em: https://www.e-publicacoes.uerj.br/index.php/logos/article/view/35696. Acesso em: 5 jul. 2021.

JANOTTI JR., Jeder. Entrevista – Will Straw e a importância da ideia de cenas musicais nos estudos. *Revista ECompós*. Focando na escuta: som, música e comunicação, v. 15, n. 2, 2012.

JESUS, Maria das Graças Bispo de. Abordagens Geográficas a partir do Resgate Cultural e Dinâmica Sócio-Espacial: O Estudo do Bairro do Rio Vermelho, Salvador, Bahia, Brasil. *Encontro de Geógrafos da América Latina*, v. 10, n. 2005, p. 7139-7149, 2005.

LATOUR, Bruno. *Reagregando o social*: uma introdução à teoria ator-rede. Salvador: Edufba, 2021.

MARINS, Luciano de Andrade. *Efeito Boomerangue*: o legado da casa de show na cena cultural de Salvador. UFBA, 2016. TCC (Graduação em Produção Cultural) – Faculdade de Comunicação da Universidade Federal da Bahia. Disponível em: https://repositorio.ufba.br/handle/ri/28600. Acesso em: 27 jun. 2024.

PEREIRA DE SÁ, Simone. Música eletrônica e tecnologia: reconfigurando a discotecagem. *COMPÓS*, 2003.

PEREIRA DE SÁ, Simone; DE MARCHI, Leonardo. Não basta ser DJ: tem que ser underground! Sobre coletivos e comunidades virtuais de música eletrônica no Brasil. *Revista FAMECOS*, v. 12, n. 26, p. 56-67, 13 abr. 2008.

RODRIGUES, Uran. #Inauguração: Cultura #Underground em foco na Berlim Salvador, no Rio Vermelho. *Uran Rodrigues*, 25 jun. 2016. Disponível em: https://www.uranrodrigues.com/inauguracao-cultura-underground--em-foco-na-berlim-salvador-no-rio-vermelho/. Acesso em: 5 out. 2023.

SANTOS, Milton. *A natureza do espaço*: técnica e tempo, razão e emoção. São Paulo: Hucitec. 1997.

STRAW, Will. Comunities and scenes in popular music. *In*: GELDER, Ken e THORNTON, Sarah (org.). *The Subcultures Readers*. Londres: Routledge, 1997. p. 494-505.

STRAW, Will. Cenas Culturais e as Consequências Imprevistas das Políticas Públicas. *In*: JANOTTI JR., Jeder (org.). *Comunicações e territorialidades*: Cenas Musicais. Guararema, SP: Anadarco, 2013.

O Navio Pirata singra os mares do Atlântico Negro. O sotaque pop da banda BaianaSystem na cena musical afrolatina diaspórica de Salvador

Nadja Vladi Gumes

Introdução

O show intitulado Patuscada Pagodão começa com uma batucada suave com agogôs, intercalado com projeções de imagens de pessoas mascaradas, outros instrumentos de percussão vão sendo incorporados e vão ganhando volume e peso até uma entrada apoteótica dos metais da ópera *O Guarani*, de Carlos Gomes, e a chegada do multiartista Carlinhos Brown acompanhado de pessoas fantasiadas. A performance espetaculosa é um prenúncio do show no qual Brown recebe a banda BaianaSystem em mais um feat do Festival de Verão, em Salvador, em janeiro de 2024. Por cerca de uma hora, os artistas repassam parte da história da música baiana contemporânea regendo uma orquestra de tambores, guitarras, metais e beats eletrônicos com texturas sonoras como ijexá, batuques, cânticos sagrados, guitarras baianas, pagodão, solos à la Jimi Hendrix, cumbia, samba reggae, salsa. A estética do grave toma conta do palco com referências fortes à ancestralidade africana, olhando de frente para a latinidade e para os povos originários, e o diálogo intenso e vibrante com diversas referências da cultura pop transnacional. Essa experiência performática é um bom exemplo para abrir este artigo porque reúne elementos que possibilitam refletir como este encontro reverbera a rede musical afrodiaspórica que movimenta o Atlântico Negro (Gilroy, 2001) ressignificada a partir de Salvador, uma cidade negra[105] da América do Sul.

---

[105] Segundo dados do Censo Demográfico de 2022, do IBGE: 82, 1% da população de Salvador se declara negra.

Ao longo das minhas pesquisas sobre comunicação, música e territorialidades, tenho insistido em nomear esse movimento, que tem Salvador como epicentro, de *cena musical afrolatina/diaspórica.* Nessa investigação pretendo levar o debate para compreender essa cena dentro de duas outras perspectivas: a rede musical afrodiaspórica e a música pop. A intenção é pensar como as territorialidades são materializadas nos produtos culturais com pistas estéticas e políticas que possibilitam entender o lugar de instabilidade do sujeito diaspórico provocado pela modernidade em espaços atravessados por dois ou mais lócus culturais (Hall, 1999). A territorialidade ou multiterritorialidade (Haesbaert, 2005) – entendida como a forma de apropriação social do espaço – ganha relevância na investigação, a partir do uso que se faz do território por diversas corporeidades disruptivas como a negritude, o feminismo, as pessoas do universo LGBTQIAPN+, os imigrantes.

Nesse intuito retorno ao meu primeiro assunto de pesquisa, a banda BaianaSystem, na tentativa de traçar um percurso para repensar como as territorialidades são fundamentais para a elaboração de práticas musicais e promover um exercício que possibilite compreender a trajetória dessa cena em um movimento não linear que trafega dos anos 1970 às primeiras décadas do século XXI. Elementos como coletividade, proximidade geográfica, aproximações demográficas estão presentes nesta investigação que tem a cidade de Salvador como espaço fundamental de mediação.

Essa perspectiva possibilita entender a cena a partir do que foi configurado em 1974 com o surgimento do bloco Ilê Aiyê[106], a partir dos rituais de candomblé, da soul music norte-americana, e que é rearticulada no século XXI com os tambores, beats, metais e a indignação política do BaianaSystem, o que me leva a pensar como essas experiências estão conectadas e atravessadas por "noções de afeto, pertencimento, intensidades". (Gomes, 2023, p. 57). A proposta é pensar como Salvador encena

[106] O primeiro bloco afro da Bahia surge em 1974 no Curuzu/Liberdade, maior bairro negro da América Latina. O Ilê é um bloco onde é vetada a entrada de pessoas brancas como forma de denunciar o racismo em Salvador. O nome é em iorubá e significa Casa de Negros.

sua cultura afrolatina diaspórica e perceber como a imagem da cidade vai sendo narrada por músicas, shows e videoclipes que atravessam a **cena musical afrolatina/diaspórica baiana**.

Ao longo do artigo, minha proposta é tentar responder até que ponto esse movimento que acontece em Salvador é o que podemos chamar de cena musical, e discutir as potencialidades e os limites do termo dentro dos estudos de comunicação e música. Nessa tentativa recorro a algumas discussões que me parecem pertinentes sobre música pop, especificamente aqui dialogando com trabalhos de pesquisadores como Simone Pereira de Sá, Thiago Soares e Motti Regev. Também interessa tensionar sobre tempo e espaço, na perspectiva trazida por David Harvey, ou seja, a partir de práticas sociais em uma perspectiva múltipla. As cidades são também um agente importante neste estudo porque, como coloca Straw, elas "se tornaram sujeitos nas reflexões sobre o valor social e econômico da música" (2018, p. 321). Isso implica pensar "as tramas da música na cidade" (Fernandes; Herschmann, 2023) e como a cena musical negra dinamizou diversas territorialidades "(in)visíveis e subterrâneas" (Fernandes; Herschmann, 2023) em Salvador.

A cena dentro de outra cena

Para pensar na cidade encenada por determinadas práticas musicais, tenho trabalhado o conceito de *cena musical afrolatina/diaspórica* como uma possibilidade de cartografar territorialidades entrelaçadas por raça/etnia, gênero e pós-gênero, sexualidades e classe com o intuito de construir uma análise cultural e interseccional relacionada às experiências forjadas em cidades formadas majoritariamente por uma população negra na América Latina. Parto da hipótese de que a cena que se configura no século XXI é uma atualização da cena de música negra afrodiaspórica baiana que tem como marco o surgimento do bloco afro Ilê Aiyê, em 1974, cujo um dos primeiros sucessos é a música "Que bloco é esse?", de Paulinho Camafeu, lançada em 1975 e gravada por diversos artistas como Gilberto Gil (1977), O Rappa (1996), Daniela Mercury (2006), Criolo

(2012), entre outros. As gravações ampliaram o sotaque pop para os versos "Somos *crioulo doido, somos bem legal/Temos cabelo duro/Somos black power*". A canção ilustra como um dos mais tradicionais grupos baianos é atravessado pela música pop, já que temos ali elementos do Black Power estadunidense, diálogos com a soul music e os bailes black cariocas. Esse movimento foi fortalecido, posteriormente, pelo Olodum[107], a partir da chegada do músico Neguinho do Samba[108] no bloco, sediado no Centro Histórico, em busca de inovações rítmicas para o samba e sua aproximação com o reggae.

Nos anos 1970, em plena ditadura militar instalada no Brasil, autores como Antônio Risério e Goli Guerreiro[109] chamam a atenção para uma nova afirmação de identidade negra em Salvador, nomeada por Risério (1981) como "reafricanização", protagonizada por blocos afro como Ilê Aiyê, Olodum e Muzenza[110]. O surgimento dessa cena musical negra reúne uma rede de artistas, fãs, intelectuais e espaços que foram progressivamente se organizando, principalmente através do Carnaval. Essa efervescência, denominada por Wally Salomão de "blackitude baiana" (Risério, 1981), tem fortes ligações com a música pop, mas também com os afoxés e rituais de candomblé. No início dos anos 1980, o Olodum cria um gênero que se torna mundialmente conhecido, o samba-reggae[111], com inúmeras fontes como ijexá, sambas urbanos, e referências musicais internacionais dos Estados Unidos, da África e da Jamaica. Ao longo das décadas seguintes a cena vai se atualizando como novas refe-

---

[107] O Olodum surgiu no Pelourinho, Centro Histórico de Salvador, em 1979. O grupo é um dos criadores do gênero samba-reggae e gravou com Paul Simon em 1986, e Michael Jackson em 2006.

[108] Neguinho do Samba é um dos fundadores do Ilê Aiyê, em 1983 vai reger a bateria do Olodum.

[109] Os antropólogos escreveram os livros *Carnaval Ijexá* (1983) e *A Trama dos Tambores* (2001).

[110] Muzenza, fundado em 1981 na Liberdade, sempre teve como referência a Jamaica e a sonoridade do reggae.

[111] "Com autoria creditada ao percussionista Neguinho do Samba, o samba-reggae possui diferentes hipóteses acerca de sua origem. No entanto, seu traço principal aparenta ser a fusão rítmica entre padrões utilizados no samba brasileiro e claves caribenhas, como aquelas por trás do reggae. Assim, o compositor Gerônimo defende a hipótese de ter havido uma incorporação do contratempo do reggae ao ritmo do samba, enquanto o músico e pesquisador Bira Reis sustenta que a célula rítmica do samba-reggae reformula elementos da salsa, do reggae, dos sambas urbanos e da música religiosa do candomblé" (Guerreiro, 2010, p. 58).

rências sonoras com diversos artistas como Margareth Menezes, Lazzo Matumbi, Timbalada, Carlinhos Brown, Larissa Luz, Luedji Luna, BaianaSystem, entre tantos outros artistas. O samba-reggae funciona como um *turning point* que dinamiza (Fernandes; Herschmann, 2023) a territorialidade do Pelourinho, inclusive posteriormente, dando a Salvador o título de Cidade Musical[112].

A noção de cena musical afrolatina/diaspórica de Salvador defendida neste artigo passa a ter visibilidade no início dos anos 2009 com o surgimento do BaianaSystem, e tem relação direta com o que Straw intitula "processos de aninhamento e duplicação fractal" (Straw, 2014, p. 479), que se dá quando uma cena surge dentro de outra cena em uma espécie de movimento em espiral. Uma cena faz ninho em outra cena, mas apresenta novas leituras de gêneros musicais como pagode, samba-reggae, ijexá, groove arrastado e, aproximando do rap, dub, afrobeat, funk, cumbia, kuduro, afrobeat. Nutrindo-se de artefatos, produtos e estratégias midiáticas, esses artistas criam uma teia de sociabilidades, compondo a rede musical afrodiaspórica que é constantemente atualizada, mas caracterizada por singularidades territoriais.

Ao tentar compreender o modelo espacial das cenas, é preciso percorrer uma trajetória, um caminho onde a cena se desenvolve, elaborar uma cartografia e compreender as relações entre as territorialidades e a rede. Outro aspecto importante é observar como a coletividade se comporta a partir dos tipos de troca, da proximidade dos grupos, dos interesses, dos gostos. A proximidade geográfica também nos ajuda no entendimento da efervescência cultural, fundamental para caracterizar uma cena, além de aproximações demográficas. Desse modo, entendo que a cena musical também deve levar em consideração os seguintes aspectos: a) compreensão de questões que envolvam fenômenos culturais que acontecem em territorialidades da América Latina, constituídas por

[112] Em 2016, Salvador recebeu da UNESCO o título de "Cidade da Música". Este reconhecimento, que teve muita importância para a administração municipal, fortaleceu a longa tradição da cidade em ter a música como um dos principais vetores da sua economia, da sua estética e da sua política.

uma diáspora forçada; b) particularidades de práticas musicais forjadas em territorialidades que abrigam aspectos de subalternização, mas também de resistências e potências; c) atravessamento das práticas musicais do Sul por questões de raça, gênero, pós-gênero, sexualidades; e) a importância da música nos processos de reterritorialização dos espaços urbanos por corpos disruptivos; f) a interseccionalidade como um instrumental teórico-metodológico relevante nos estudos da cultura urbana para dar conta de um sistema de opressão que funciona de forma interligada e estrutural.

Os estudos de corpos políticos ambientados em experiência espaço-temporais de racismo/colonialismo/colonialidade requerem exercícios teóricos e metodológicos que possibilitem entender fenômenos culturais ambientados entre a opressão e a resistência promovidos pela experiência colonial. É nesse jogo – entre o cíclico e o cronológico, movimento e retorno, passado e futuro – que se constroem diferentes temporalidades que coexistem no mesmo produto cultural. A ideia de rede, conexão e ancestralidade fica evidente para pensar na cena musical a partir de uma territorialidade afrolatina. Há na obra desses artistas o desejo em contar uma nova história, colocando em cena o devir negro (Mbembe, 2018) que cria possibilidades múltiplas de se contrapor a uma agenda de dominação. A territorialidade afeta a performance desses artistas e, ao evocar a ideia de "lócus fraturado" (Lugones, 2020), queremos entender um ser que é "construído duplamente, que percebe duplamente, relaciona-se duplamente, onde os 'lados' do lócus estão em tensão, e o próprio conflito informa ativamente a subjetividade do ente colonizado em relação múltipla" (p. 942).

O pop não poupa ninguém

Na tentativa de compreender as conexões dessa cena com a Rede Musical Afrodiaspórica e a Música Pop, voltemos para 2 de fevereiro de 2022, dia da Festa de Iemanjá, data que a banda BaianaSystem lançou o single do clipe *Reza forte*[113], parte do álbum *OXEAXEEXU*. A data não é por acaso. Nesse dia, Salvador (Bahia) se transfigura e a Praia do Rio Vermelho[114] torna-se um lugar sagrado para se presentear Iemanjá[115], a Rainha do Mar. Ao conectar o lançamento de um single a uma festa importante na cidade com a maior população negra da América Latina, é importante entender a intenção da banda ao compartilhar uma experiência que atravessa sujeitos e sujeitas desta territorialidade, e propor um exercício sobre os fenômenos culturais urbanos para compreender processos de resistência e potência em um "lócus fraturado" (Lugones), uma investigação que dê conta desse lugar de tensão "em um estado constante de transição" (Anzaldúa, 2012, p. 27), povoado por habitantes "não legítimos", a lógica moderna do Ocidente.

"Reza forte" começa com versos da "Canção da Violência", extraída da "Cantata pra Alagamar"[116], um canto que denunciava a luta no campo nos anos 1970 no Nordeste do Brasil: "Primeiro é nunca matar/ Segundo, jamais ferir/Terceiro, estar sempre atento/Quarto, sempre se unir/Quinto, desobediência/Das ordens de sua excelência/Que podem nos destruir". As imagens que se cruzam mostram o mar, barcos, soldados em marcha, indígenas atentos na mata e negros em rituais de matriz afrobaiana. A música mistura cânticos sagrados com uma percussão forte, permeada por uma reza que conecta povos originários, África e América Latina. Gravado na Ilha de Itaparica, que fica na Baía de Todos os Santos em frente a Salvador, o videoclipe evoca questões sobre disputa de terras no Brasil, passeia pela espiritualidade, pelo pensamento

[113] Canção composta por Russo Passapusso e Seko Bass, está no Navio Pirata, Ato I do álbum *OXEAXEEXU*, produzido durante a pandemia da Covid-19, apresentado em três atos – Navio Pirata, Recital Instrumental e América do Sol, com o total de 21 faixas.

[114] Bairro boêmio de Salvador que abriga umas das colônias de pescadores mais antigas da cidade e responsável pela Festa de Iemanjá.

[115] A Festa de Iemanjá acontece no bairro litorâneo do Rio Vermelho, no litoral da capital baiana. É uma das mais importantes da cidade de Salvador e faz parte de um calendário de festas populares que começa em dezembro e se estende até o Carnaval, em pleno verão brasileiro.

[116] Esta é uma peça musical composta para denunciar abusos sofridos por famílias camponesas residentes na fazenda Alagamar, localizada na Paraíba, Nordeste do Brasil, em 1979.

mágico e remonta a uma ancestralidade que perpassa Itaparica, território que era dos povos Tupinambá, antes da chegada do colonizador, e também à primeira parada dos navios que traziam pessoas escravizadas para o Brasil.

Figura 1 – Imagem do videoclipe *Reza forte*

Fonte: site oficial do BaianaSystem

Aqui temos elementos importantes para essa investigação, como a escolha da data da Festa de Iemanjá para o lançamento do videoclipe e o próprio produto cultural com referências afrodiaspóricas como a espiritualidade, a luta por terras, o embate com o colonizador, as rezadeiras. Com a participação do rapper B-Negão, a sonoridade é marcada por uma percussão forte e funciona como uma espécie de ritual contemporâneo de proteção, bem marcado pelo refrão "Folha de arruda, pé de coelho e sal grosso". Trazemos o videoclipe porque ele ilustra as dinâmicas estabelecidas nessas territorialidades para perceber como as práticas musicais em cidades como Salvador estariam envolvidas em um processo "que consiste na aquisição de novo material cultural de uma cultura estrangeira, a perda ou deslocamento de si próprio e a criação de novos fenômenos culturais" (Taylor, 2013, p. 157). A transculturação proposta por Taylor, a partir do antropólogo cubano Fernando Ortiz[117], é um caminho que possibilita entender as perdas impostas pela colonização e pela escravização, mas também a incorporação e alteração de práticas culturais, "criando um sistema dentro de outro" (Taylor, 2013, p. 161) e novos idiomas estéticos (Regev, 2013).

Voltemos ao show Paredão Patuscada, para entender como o local adentra esses contextos globais e produz "novos idiomas estéticos", encenando o sotaque pop da cena afrolatina de Salvador. Aqui gostaria de destacar o solo de guitarra do músico baiano Roseval Evangelista, chamado por Brown de "O Hendrix baiano". Em um show que começou com o ritmo do ijexá, passando pelo pagode baiano, a salsa cubana, o rap, a apresentação de um solo de guitarra em quase três minutos demonstra o quanto essa cena é construída de mediações diversas. Neste mesmo show, Brown fez várias referências aos orixás, caboclos e encantados, dialogando com o pagodão, e Ary Barroso jogou pipoca na plateia, fez solos de timbau. O BaianaSystem trouxe o rap, a roda punk, sonoridades latinas, solos de guitarra baiana, imagens projetadas pedindo justiça aos povos Pataxó Hã – Hã – Hãe[118].

Esses frames que apresento do show mostram como a cena, ao mesmo tempo que mantém o diálogo forte com a música pop trazendo elementos que traduzem "um senso cosmopolita" (Soares, 2015), incorpora uma série de significantes que a inscreve na territorialidade de Salvador, tensionando "espaços reais e imaginários [...] e diferenças que funcionam como eficientes chaves de fruição" (Soares, 2015, p. 14). A cena musical afrolatina de Salvador é parte do cenário das "territorialidades do pop" (Soares, 2015) porque, ao mesmo tempo em que aciona características locais como ijexá, pagode, samba-reggae, também traz inúmeras apropriações de gêneros globais da música pop em um "diálogo cosmopolita com acentos locais" (2015, p. 30).

[117] Fernando Ortiz, intelectual cubano, cunhou o conceito de transculturação em 1940 para descrever o processo de interação e troca cultural entre diferentes grupos étnicos e sociais.

[118] Comunidades indígenas localizadas na zona cacaueira do sul da Bahia que sofrem violência sistemática de fazendeiros da região.

Como já colocado por Soares, a música pop, como parte do capitalismo tardio, está conectada à lógica de produção do mercado e também pelo reconhecimento de um contexto de entretenimento das indústrias da cultura. Soares (2015) propõe pensar o pop a partir da tríade: valor, performance e territorialidade. Aqui cabe também a discussão que Simone Pereira de Sá faz sobre música pop periférica brasileira, inclusive a ambiguidade que o termo provoca e sua adoção estratégica pelo termo pop-periférica para abarcar "um conjunto de relações entre gostos, valores, música" (p. 27), que envolve sonoridades como pagode baiano, arrocha funk, brega funk, que fazem parte dos gêneros acionados pelo BaianaSystem.

Trazer o debate sobre o pop para a cena afrolatina/diaspórica é um movimento necessário nesta investigação e se mostra elemento importante para entender como a música trafega por um amplo âmbito de práticas culturais e, como coloca Regev (2013), tem vários significantes em diferentes línguas e países, dependendo do ambiente sociocultural no qual ela é produzida. Dessa forma, o autor argumenta que a influência do pop inspira artistas das mais diversas práticas musicais e que a música pop está ligada a experiências locais dentro de um "circuito de globalização cultural" (Regev, 2013).

A cena e a movimentação atlântica

Pensar a cena de Salvador com marcas locais, mas também parte do pertencimento transnacional, leva-nos à imagem do navio apresentada por Gilroy como unidades "culturais e políticas" a qual funcionaria como uma metáfora com o sentido de articular uma identidade imaginada em um espaço em movimento por Europa, Américas, África e Caribe acionando "um meio para conduzir a dissensão política e, talvez, um modo de produção cultural distinto" (Gilroy, 2001, p. 60). Essa colocação de um "sistema vivo em movimento" nos parece importante para articular as relações da rede musical afrodiaspórica acionada pela cena musical afrolatina baiana. Não por coincidência, o BaianaSystem usa a metáfora de um navio, no caso um navio pirata, que se materializa em formato de trio elétrico, para navegar nas tensões, afetos e resistências que recortam o Carnaval de Salvador.

É também Navio Pirata o nome do Ato I do álbum *OXEAXEEXU* (2021), cujo videoclipe da canção "Nauliza" começa com as imagens de um navio saindo do porto de Salvador para aportar na Tanzânia, país que fica na costa leste africana. O videoclipe traz a metáfora do navio que se move pelo Atlântico e aproxima Bahia e Tanzânia com a guitarra baiana dialogando com o singeli[119], estilo musical local rápido e cheio de rimas, intercalado pelos versos cantados pelo MC Russo Passpusso em *feat* com os artistas MC Makaveli e DJ Jay Mita, criando uma atmosfera pop e conectado à rede musical diaspórica em uma "oportunidade de se explorar as articulações entre as histórias descontínuas" (Gilroy, p. 60).

Figura 2 – Imagem do videoclipe *Nauliza*.

Fonte: site do BaianaSystem

[119] Acelerada e energética, a música singeli chega a bater 300 BPM e tem um estilo de dança chamado chura, em que as pessoas mexem as nádegas no ritmo, apoiadas no chão ou em outras pessoas.

As imagens do videoclipe têm como cenário a cidade de Dar es Salaam, capital da Tanzânia, com as ruas de comunidades ocupadas por pessoas dançando freneticamente, abrindo e fechando rodas. A letra intercala as duas línguas, começa com a rima acelerada em suaíli[120], e em seguida Russo Passapusso entra cantando em português, olhando diretamente para a câmera: "Necessidade na nossa cidade/Nossa cidade tem necessidade/Necessidade na nossa cidade/ Eu vou jogando o que não presta na fogueira das vaidades tem/Tem falsidade na nossa cidade/Joga o que não presta na fogueira das vaidades". A câmera mantém o ritmo frenético da música mostrando frames de situações cotidianas dos moradores locais, a influência árabe na região (indumentárias, religiosidades), mas tendo como protagonistas as pessoas dançando em transe rítmico.

A ligação do BaianaSystem com músicos da Tanzânia, Makaveli e Jay Mita começou pelas redes sociais, mas, segundo Passapusso e Roberto Barreto, a aproximação maior se deu a partir das semelhanças com o Carnaval de Salvador, de uma partilha do sensível (Rancière). Para Russo, essa conexão entre África e América do Sul passa pela dança: "Parece muito com a gente, quando a gente está incorporado pelo transe rítmico também, os ritmos são acelerados. Quando a gente descobriu nos deu uma sensação incrível. Tudo muito acelerado, muito rápido, algumas coisas lembrava o frevo" (El Cabong, 2021).[121] A fala de Russo nos faz pensar em como as performances, como coloca Taylor, falam de identidade social. Ao perceber semelhanças no ritmo da Tanzânia com o Carnaval baiano, de certa forma, o músico evoca a ideia de um conhecimento, de uma memória (Taylor, 2013) que estaria presente neste fluxo e refluxo originado no século XVI com o tráfico atlântico.

Acredito que trazer nesta investigação análises de materialidades como videoclipes, shows e álbuns seja uma forma de pensar essa experiência dentro da cena musical afrolatina/diaspórica envolvida pela cultura

[120] Uma das línguas oficiais do Quênia, de Ruanda, da Tanzânia e de Uganda, embora os seus falantes nativos, os povos suaílis, sejam originários apenas das regiões costeiras do oceano Índico (wikipedia.org).
[121] Depoimento dado ao site *El Cabong* em 5 abr. 2021.

pop. Neste sentido, a partir do que nos traz Straw (2014), pensamos na cena como uma coletividade marcada por proximidades e "como espaços de passagem e preservação [...] e mediação que regulam a visibilidade e invisibilidade da vida cultural" (2014, p. 2). Nesse sentido, Salvador é uma territorialidade que funciona como cenário, o qual compartilha determinadas dinâmicas e afetos locais, mas que é parte da rede musical afrodiaspórica que se movimenta como um navio pelo Atlântico Negro, "um sistema vivo, microcultural e micropolítico em movimento" (Gilroy, p. 38).

Tenho colocado que há, a partir das territorialidades, singularidades que marcam a presença de uma cena, como a que observamos em Salvador partilhada a partir de uma atividade cultural com visibilidades, sociabilidades, convívios e interações. Nossos estudos nos interpelam a pensar essa cena a partir de diversas evidências materializadas ao longo dos anos se pensarmos na influência do reggae, da salsa, do bolero na música negra baiana. Sabemos que essas referências são partes importantes da Rede Musical Afrodiaspórica que se articula em fluxos, e tem a diáspora forçada como elemento fundamental de uma musicalidade como "tradição e continuidade cultural" (Gilroy, p. 206). Mas outro elemento é fundamental nessa movimentação atlântica, a música pop, "[...] uma linguagem estética [...] legitimada por uma grande variedade de estilos" (Regev, 2013, p. 32), presente nesta cena desde os anos 1970.

América (fraturada) do Sol

O terceiro e último ato do disco *OXEAXEEXU* é América do Sol, o destino final do navio pirata que partiu de Salvador para a Tanzânia e retornou à América Latina. A latinidade está presente em oito faixas, e a ideia que atravessa é de pertencimento a uma territorialidade potente. As canções ligam os povos deste território e passam por artistas como a chilena Claudia Manzo[122], que participa em "Capucha", uma canção de

[122] Claudia Manzo, compositora e instrumentista formada em canto no Chile, atualmente mora em Salvador e tem uma parceria efetiva com BaianaSystem participando de álbuns e shows.

resistência e esperança que dialoga com a estética dos soundsystems; e "Pachamama", uma espécie de reza, na qual Manzo toca Cuatro, um instrumento tradicional da Colômbia e Venezuela.

Ao anunciar o lançamento de América do Sol no site oficial, BaianaSystem fala de "um mergulho nas cores, na alegria, na luta, na identidade e nas conexões que unem a América Latina". O propósito dessa viagem "afrolatina" se dá de várias formas: sonoridades, lutas e histórias compartilhadas, aciona a ideia de transculturação que me parece interessante para pensar nesse encontro de culturas e como elas vão sendo incorporadas ao longo dos séculos, mas a partir de um espaço quebrado em movimento.

As oito faixas que integram América do Sol têm samba, ijexá, reggae, salsa, samba-reggae, tambores, sopros, cordas, cantos, rezas, além da chilena Manzo, o repentista baiano Bule-Bule, o maestro e fundador da Orquestra Afro-Sinfônica Ubiratan Marques. As letras falam do sertão nordestino ("os mourões da resistência/ que humanizam o sertão/ Frei Caneca, Padre Roma/ Padre Ciço, Gonzagão"), sobre a ligação com povos ancestrais, das favelas, do autoritarismo, das crenças. As misturas de ijexá com sample de cantos indígenas, o samba-reggae, a presença de rappers e repentistas, as guitarras cheias de efeitos apontam para uma latinidade afrodiaspórica ao mesmo tempo que encena uma territorialidade pop que atravessa o Atlântico Negro em "diálogo cosmopolita com acentos locais" (Soares, 2015, p. 15).

A partir da lente do pop, observamos o que Soares chama de "os vestígios, os traços, os indícios das relações existentes entre a cultura local e um desejo, uma ânsia pop e cosmopolita e de que forma estas tensões originam materialidades interpretativas" (2015, p. 13). Esse movimento pelo pop, pela ancestralidade, pela latinidade tem sido recorrente nos trabalhos do BaianaSystem. O tambor tem sido protagonista, mas não único, e dialoga com arranjos orquestrais, grooves arrastados e bases eletrônicas, emitindo os sinais de uma sonoridade afrolatina contemporânea, pop e diaspórica, aspectos que parecem marcantes na cena musical afrolatina, a partir do imaginário de uma cidade, Salvador.

Considerações finais

Ao longo deste artigo, tentei estabelecer relações espaço-temporais da cena musical negra de Salvador com a música pop e a rede musical afrodiaspórica. Para isso, argumento que o surgimento de uma cena musical negra vem se atualizando desde os anos 1970 quando o Ilê Ayiê surge negociando suas identificações com o bairro da Liberdade, os portos de Angola e do Benin, e com o Harlem nova-iorquino. Quando trago o conceito de cena musical, como um aparato teórico-metodológico para pensar esse recorte da música baiana, é porque, ao usar cena, tenho a possibilidade de cartografar consumos culturais e compreender como certas práticas musicais são organizadas territorialmente e reconhecidas como significantes de determinado discurso, de determinada experiência de cidade.

O espaço urbano é, como propõe Anouk Belager, um lugar de práticas e de imaginação, mediando relações globais e locais, memória e desenvolvimento. Ao debater questões sobre cidade e música, observamos que Salvador é uma espacialidade central para a construção dessa cena musical afrolatina baiana, e as materialidades apresentadas neste artigo têm a finalidade de apontar a importância de pensar os processos comunicacionais dos fenômenos culturais urbanos em uma perspectiva interseccional e decolonial, chaves de leitura fundamentais para a compreensão das práticas musicais estabelecidas em territorialidades (afro) latino-americanas que cruzam o Atlântico compondo uma Rede Musical Afrodiaspórica, a qual passa por Beyoncé, Jackson do Pandeiro, Bob Marley, Buraka Som Sistema, Mulatu Astatke, Clementina de Jesus, Ilê Aiyê e BaianaSystem.

Referências

ANZALDÚA, G. La conciencia de la mestiza. *In*: HOLLANDA, H. B. de (org.). *Pensamento Feminista*: conceitos fundamentais. Rio de Janeiro: Bazar do Tempo, 2019.

BÉLANGER, A. Montréal verniculaire/Montréal spectulaire: dialectique de l'imaginaire urbain. *Sociologie et societés*, Montreal: Les Presses de L'université de Montréal, v. 37, n. 1, p. 13-34, 2005.

FERNANDES, C. S.; HERSCHMANN, M. *A força movente da música*. Porto Alegre: Sulinas, 2023a.

GILROY, P. *O Atlântico Negro*: modernidade e dupla consciência. São Paulo: Editora 34, 2001.

GOMES, I. M. M. Consciência afetiva, modificações de presença e fluxo: comunicação e experiência nos Estudos Culturais. *In*: LEAL, B.; MENDONÇA, C. S. (org.). *Teorias da comunicação e experiência*: aproximações. Cachoeirinha: Fi, 2023.

GUERREIRO, G. *A trama dos tambores*. São Paulo: Editora 34, 2001.

HAESBAERT, R. *Da desterritorializacão à multiterritorialidade*. *In*: X ENCONTRO DE GEÓGRAFOS DA AMÉRICA LATINA, 20-26 mar. 2005. **Anais** [...]. São Paulo: Universidade de São Paulo, 2005. Disponível em: http://observatoriogeograficoamericalatina.org.mx/egal10/Teoriaymetodo/Conceptuales/19.pdf. Acesso em: 28 jun. 2024.

HARVEY, D. *A condição pós-moderna*: uma pesquisa sobre as origens da mudança cultural. São Paulo: Edições Loyola, 1992.

LUGONES, M. Rumo a um feminismo descolonial. *Estudos Feministas*. Florianópolis: v.3, n. 22, p. 935-952, setembro-dezembro/2014.

RANCIÈRE, J. *A partilha do sensível*: estética e política. São Paulo: Editora 34, 2005.

REGEV, M. *Pop-rock music*: aesthetic cosmopolitanism in late modernity. Cambridge: Polity Press, 2013.

RISÉRIO, A. *Carnaval Ijexá*. Salvador: Corrupio, 1981.

PEREIRA DE SÁ, S. *Música pop-periférica brasileira*: videoclipes, performances e tretas na cultura digital. Curitiba: Editora Appris, 2021.

SOARES, T. Percursos para estudos sobre música pop. *In*: PEREIRA DE

SÁ, Simone *et al.* (org.). *Cultura Pop*. Salvador: EDUFBA; Brasília: Compós, 2015. p.19-34.

SHUKER, Roy. *Vocabulário de música pop*. São Paulo: Hedra, 1999.

STRAW, W. Some things a scene might be. Postface. *Cultural Studies*, v. 29, n. 3, p.476-485, 2014.

TAYLOR, D. *O arquivo e o repertório*: performance e memória cultural nas Américas. Belo Horizonte, Editora UFMG, 2013.

Iconosfera musical da banda Escola Pública: percursos no underground de Cachoeira

Kaio Pereira de Jesus
Jorge Cardoso Filho

Uma cena alternativa em Cachoeira, na Bahia

À margem esquerda do histórico rio Paraguaçu, situa-se o município de Cachoeira. A efervescência econômica da localidade foi durante os séculos XVIII e XIX, com o escoamento dos produtos da região através de seu porto, fortalecendo a exploração de açúcar e fumo, por conta das qualidades climáticas apropriadas para a produção agrícola. Sua história é marcada pela exploração escravagista da população indígena e negra. A interação de povos distintos resultou na diversidade e riqueza da cultura popular local, vista em diversas nuances culturais da região: no sincretismo religioso entre o catolicismo e as religiões de matrizes africanas, nas manifestações da música, dança, entre outros.

Cachoeira também é marcada pela Independência da Bahia, comemorada no dia 2 de julho e que festeja a vitória das tropas brasileiras sobre as forças portuguesas no território baiano, em 1823. Por conta desse legado, Cachoeira recebe o título de Cidade Heroica, dada a sua grande influência política na participação decisiva pela independência da Bahia. É considerada um importante berço cultural da região, cuja história pode ser contada pelas suas ruas, arquitetura, igrejas, manifestações culturais, seu povo e seu cotidiano.

A banda Escola Pública[123] foi criada em Cachoeira, após a chegada da Universidade Federal do Recôncavo da Bahia (UFRB) à cidade. Foi

[123] Os integrantes são Pedro Patrocínio, Ícaro de Oliveira, Breno Tsokas e Lucas Pereira. Sem esconder o anseio de ampliar as ações do Centro Acadêmico (CA) do curso de Cinema e Audiovisual para a comunidade externa, a partir das suas músicas, a banda passou a se apresentar nas cidades no entorno da UFRB, como Cachoeira, São Félix e Cruz das Almas.

formada por estudantes da primeira turma do Curso de Cinema e Audiovisual e protagonista de um novo movimento musical no município, no qual ocorre a intensificação do consumo do rock e seus subgêneros, tendo como ponto de partida as festas realizadas pelos próprios estudantes da UFRB em sua infraestrutura, especificamente no Centro de Artes, Humanidades e Letras (CAHL).

A consolidação dessa cena musical alternativa na cidade consegue promover uma aproximação entre a própria universidade e os espaços públicos, casas de comércio e bares no sentido de consolidar um circuito de festas underground que é explorado, ainda nos dias atuais, pelos agentes culturais da cidade. Festivais como o Cachoeira Agosto de Blues e o São Félix Rock Festival, ambos de responsabilidade do produtor Marcos Moura, por exemplo, vêm tendo bom público graças à juventude universitária que vive na cidade.

Assim, muitos dos sentidos estéticos dos materiais gráficos e de performance da banda transitam por uma atmosfera da cultura alternativa, em apresentações musicais em praças, nos seus coretos e até mesmo apresentação nas ruínas da estação de trem da cidade de São Félix e do Convento de Santo Antônio, no distrito de São Francisco do Paraguaçu.

A seguir vemos um mapa com algumas cidades do Recôncavo da Bahia, que contêm terras propícias ao plantio de cana-de-açúcar e outras culturas que dinamizaram a economia da região. Também imagens da cidade de Cachoeira, que até hoje conserva a identidade cultural que contribuiu para o seu tombamento como Cidade Monumento Nacional, em 1971, pelo Instituto do Patrimônio Histórico Artístico e Nacional (IPHAN) e, por isso, atrai milhões de turistas curiosos a respeito da história do Recôncavo Baiano.

Figura 1 – Foto aérea das cidades de Cachoeira e São Félix, que são separadas pelo Rio Paraguaçu e unidas pela Ponte D. Pedro II.

Fonte: *Jornal Grande Bahia*

Pistas visuais no território

Partimos do pressuposto de que essas práticas da banda e dos ouvintes reconfiguraram de certa maneira a cidade. Reafirmando uma territorialidade nos seus formatos discursivos, envolvendo diretamente os contexto social, econômico e estético da cidade e região – o Recôncavo. "Mencionamos territorialidade na sua dimensão imaterial [...] enquanto imagem ou símbolo de um território, [...], e pode inserir-se eficazmente como uma estratégia político cultural" (Haesbaert, 2014, p. 64) – o que sugere uma vinculação direta com as configurações e reconfigurações de imaginários e dinâmicas de circulação nas cidades. A partir dessa perspectiva, é preciso analisar os vestígios deixados pela banda na cidade, não só pela análise direta dos seus materiais estilísticos, mas também pela crítica especializada, sendo aqui mobilizado o portal *el Cabong*[124], de

[124] Site sobre música independente e baiana com notícias, entrevistas, coberturas e matérias, que em sua descrição afirma: "Para quem gosta de música sem preconceitos. O el Cabong tem foco na produção musical da Bahia e do Brasil e um olhar para o mundo com matérias, entrevistas, notícias, videoclipes, cobertura de shows e festivais".

Luciano Mattos. Luciano é jornalista baiano, antigo colunista do jornal *A Tarde* e do MTV e um dos principais críticos e porta-vozes das bandas alternativas da Bahia, cujas análises sobre as bandas pesquisadas serão muitas vezes acionadas, sempre acompanhando as iconosferas da banda Escola Pública.

> O Recôncavo baiano é o berço do samba e Cachoeira é uma das cidades mais musicais da região. Vem de lá este grupo que faz puramente samba. Com um bom humor mesclado a crítica social, a banda faz um autêntico samba, mas sintonizado com os tempos atuais, seja nos tempos, seja na sonoridade, com uma pegada contemporânea (Matos, 2013).

As primeiras imagens de análises presentes na iconosfera são as que estão inseridas diretamente na cidade, ou seja, os locais que a banda utiliza para apresentações e sociabilidades dos fãs e músicos, como a Cabana do Doidão e a Galeria de Arte Pouso da Palavra no caso da Escola Pública.

Figuras 2 e 3 – À esquerda, a Cabana do Doidão, bar bastante frequentado por universitários e local onde a banda Escola Pública se apresentava. À direita, a fachada da Galeria de Arte Pouso da Palavra, local também utilizado para apresentações da banda, além de saraus literários.

Fonte: Arquivo dos autores

Assim, a noção de territorialidade é fundamental para o aprofundamento da reflexão sobre as dinâmicas de consumo de músicas alternativas nas cidades, pois a territorialidade está relacionada aos movimentos e relações dos indivíduos com os territórios em articulação com diferentes esferas culturais, sociais e políticas. Como Haesbaert (2014, p. 54) argumenta, de forma precisa:

> [...] o território – ou, melhor ainda, os processos de desterritorialização, para enfatizar a dinâmica que constantemente o recompõe –, como o próprio poder, não pode ser tratado simplesmente na esfera das relações jurídico-administrativas, embora nelas encontre, é claro, uma das questões fundamentais a ser analisada.

As descrições realizadas por Jorge Cardoso Filho (2018) sobre o histórico musical da cidade nos ajudam a compreender as articulações iniciais do campo musical com as práticas religiosas em Cachoeira, assim identificando essas práticas religiosas, oriundas de um sincretismo religioso, enquanto base da tradição musical da cidade. Posteriormente, ocorreram as fundações das filarmônicas: Sociedade Lítero Musical Minerva Cachoeira e a Filarmônica Lyra Ceciliana (inicialmente fundada com o nome Euterpe Ceciliana), que até hoje são grupos tradicionais do Recôncavo nos aspectos musicais, sociais e políticos.

E como muitas cidades do Recôncavo Baiano, que ao todo tem mais de 400 terreiros, segundo o último mapeamento dos Espaços de Religiões de Matrizes Africanas da Secretaria Estadual de Promoção da Igualdade Racial da Bahia, Cachoeira também é conhecida como lugar de resistência e preservação das manifestações da tradição africana, onde estão alguns dos terreiros mais antigos ainda ativos. Muitos deles têm nos espaços internos obras esculpidas pelo artista cachoeirano Almir Oliveira da Cruz, conhecido como Mimo.

Acompanhando a efervescência religiosa de Cachoeira e do Recôncavo, as sonoridades do samba de roda ultrapassam as paredes dos terreiros de candomblés. Os sambas do Recôncavo Baiano constituem uma tradição musical, poética e coreográfica brasileira; no entanto, como está presente em várias cidades dessa macrorregião, acaba ganhando características diferentes a depender da sua localidade. Tais características geram uma variedade de formas, ritualidades, ritmos, instrumentações, cantos, danças, criando variantes como samba chula, samba barravento, samba corrido, samba amarrado, samba de viola, samba de beira de praia, como destaca Katharina Döring (2016, p. 76-78):

> O samba de roda [...] não se restringe aos centros urbanos e mostra sua vivacidade em várias regiões, que em boa parte é pouco conhecido pelos estudiosos da cultura e música afro-brasileira. Termos como samba de coco, samba rural, samba de caboclo, samba de estivador, samba duro, samba de parada, samba batuque, samba martelo, samba tropeiro, samba-de-rojão, samba beiramar, samba litoral, samba catingueiro, samba de verso, samba de metro, samba no pé, samba de "esparro", samba de "putaria", samba de "ma-tratá" e chula-e-batuque, além dos citados samba corrido, samba amarrado, samba chula, samba de viola, samba de barravento e samba de parelha, revelam a riqueza deste estilo genericamente denominado samba de roda.

Músicos com vivência nos sambas do Recôncavo, como Roberto Mendes, Raimundo Sodré, Gilberto Gil, Paulinho Dafilin, Jurandir Santana, Munir Hossn, Alex Mesquita, Marcos Bezerra, Gerson Silva, Raymundo Nova, conseguiram evidenciar ainda mais o samba de roda do Recôncavo no cenário musical nacional.

Figura 4 – Card de divulgação do show da Escola Pública, no píer da Orla de Cachoeira.

Fonte: Arquivo dos autores

Acima, podemos conferir o card de divulgação do show da Banda Escola Pública e destacamos o local do evento: o píer da orla. Não se trata do lugar mais convencional para apresentações musicais; portanto, é um indicativo de que neste momento, principalmente por causa da chegada da universidade à cidade, há um circuito musical alternativo em Cachoeira, protagonizado por estudantes do CAHL.

Matrizes culturais da cena alternativa

As matrizes culturais funcionam como marcas ideológicas que constituem a identidade dos campos sociais e são ativadas nas interações sociais. Sendo assim, a nossa proposta é investigar como essas matrizes são acionadas nos vestígios visuais deixados pela banda e experimentadas pelos ouvintes em seus denominados rituais de consumo das músicas. As matrizes culturais não se referem à evocação do arcaico, mas ao "residual", "substrato da constituição dos sujeitos", "veios de entrada para outras matrizes dominadas, porém ativas" (Martin-Barbero, 1997, p. 258).

O rock alternativo, para Straw (1991), teria como principal característica uma contínua diferenciação estética, através de hibridismos e transformações de musicalidades mais antigas, processo não linear, ou seja, ocorreria de forma que as práticas musicais não substituíssem umas às outras, mas que se acumulassem. Isso justifica a pluralidade estética das bandas que passaram a ser classificadas sob o rótulo "alternativo" desde então, que vão das mais moderadas e melódicas até as mais agressivas.

Historicamente, a origem do rock alternativo está ligada às bandas do período pós-punk, que circulavam pelas cenas underground da época e que passavam a ser divulgadas principalmente nas rádios universitárias. Por esse motivo, várias das bandas que viriam a ser rotuladas como rock alternativo eram chamadas, nos anos 1980, de college rock, ou rock universitário. Segundo Ryan Hibbett, a expressão college rock referia-se a "canções muito 'inconvencionais' para serem tocadas em qualquer lugar exceto rádios universitárias e muito desafiadoras ou subversivas para uma audiência mais velha ou menos educada" (Hibbett, 2005, p. 58).

Durante a década de 1980, rock alternativo era praticamente sinônimo de independente, fazendo referência às bandas e sonoridades em emergência no período. No fim dessa década, porém, algumas das bandas alternativas passaram a ser assimiladas pelo mainstream, deslocando a associação entre alternativo/underground/independente, embora, importante salientar, tanto o underground quanto o mainstream sejam estratégias de posicionamento diante do mercado fonográfico e do público (Janotti Jr.; Cardoso Filho; 2006). Um exemplo é a explosão do Nirvana – principalmente a partir de 1991, após o lançamento de *Nevermind* –, em que a estética alternativa se definiu como o padrão do rock mainstream. Com essa assimilação, não tardou para que algumas das principais instituições do mainstream fonográfico passassem a incluir "alternativo" como um de seus conceitos oficiais.

A revista *Billboard*, por exemplo, incluiu a categoria alternativo em 1988 entre seus rankings de músicas mais tocadas; já em 1991 foi a vez de o Prêmio Grammy ter a inserção da premiação de melhor álbum de música alternativa. Em 2018, a premiação atualizou as definições da categoria, definindo o alternativo como um gênero de música que utiliza elementos de progressão e inovação tanto na música quanto nas atitudes associadas a ela. Uma versão menos intensa de rock ou uma versão mais intensa de pop, reconhecida como mais original, eclética ou desafiadora musicalmente.

Um grande parceiro da Escola Pública e principal responsável pelas estratégias visuais é o artista de rua e designer da cidade de Feira de Santana Don Guto, que fez a capa dos dois álbuns do grupo, além de alguns cards de divulgação. Ele participou e foi um dos organizadores das duas edições do Encontro Nacional de Grafite de Feira de Santana em 2015 e 2016, e um dos artistas que contribuíram para a revitalização do Beco da Energia. Seus trabalhos já coloriram também as paredes do Centro de Capoeira Angola, Irmãos Guerreiros, em Viena, na Áustria, e suas ilustrações estão presentes no livro *Antologia rabiscos*, contemplado em um edital da Fundação Cultural do Estado da Bahia.

Figura 5 – Graffitti do artista Don Guto nas paredes da cidade de Feira de Santana.

Fonte: Arquivo dos autores

O primeiro álbum, *Escola Pública*, apresenta uma linguagem visual reafirmando uma tradição presente na cidade e na própria vivência da banda, por meio de uma decodificação dos símbolos. Por exemplo, as cadeiras de madeira – presentes nas escolas públicas, local utilizado como ensaio da banda e que denomina o grupo –, a filmadora – possível referência ao curso de Cinema e Audiovisual, frequentado pelos músicos – e, por entre muitos outros, os metais – trazendo à tona uma tradição muito forte da cidade de Cachoeira, as filarmônicas, que se mantêm mesmo após o movimento de profissionalização da indústria da música na cidade.

> As filarmônicas tinham uma importância significativa na vida cultural, social e política de suas cidades e regiões. Eram instituições que, para além da execução musical, representavam espaços de convívio social para o exercício da atividade intelectual, algumas mantendo salas para biblioteca e salões para declamação de poesia e até para atividades dançantes (Ramos, 2011, p. 54).

O movimento de profissionalização da indústria da música também teve seus reflexos na cidade de Cachoeira e do Recôncavo, na medida em que elas passaram a ser cantadas em versos de variadas canções, o que as tornou nacionais e, muitas vezes, mundialmente conhecidas nas vozes de alguns intérpretes e compositores da música popular brasileira – como Caetano Veloso, Dalva Damiana, Roberto Mendes e Edson Gomes, por exemplo.

Também nesse primeiro álbum a presença de Osama Bin Laden, que foi o líder e fundador do grupo Al-Qaeda e era considerado pelos EUA o seu inimigo público número 1, em virtude de ser responsabilizado pelos atentados terroristas de 11 de setembro de 2001, chama a atenção. É ele que carrega em seu turbante os itens explorados na capa do álbum. No ano de lançamento de *Escola Pública*, em 2011, o exército norte-americano anunciou a notícia da morde de Osama no Paquistão. Depois da morte de Bin Laden, algumas indagações parecem surgir naturalmente no mundo todo: quais seriam as principais implicações desse acontecimento para o futuro da Al-Qaeda? Como irá reagir a organização sem o grande guia? As operações de ataque por parte do grupo serão enfraquecidas ou intensificadas? No Brasil, teríamos impacto diante deste fato? Tais questionamentos ficaram entreabertos e pautando os noticiários durante muito tempo naquele ano, sendo influência também em diversas sátiras, obras e materiais estilísticos da cultura brasileira e mundial.

Figura 6 – Capa do álbum *Escola Pública.*

Fonte: Disponível em https://soundcloud.com/bandaescolapublica

Já no segundo álbum, a banda percorre um caminho que dialoga com a tradição da cidade de forma tensiva e visualmente é bem nítido, principalmente quando remete ao Sistema de Coordenadas Cartesianas criado por Descartes, um esquema reticulado necessário para especificar pontos num determinado espaço, com n dimensões. Ligação forte com o título do álbum que está presente na parte inferior da capa, assim, possibilitando a interpretação de uma representação de várias visões de mundo. De um lado o Deus Enganador, e do outro os sujeitos e suas visões, ou seja, multiplicidade das pessoas e pensamentos. O Deus Enganador pode ser enxergado como uma crítica às religiões, que em muitas vezes não permitem diferentes visões de mundo, sustentando o fundamentalismo religioso, por exemplo.

Figura 7 – Capa do Álbum *O Plano Cartesiano do Deus Enganador*.

Fonte: Disponível em https://soundcloud.com/bandaescolapublica

O filósofo Descartes desenvolveu um sistema de pensamento que o distinguiu como "o pai da filosofia moderna". Essa filosofia — como vem explicada em seu Discurso sobre o Método e em suas Meditações — baseia-se no princípio da ciência. O próprio Descartes o chamava de "o método da matemática aplicado à filosofia". Tal método inicia com a suposição científica de que *não devemos aceitar nada como verdadeiro.*

> Penetramos o reino da física e da metafísica com espírito pesquisador. Nem acreditamos nem deixamos de acreditar. Somos, apenas, neutros. Desejamos que as coisas nos sejam demonstradas. Entramos pela porta do ceticismo na tesouraria do mistério. E o que encontramos nessa tesouraria? Em princípio, nada. Tudo é obscuro. Somos como pessoas perdidas numa floresta. Não hesitemos, porém. Caminhemos diretamente para a frente, duvidando, examinando, verificando, procurando a verdade. Acima de tudo, devemos duvidar de tudo. Como eu desejasse entregar-me inteiramente à procura da Verdade, cuidei que me fosse necessário rejeitar como absolutamente falso o que quer, que pudesse conter, a meu juízo, a menor parcela de incerteza. E já que todos os pensamentos e imaginações que nos ocorrem quando acordados são os

> mesmos que podem acudir-nos enquanto dormimos, sem que nenhum deles seja, ao mesmo tempo, verdadeiro, determinei estabelecer que tudo quanto jamais entrara em meu espírito não era mais verdadeiro que as ilusões dos meus sonhos (Descartes, 1983).

Esse sonhar leva Descartes à sua primeira realidade, pois o sonhar requer um sonhador, já que "o fato de eu pensar revela-me a existência de algo que pensa". É a partir do segundo álbum que o grupo intensifica uma proposta visual psicodélica e onírica, dialogando mesmo com essas propostas cartesianas. O significado de psicodélico é o que causa alucinações ou alterações na percepção, refere-se a uma manifestação da mente que faz com que ocorram mudanças na percepção, produzindo diversos efeitos. Assim, há uma tentativa (mesmo que momentânea) de desvinculação com a tradição, o samba e a religiosidade, características tão próximas de Cachoeira.

Figuras 8 e 9 – Cartazes de divulgação de shows da banda Escola Pública.

Fonte: Disponível em: https://facebook.com/escolapublica

Nos cartazes de divulgações de shows da banda Escola Pública, percebemos como a proposta psicodélica foi intensificada pelo grupo, seja pelo desenho de um homem negro com um garfo e uma faca na mão, realizando um possível movimento em bater na mesa causando alucinações visuais, seja pelo projetor com o nome da banda sendo projetado nos rostos dos músicos, confundindo a identificação dos próprios artistas.

É importante lembrarmos do cenário cultural da década de 1960, quando estudantes faziam com frequência manifestações, greves, protestos e participavam de organizações políticas que lutavam pelo fim da guerra do Vietnã, contra o racismo, pela paz e pelos povos subdesenvolvidos – nos levando ao termo "contracultura". Uma busca por outro estilo de vida, underground, à margem do sistema oficial (Bottino, 2006). Este movimento estudantil teve seu ápice em 1968 e foi caracterizado por cabelos longos, roupas coloridas, misticismo oriental, música e drogas. Em vários países, contestavam a sociedade, seus sistemas de ensino e sua cultura em diversos aspectos, como a sexualidade, os costumes, a moral e a estética.

Para Melo (2006, p. 55), o psicodelismo traduz uma demanda por complexidade que emerge com grande força nos anos 1960. Aderido especialmente pelos jovens, dentro do contexto da contracultura, os designers psicodélicos rejeitavam o modernismo como influência padrão da época, para a criação do design. Buscavam inspiração, não focando uma única tendência, mas baseando-se em tudo o que acontece ao seu redor e no mundo, e essa representação mental surgia muitas vezes por meio de alucinações motivadas por drogas alucinógenas (LSD).

A intenção da linguagem visual inspirada na droga era obter os efeitos das alucinações através de imagens e textos altamente coloridos e contrastantes. Estes elementos eram dispostos sem uma diferenciação de planos, proporcionando, assim, uma equivalência entre elementos positivos e negativos, produzindo uma vibração óptica para o observador.

A foto a seguir, de Guilherme Adriani e compartilhada pela página oficial da banda no Facebook, reafirma essa vibração óptica dentro da linguagem do psicodélico, agora em contextos performáticos. Ora, homem com cabelo grande, com cabelo sobre o rosto, tocando um instrumento musical é nitidamente uma performance de um guitarrista de uma banda de rock; porém, o que vemos é a mesma performance no cavaquinhista da banda Escola Pública.

Figura 10 – Fotografia do cavaquista da banda Escola Pública.

Fonte: Acervo de Guilherme Andriani. Disponível em: https://facebook.com/escolapublica

Essa fotografia também traz à tona a discussão sobre a sinestesia entre o sonoro e o visual, uma espécie de figura de linguagem que une uma mistura de sensações e conceitos. Portanto, a performance de um guitarrista de uma banda de rock é uma sensação provocada pela imagem que é rompida pela presença e sonoridade de um instrumento tradicional do samba, o cavaquinho. Assim, entendemos que a banda Escola Pública, a partir das suas imagens, busca uma confluência entre determinadas sonoridades, principalmente entre o samba e o rock.

Acompanhada dessa mistura performática e imagética entre samba e rock, há uma questão importante de mencionar que é o hibridismo sonoro, característico da Escola Pública, que, mesmo fugindo de rótulos e configurações de gêneros musicais, realiza em seus álbuns e apresentações uma mistura de samba, eletrônico, rock e suas vertentes. Assim, aposta em uma proposta visual e sonora diversificada e defende a inexistência de rótulos, pregando uma produção de música livre.

Esse caminho nos lembra movimentos de músicos e grupos que também utilizaram a articulação entre o samba e o rock, como os Novos Baianos e Jorge Ben. Inclusive, o jornalista Luciano Mattos criou algumas edições de um especial "Novíssimos Baianos" em seu portal *el Cabong*. Esse especial foi uma espécie de mapeamento da excelente produtividade da cena musical baiana que destacava bandas e músicos que estavam conquistando espaços e dando uma nova cara à cena alternativa da Bahia. Nomes como Maglore, Você me Excita, The Pivos, Opanijé, Os Barcos e Velotroz, Luiz Natureza, Nana, Suinga, Meu Amigo Pedro, Gepetto, Mr. Armeng, Gozo de Lebre, Lunata, Lívia Mattos e Dimazz apareceram nas duas primeiras edições da seleção nos anos de 2010 e 2012. Na terceira edição, lançada em 2013, a banda Escola Pública apareceu ao lado de bandas como Os Jonsóns, Teenage Buzz, Uyatã Rayra & a Ira de Rá, Nalini, The Gins, Os Nelsons e Van Der Vous.

As contribuições de Luciano Matos para as cenas musicais baianas são diversas, principalmente na apresentação das produções das bandas alternativas da Bahia, que produz uma "Nova Música Contemporânea da Bahia", como gosta de definir. Grande parte dessas produções é de bandas que unem o rock e outro gênero musical como o samba, pagode e eletrônico.

Ainda nessa proposta do grupo, percebemos em suas publicações dos ensaios e registros rotineiros pistas visuais que deixam mais evidente esse movimento de renunciar a rótulos, às vezes até de suas próprias imagens e identidades. A seguir vemos uma selfie tirada pelos integrantes do grupo na qual utilizam um filtro que desconfigura totalmente a imagem, deixando tanto eles quanto os instrumentos que dividem a selfie irreconhecíveis, até certo ponto em um tom fantasmagórico.

Figuras 11 e 12 – Fotografia dos músicos da Banda Escola Pública.

Fonte: Disponível em: https://facebook.com/escolapublica

A segunda imagem, também publicada pelo perfil da banda em um dia rotineiro, trata dos músicos apontando os instrumentos para o vocalista que aparece com a boca vedada por uma fita isolante. Nessa foto, há uma película que deixa com tom cinematográfico, e os posicionamentos dos músicos transformam a imagem em um possível manifesto quanto a um governo ou um processo ditatorial, deixando-nos pistas de como é possível a música, corpo, cores e imagens trazerem uma resposta desconcertante à questão das relações entre arte e política.

Aqui é importante lembrar que os métodos warburgianos (2011) são apontados pelo esforço em investigar tudo aquilo que faz das imagens guardiãs das forças energéticas do humano no mundo. Essa acepção antropológica das imagens é assim complementar ao estudo dos processos de produção de subjetividades engendrados por elas e das transformações nas coletividades.

Na divulgação da participação da banda Escola Pública no Conexão BH, que foi um festival na cidade de Belo Horizonte com bandas alternativas de fora do estado de Minas Gerais, o grupo utilizou uma foto dos músicos na frente do convento de Santo Antônio, em São Francisco do Paraguaçu. Fundado em 1649, o convento da ordem religiosa dos franciscanos funcionou como noviciado e um pequeno hospital para vítimas da febre amarela.

Os elementos visuais da Escola Pública, a partir das imagens analisadas, revelam uma estratégia poética da banda intensamente ligada à questão territorial, seja reafirmando as tradições locais e ancestrais do Recôncavo, seja utilizando uma estética ideológica associada ao underground. Independente da estratégia utilizada, percebemos que a imagem parece abrigar uma experiência. Em outros termos, diríamos que ela é um lugar não apenas de representação, mas de performance; lugar no qual não apenas se figuram, mas se efetuam processos de subjetivação (Brasil, 2014).

A "iconosfera" da banda Escola Pública indica não descartar as possibilidades de diálogo com as diferentes referências no seu imaginário. Ao alimentar o discurso estético de uma mistura viva e residual que, ao mesmo tempo, reivindica liberdade sonora e estética, utiliza-se de estratégias tão características de um gênero musical. O hibridismo aqui ganha força, não só pela questão visual e musical, mas pelas diversas identidades, referências e territórios afirmados e envolvidos em uma proposta de visão de mundo.

Legados underground em Cachoeira

A guinada underground que se abre na cidade de Cachoeira com a produção cultural estudantil é um elemento complexo e que demanda estudos mais aprofundados. A partir do estudo das práticas visuais da Escola Pública, percebemos a existência de um tecido sociocultural ansioso por acolher as experiências musicais promovidas pelos estudantes, tanto em seus espaços públicos (praças, coretos e ruas de circulação boêmia) quanto nos espaços comerciais privados (como bares e restaurantes). Isso se deve, em alguma medida, à própria matriz cultural de Cachoeira, uma cidade marcada por festividades culturais que são referência na Bahia – como a festa de Iemanjá, o próprio São João, a Festa D'ajuda e a Festa de Nossa Senhora da Boa Morte.

A banda Escola Pública soube dialogar com esse quadro de referências consolidado e trouxe, para sua proposta poética visual, um diálogo com os elementos matriciais da cultura cachoeirana. Desse modo, conseguiu apresentar ao público universitário que chegava à cidade parte das tradições que ali eram cultivadas, ao mesmo tempo em que mediou o contato da juventude universitária (mais transgressora e rebelde) com os agentes culturais de Cachoeira.

Essa estratégia passou a ser empregada por produtoras de evento da cidade para garantir a continuidade dessa cena underground, unindo-se a artistas visuais, poetas, professores, estudantes e donos de bares e espaços culturais para promover ações como Caruru dos 7 Poetas, Projeto Quarta dos Tambores, Baile Hip-Hop pelo Certo, As Voltas que o Vinil Dá, Cachoeira Agosto de Blues, São Félix Rock Festival, Mostra de Cinema Negro de São Félix (estas duas últimas ocorrendo na cidade vizinha a Cachoeira), entre outras ações.

Para nós, esse circuito cultural se apoia em elementos simbólicos explorados na iconosfera da Escola Pública e os amplia para fomentar expressões artísticas em formatos diversos, como audiovisual, música, literatura e turismo étnico promovido pelas comunidades quilombolas cachoeiranas e também pelos terreiros de candomblé. Mesmo que ainda sejam necessárias mais ações em conjunto com as políticas de cultura da cidade, compreendemos que já há um lastro significativo de experiências que demonstram a força das práticas culturais alternativas e underground em Cachoeira.

Referências

BRASIL, André. A performance: entre o vivido e o imaginado. *In*: MENDONÇA, C. *et al.* (org.). *Experiência estética e performance*. Salvador: Edufba, 2014.

CARDOSO FILHO, Jorge. Entre Salvador e o Recôncavo Baiano: disputas valorativas a partir das bandas de rock Cascadura e Escola Pública. *In*: HERSCHMANN, Micael; SANMARTIN, Cíntia (org.) *Cidades Musicais*: Comunicação, Territorialidade e Política. Porto Alegre: Sulina, 2018.

CARDOSO FILHO, J.; OLIVEIRA, L. X. de. Espaço de experiência e horizonte de expectativas como categorias metodológicas para o estudo das cenas musicais. *Trans: Revista Transcultural de Música*, Barcelona, n. 17, p. 1-19, 2013.

CARDOSO FILHO, Jorge; JANOTTI JR., Jeder. A música popular massiva, o mainstream e o underground, trajetórias e caminhos da música na cultura midiática. *In*: JANOTTI JR., Jeder; FREIRE FILHO, João. *Comunicação e música popular massiva*. Salvador: EDUFBA, 2006.

DESCARTES, René. *Discurso do método, meditações e outras obras*. São Paulo: Abril Cultural, 1983.

DÖRING, Katarina. *Cantador de chula*: o samba antigo do Recôncavo. Salvador: Pinaúna, 2016.

GRUZINSKI, Serge. *A guerra das imagens*: de Cristovão Colombo a Blade Runner (1492-2019). Tradução: Rosa Freire d'Aguiar. São Paulo: Companhia das Letras, 2006.

HAESBAERT, R. *Viver no limite*: território e multi/transterritorialidade em tempos de in-segurança e contenção. Rio de Janeiro: Bertrand, 2014.

HERSCHMANN, Micael (org.). *Nas bordas e fora do mainstream musical*. São Paulo: Editora Estação das Letras e das Cores, 2011.

HIBBETT, Ryan. What Is Indie Rock? *Popular Music and Society*, v. 28, n. 1, p. 55-77, DOI: 10.1080/0300776042000300972.

MARTÍN-BARBERO, J. *De los medios a las mediaciones*. Rio de Janeiro: UFRJ, 1997.

MATOS, Luciano. Novíssimos baianos 3: as novas caras da música da Bahia. *El Cabong*, 11 jul. 2014. Disponível em: https://elcabong.com.br/novissimos--baianos-3/. Acesso em: 4 de set. 2023.

MELO, Chico Homem de. *O design gráfico brasileiro*: anos 60. São Paulo: Cosac Naify, 2006.

RAMOS, Jorge. *O semeador de orquestras* – História de um maestro abolicionista. Salvador: Solisluna Editora, 2011.

STRAW, W. Systems of articulation, logics of change: scenes and communities in popular music. *Cultural Studies*, London, v. 5, n. 3, p. 361-388, oct. 1991.

WARBURG, A. *Histórias de fantasma para gente grande*: escritos, esboços e conferências. São Paulo: Companhia das Letras, 2011.

Sobre os autores

Allen M. El Hage é advogada e atualmente é mestranda em Comunicação pelo Programa de Pós-Graduação em Comunicação da Universidade Paulista e investigadora associada do grupo de pesquisa Culturas Urbanas, Música e Comunicação da UNIP.

Beatriz Medeiros fez mestrado e doutorado pelo Programa de Pós-Graduação em Comunicação da Universidade Federal Fluminense. Atualmente vem realizando um estágio pós-doutoral no Núcleo Milênio em Culturas Musicais e Sonoras e pela Universidade Mayor (no Chile).

Beatriz Polivanov fez pós-doutorado pela James McGill University (Canadá); mestrado e doutorado pelo Programa de Pós-Graduação em Comunicação da Universidade Federal Fluminense. Atualmente é docente do Programa de Pós-Graduação em Comunicação e do Departamento de Estudos Culturais e Mídia da Universidade Federal Fluminense, onde também coordena o grupo de pesquisa MiDICom.

Beatriz Costa é doutoranda do Programa de Pós-Graduação em Comunicação da Universidade Federal Fluminense e mestre em Comunicação na mesma instituição. Sua pesquisa aborda a dinâmica social e territorial do funk da cidade do Rio de Janeiro, com especial destaque para o Baile da Selva, na Penha.

Carlos Eduardo Oliveira fez doutorado no Programa de Pós-Graduação Multi-Institucional e Multidisciplinar em Difusão do Conhecimento da UFBA/UNEB. Atualmente é professor da Escola de Dança da UFBA, artista da dança, teatro e diretor do Grupo X de Improvisação em Dança.

Cassio de Borba Lucas Fez mestrado e doutorado em Comunicação pela Universidade Federal do Rio Grande do Sul. Atualmente é professor da

Escola de Comunicação da Universidade Federal do Rio de Janeiro e vem realizando um estágio pós-doutoral no Programa de Pós-Graduação em Comunicação da Universidade do Estado do Rio de Janeiro.

Cauê de Nascimento Ribeiro tem formação graduada e pós-graduada em Psicologia Clínica pela Universidade do Estado da Bahia. Atualmente é docente no Centro Universitário Jorge Amado em Teoria Psicanalítica e mestrando em Psicologia pela Universidade Federal da Bahia.

César Rebolledo González realizou seu mestrado em Sociologia pela Universidade René Descartes Paris 5-Sorbonne (França) e o doutorado em Ciências Sociais pelo Colegio Mexiquense. Atualmente integra o Sistema Nacional de Pesquisadores do México, é professor do Departamento de Comunicação das universidades LaSalle e Iberoamericana (ambas localizadas em México DF) e é coordenador do projeto Sonic Street Technologies.

Cíntia Sanmartin Fernandes fez doutorado em Sociologia Política pela Universidade Federal de Santa Catarina, tendo realizado três estágios pós-doutorais: no Programa de Pós-Graduação em Comunicação da Pontifícia Universidade Católica-SP, no Programa de Pós-Graduação em Comunicação da Universidade Federal do Rio de Janeiro, no Departamento de Sociologia da Universidade Paul-Valéry (Montpellier) e na École des Hautes Études en Sciences Sociales (Paris). Atualmente é pesquisadora do CNPq e do Prociência/UERJ; e Professora Associada do Faculdade de Comunicação Social e do Programa de Pós-Graduação em Comunicação da Universidade do Estado do Rio de Janeiro, onde coordena também o Grupo de Pesquisa Comunicação, Arte e Cidade.

Cláudia Sousa Leitão tem mestrado em Direito pela Universidade de São Paulo e doutorado em Sociologia pela Université René Descartes-Paris V/ Sorbonne (França). Foi professora da Universidade Estadual do Ceará (UECE) e é atualmente Consultora em Economia Criativa para diversas organizações nacionais e internacionais.

Cláudio Manoel D. de Souza é doutor em Cultura & Sociedade pela Universidade Federal da Bahia e professor adjunto da Universidade Federal do Recôncavo da Bahia. É líder do grupo de pesquisa LinkLivre e coordenador adjunto do Digitalia da UFRB. Atualmente é curador e organizador dos festivais *Digitalia* e *Paisagem Sonora*, realizados regularmente na mesma instituição.

Fabiano T. Lacombe é jornalista, fez mestrado em Etnomusicologia e doutorado em Comunicação, ambos pela Universidade Federal do Rio de Janeiro. Atualmente é pesquisador associado do Núcleo de Estudos e Projetos em Comunicação da UFRJ.

Felipe Trotta fez mestrado em Musicologia pela Universidade Federal do Rio de Janeiro e doutorado em Comunicação pela UFRJ. Atualmente é Professor Titular do Departamento de Estudos de Mídia e coordenador do Programa de Pós-Graduação em Comunicação, ambos da Universidade Federal Fluminense. Foi presidente da seção latino-americana da International Association for the Study of Popular Music e editor da Revista E-Compós.

Flavia Magalhães Barroso fez mestrado e doutorado em Comunicação pelo Programa de Pós-Graduação em Comunicação da Universidade do Estado do Rio de Janeiro. Atualmente está realizando um estágio pós-doutoral em Comunicação no Programa de Pós-Graduação em Comunicação da Universidade Paulista e é investigadora associada dos grupos de pesquisa URBESOM/UNIP e CAC/UERJ.

Gabriel Gutierrez possui mestrado em Ciência Política pelo Instituto de Estudos Sociais e Políticos da Universidade do Estado do Rio de Janeiro e doutorado em Comunicação pelo Programa de Pós-Graduação em Comunicação da UERJ. Atualmente é professor de Comunicação da Faculdade Hélio Alonso, realiza um estágio pós-doutoral em Comunicação pelo Programa de Pós-Graduação em Comunicação da Universidade Federal do Rio de Janeiro e é pesquisador associado do NEPCOM-ECO/UFRJ e do CAC/UERJ.

Gabriel Monteiro possui mestrado em Comunicação pelo Programa de Pós-Graduação em Comunicação da Universidade Federal do Ceará. Atualmente é doutorando em Comunicação pelo Programa de Pós-Graduação em Comunicação da Universidade Federal de Pernambuco e é investigador associado dos seguintes grupos de pesquisa: Laboratório de Análise de Música e Audiovisual e Grupo de Pesquisa em Comunicação, Música e Cultura Pop, ambos da UFPE.

Giovanna Carneiro é jornalista, mestranda em Comunicação do Programa de Pós-Graduação em Comunicação da Universidade Federal de Pernambuco e pesquisadora associada do Laboratório de Análise de Música e Audiovisual da UFPE.

Heloise Barreiro é mestranda em Comunicação do Programa de Pós-Graduação em Comunicação da Universidade Federal de Pernambuco e investigadora associada do Grupo de Pesquisa em Comunicação, Música e Cultura Pop da UFPE.

Jeder Janotti Junior fez doutorado em Comunicação pela Universidade do Vale dos Sinos. Atualmente é pesquisador do CNPq, Professor Titular do Departamento de Comunicação Social e do Programa de Pós-Graduação em Comunicação da Universidade Federal de Pernambuco, onde também coordena o Laboratório de Análise de Música e Audiovisual da UFPE.

Jess Reia fez pós-graduação (mestrado e doutorado) em Comunicação pela Universidade Federal do Rio de Janeiro e graduação em Gestão de Políticas Públicas pela Universidade de São Paulo. Atualmente é Professora Assistente de Ciência da Informação na University of Virginia (EUA) e fellow do Center for Democracy & Technology na mesma instituição.

João Luiz de Figueiredo fez mestrado e doutorado em Geografia pela Universidade Federal do Rio de Janeiro. Atualmente é coordenador do Mestrado Profissional em Economia Criativa, Estratégia e Inovação da Escola de Propaganda e Marketing-RJ, pesquisador associado do Laboratório de

Economia Criativa, Desenvolvimento & Território da ESPM e membro do banco de especialistas da UNESCO no projeto "UNESCO Culture|2030 Indicators".

João Marcelo F. de Bras fez mestrado e doutorado em Comunicação pelo Programa de Pós-Graduação em Comunicação da Universidade Paulista. Atualmente está realizando um estágio pós-doutoral em Comunicação na UNIP e é investigador associado dos seguintes grupos de pesquisa: Culturas Urbanas, Música e Comunicação da UNIP e Juvenália da ESPM.

Jorge Cardoso Filho fez doutorado em Comunicação Social pela Universidade Federal de Minas Gerais. Atualmente é pesquisador do CNPq, professor do Centro de Artes, Humanidades e Letras da Universidade Federal do Recôncavo da Bahia e é membro do Programa de Pós-Graduação em Comunicação e Cultura Contemporâneas da Universidade Federal da Bahia.

Kaio Pereira de Jesus fez mestrado em Comunicação e Culturas Contemporâneas pela Universidade Federal da Bahia (UFBA) e graduação em Jornalismo pela Universidade Federal do Recôncavo da Bahia.

Lenon Boaventura fez mestrado em Educação e Contemporaneidade pela Universidade do Estado da Bahia e graduação em Psicologia pela UNEB. Atualmente é investigador associado ao Grupo de Pesquisa Psicanálise, Educação e Representações Sociais da UNEB.

Leonardo de Marchi fez doutorado em Comunicação pelo Programa de Pós-Graduação em Comunicação da Universidade Federal do Rio de Janeiro e mestrado em Comunicação pelo Programa de Pós-Graduação em Comunicação da Universidade Federal Fluminense. Atualmente é professor da Escola de Comunicação e coordenador adjunto do Programa de Pós-Graduação em Comunicação, ambos da UFRJ.

Luciana Lima Guilherme fez doutorado em Políticas Públicas, Estratégias e Desenvolvimento pela Universidade Federal do Rio de Janeiro e mestrado em Administração pela Universidade do Estado do Ceará. Atualmente é professora do Programa de Pós-Graduação em Economia Criativa, Estratégia & Inovação da Escola Superior de Propaganda e Marketing-RJ e coordenadora do Laboratório de Economia Criativa, Desenvolvimento e Território da ESPM.

Maria Luísa Z. Guarisa é administradora e fez mestrado em Economia Criativa, Estratégia & Inovação Escola de Propaganda e Marketing-RJ. Atualmente é pesquisadora associada do Laboratório de Economia Criativa, Desenvolvimento & Território da ESPM.

Mercedes Liska tem formação graduada e pós-graduada em Etnomusicologia, Comunicação e Ciências Sociais pela Universidade de Buenos Aires. Foi presidente da seção latino-americana da International Association for the Study of Popular Music e participou da elaboração da "Ley Cupo Femenino y Acceso de Artistas Mujeres a los Eventos Musicales" (sancionada em 2019). Atualmente é pesquisadora do CONICET e docente do Departamento de Comunicação da Universidade de Buenos Aires, onde também trabalha no Instituto Gino Germani.

Micael Herschmann possui mestrado e doutorado em Comunicação pelo Programa de Pós-Graduação em Comunicação da Universidade Federal do Rio de Janeiro. Realizou os seguintes estágios pós-doutorais em Ciências Sociais e Comunicação: na Universidade Paul-Valéry (de Montpellier), na École des Hautes Études en Sciences Sociales (de Paris), na Pontifícia Universidade Católica (de São Paulo), no Conselho Latino-Americano de Ciências Sociais – CLACSO (de Buenos Aires) e na Universidad Complutense (de Madri). Atualmente é pesquisador do CNPq; Professor Titular da Escola de Comunicação e do Programa de Pós-Graduação em Comunicação da UFRJ, onde também coordena o Núcleo de Estudos e Projetos em Comunicação.

Milena S. Avelar fez MBA em Economia Comportamental pela Universidade Presbiteriana Mackenzie (São Paulo) e mestrado em Comunicação pelo Programa de Pós-Graduação em Comunicação da Universidade Paulista.

Atualmente é doutoranda do Programa de Pós-Graduação em Comunicação da UNIP e pesquisadora associada do grupo de pesquisa Culturas Urbanas, Música e Comunicação da mesma instituição.

Nadja Vladi Gumes é jornalista e fez doutorado em Comunicação e Cultura pela Universidade Federal da Bahia. Atualmente é pesquisadora do CNPq, professora adjunta do Centro de Cultura Linguagens e Tecnologias Aplicadas da Universidade Federal do Recôncavo da Bahia e é uma das líderes do grupo de pesquisa Música e Mediações Culturais da UFRB.

Natalia Bieletto-Bueno realizou a pós-graduação em Musicologia: mestrado pela Universidad Nacional Autónoma do México e doutorado pela University of California (EUA). Atualmente é Professora Associada do Centro de Artes e Humanidades da Universidad Mayor (Chile) e coordenadora do Núcleo de Investigación en Estudios del Sonido y la Escucha na mesma instituição.

Natan Cândido Silva é bacharel em Cultura, Linguagens e Tecnologias Aplicadas pela Universidade Federal do Recôncavo da Bahia e é pesquisador associado do grupo de pesquisa Música e Mediações Culturais da UFRB. Vem atuando também como Disc Jockey e Produtor Musical na cena baiana.

Renato Furtado possui mestrado em Comunicação pela Universidade do Estado do Rio de Janeiro e é especialista em Design Instrucional pelo Serviço Nacional de Aprendizagem Comercial (SENAC) e bacharel em Comunicação pela Universidade Federal do Rio de Janeiro. Atualmente é crítico de cinema e doutorando pelo Programa de Pós-Graduação em Comunicação da UERJ.

Sabrina Brandão Santiago fez mestrado pelo Programa de Pós-Graduação em Comunicação da Universidade Paulista. Atualmente é docente do Departamento de Comunicação da Universidade Cidade de São Paulo, doutoranda em Comunicação pela UNIP e investigadora associada do grupo de pesquisa Culturas Urbanas, Música e Comunicação da mesma instituição.

Simone Luci Pereira fez doutorado em Ciências Sociais pela Pontifícia Universidade Católica/SP e os seguintes estágios pós-doutorais: em Música pela Universidade Federal do Estado do Rio de Janeiro; em Comunicação pela Universidade Federal do Rio de Janeiro; e em Ciências Sociais pelo Conselho Latino-Americano de Ciências Sociais – CLACSO (Buenos Aires). Atualmente é pesquisadora do CNPq; Professora Titular do Programa de Pós-Graduação em Comunicação da Universidade Paulista; Professora Colaboradora do Programa de Pós-Graduação em Comunicação da Universidade do Estado do Rio de Janeiro; integrante da Rede Internacional de Pesquisa do GT CLACSO Juventudes e Infâncias na América Latina; Coordenadora do GT de Estudos de Som e Música da COMPÓS; e líder do Grupo de Pesquisa Culturas Urbanas, Música e Comunicação na UNIP.

Simone Pereira de Sá é Cientista Social com mestrado e doutorado em Comunicação pela Universidade Federal do Rio de Janeiro (UFRJ). Realizou estágios pós-doutorais na Universidade James McGill (Canadá), Universidade do Porto (Portugal) e King's College (Inglaterra). Atualmente é Professora Titular do Departamento de Estudos Culturais e Mídia e do Programa de Pós-Graduação em Comunicação da Universidade Federal Fluminense, onde também coordena o Laboratório de Pesquisa em Cultura e Tecnologias da Comunicação.

Suely A. Messeder fez graduação em Ciências Sociais pela Universidade Federal da Bahia; mestrado pelo Programa de Pós-Graduação em Ciências Sociais pela mesma universidade; e doutorado em Antropologia pela Universidade Santiago de Compostela (Espanha). Foi coordenadora do Doutorado Multi-Institucional e Multidisciplinar em Difusão do Conhecimento da UFBA/UNEB. Atualmente é Professora Titular da Universidade do Estado da Bahia.

Tatiana Rodrigues Lima fez doutorado em Comunicação e Cultura Contemporâneas pela Universidade Federal da Bahia e pós-doutorado em Etnomusicologia pela Universidade Nova de Lisboa. Atualmente é Professora Adjunta da Universidade Federal do Recôncavo da Bahia, onde leciona no

CECULT e no Programa de Pós-Graduação em Comunicação em Mídia e Formatos Narrativos. Lidera o grupo de pesquisa Música e Mediações Culturais e integra o grupo LinkLivre, ambos da UFRB.

Thiago Menini fez doutorado pelo Programa de Pós-Graduação em Comunicação da Universidade do Estado do Rio de Janeiro e formação em música pelo Conservatório de Música Haideé França Americano (de Juiz de Fora).

Thiago Soares fez doutorado em Comunicação pela Universidade Federal da Bahia. Atualmente é pesquisador do CNPq, professor do Departamento de Comunicação Social e do Programa de Pós-Graduação em Comunicação (PPGCOM) da Universidade Federal de Pernambuco (UFPE), onde coordena também o Grupo de Pesquisa em Comunicação, Música e Cultura Pop.

Victor Belart fez mestrado em Comunicação pela Universidade do Estado do Rio de Janeiro e é especialista em Cidades e Territórios Criativos pela Universidade de Alcalá de Madri. Atualmente é doutorando do Programa de Pós-Graduação em Comunicação da UERJ, investigador associado ao grupo de pesquisa Comunicação, Arte e Cidade da UERJ e coordenador do projeto "Cidade Pirata - um laboratório da Comunicação Urbana".

Vinícius Andrade Pereira fez doutorado em Comunicação pela Universidade Federal do Rio de Janeiro e realizou ainda dois estágios pós-doutorais: na Columbia University e University of Southampton (ambos nos EUA). Atualmente é pesquisador do CNPq e do Prociência/UERJ; e Professor Associado da Faculdade de Comunicação Social e do Programa de Pós-Graduação em Comunicação da Universidade do Estado do Rio de Janeiro.

Will Straw fez mestrado e doutorado em Comunicação pela James McGill University (Montreal, Canadá). Atualmente é Professor Titular do Departamento de História da Arte & Comunicação da James McGill e dirige um blog (theurbannight.com), através do qual divulga as suas análises a respeito dos desafios em geral enfrentados pelas metrópoles com as dinâmicas das culturas noturnas.

Este livro foi confeccionado especialmente para a
Editora Meridional Ltda.,
em Cormorant Garamond, 11,5/15,5 e
impresso na Gráfica Noschang.